100%의 꿈에 도전한 1%의 사람들

People Who Challenges in Dream

作者 : 叶光森 刘红强
copyright ⓒ 2009 by 华夏出版社
All rights reserved.
KoreanTranslationCopyright ⓒ 2011 by SEORAE PUBLISHING CO.
Korean edition is published by arrangement with 华夏出版社
through EntersKorea Co., Ltd. Seoul.

이 책의 한국어판 저작권은 (주)엔터스코리아를 통한
중국의 华夏出版社 와의 계약으로
도서출판 서래 가 소유합니다.
신 저작권법에 의하여 한국 내에서 보호를 받는 저작물이므로
무단전재와 무단복제를 금합니다.

People Who Challenges in Dream

100%의
꿈에 도전한
1%의 사람들

| 예광선, 류홍창 지음 · 오수현 옮김 |

서래books

작가의 말

빌 게이츠Bill Gates는 누구보다 인재를 중시하는 사람이다. 그에게 '지금의 마이크로소프트Microsoft를 있게 만든 주역이 누구인가?'라고 질문하면 그는 주저하지 않고 '직원들'이라고 대답할 것이다. 오랫동안 마이크로소프트에서 수많은 히트 상품들을 개발해 낸 연구원들과 프로그래머들 말이다. 빌 게이츠는 이러한 최고의 인재를 회사에 머무르게 하기 위해 사내에 다양한 인재확보 시스템을 제도화했다.

미국의 특급운송회사 페덱스FedEx의 총재인 프레드 스미스Fred Smith는 무엇보다 기업의 실행력을 강조한다. 그는 항상 "어떠한 대가를 치르더라도 페덱스는 사명감을 갖고 배달한다!"라고 일갈한다. 그것은 페덱스가 고객이 맡긴 물품에 대해서는 어떠한 어려움이 따르더라도 수단과 방법을 가리지 않고 배달임무를 완수해야 한다는 뜻이다.

프레드 스미스는 이렇게 말한다.

"고객이 페덱스에 가장 바라는 것은 바로 '시간'이다. 고객들은 자신의 물품이 빠른 시간 내에 배달되기를 원한다. 심지어 별도의 비용을 지불하고서라도 말이다. 화물이 한번 우리 손에 맡겨진 이상 페덱스는 사명감을 갖고 배달해야 한다. 수령지에 도착하기 전까지 절대 화물을 손에서 떠나보내서는 안 된다. 우리는 이점을 늘 고객에게 각인시키면서 그들을 안심시키고 신뢰를 쌓아야 한다."

미국의 유명 투자가인 줄리안 로버트슨 Julian Robertson은 기업의 성공 여부는 얼마나 참신하게 회사를 경영하느냐에 달렸다고 말한다. 그는 "10원짜리 상품을 회사 내에서 굴려 11원의 가치로 만드는 것이 바로 경영이다. 이때 불어난 1원이 바로 경영이 창조해 낸 '부가가치'이다."라고 말한다.

미국의 델Dell사는 완전히 새로운 경영방식을 도입해 크게 성공한 케이스이다. 새로운 경영방식이란 바로 '직접 판매'를 말한다. 델의 창업주인 마이클 델$^{Michael\ S.\ Dell}$은 그의 저서 《다이렉트 경영$^{Direct\ from\ Dell}$》을 통해 이렇게 밝혔다.

'간접판매 방식은 두 단계로 이루어진다. 우선 제조사가 제품을 대리점에 분산 판매한 후 대리점이 다시 고객에게 판매한다. 그러나 직접 판매는 이렇게 복잡한 과정 없이, 생산자와 소비자가 직접 연계된다는 데 장점이 있다.'

세계 화교계의 부호이자 창장그룹의 이사장인 리자청^{李嘉誠}은 철저한 자기관리를 통해 성공한 기업가의 전형이다. 그는 자식들에게 사업을 물려줄 때 다음과 같이 말했다.

"처음 밑바닥에서부터 사업을 시작하는 것은 매우 어려운 일이다. 그러나 네 눈앞에는 이미 다 된 사업이 있구나. 그러니 너는 큰 어려움 없이 일을 할 수 있을 것이다. 사람은 모름지기 근면하고 절약하는 습관을 가져야 한단다. 그러나 본인 스스로는 절약하는 습관을 기르되 다른 사람에게는 늘 후하게 대하도록 신경 써야 한다. 이것이 내가 생각하는 바이다."

본서는 세계 정상급 CEO들이 기업을 경영하는 과정에서 얻게 된 놀라운 지혜와 그들의 탁월한 경영방식에 대해 알아보고자 한다. 본인이 속한 회사를 세계 일류 기업으로 거듭나게 하기 위해서는 다른 기업들이 가진 경영상의 노하우를 적극적으로 본받아서 실전에 적용해야 한다.

본서를 통해 독자들이 세계 유수 기업들의 성공사례를 살펴보고 세계 정상급 CEO가 전하는 지혜의 샘에서 회사 경영을 위한 영감을 얻어가기를 기원한다.

예광선 · 류홍창

차례

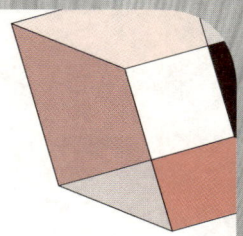

작가의 말　　04

제1장 **빌 게이츠**, 혁신의 기반은 인재!　13
　인재는 재산 – 스카우트 전쟁　　16
　인재를 머무르게 하는 4가지 비결　　22
　개방적이고 진취적인 기업문화　　27
　직원들의 전문성을 발휘시켜라　　32
　숲을 보는 통찰력으로 과감하게 결정해라!　34
　적절한 압박은 최대의 효과를　　37

제2장 **스티브 잡스**, 조류를 창조하면 시대를 이끈다　39
　영원히 고갈되지 않는 창업정신　　43
　'애플'과 '혁신'은 동의어　　49
　조류를 만들면 시대를 이끈다　　52
　최고가 아니면 안 된다　　55
　품질은 정품, 가격은 짝퉁　　59

제3장 **잭 웰치**, 경영의 달인　63
　관료주의를 타파하다　　67
　취약사업은 포기하라 – GE의 '선두전략'　　75
　기업혁신을 가능하게 한 인재정책　　83
　차별 없고 자유로운 소통의 장　　88
　6^{SIX}시그마 관리를 통한 제품품질 향상　　92

제4장 리자청, 군자는 재물을 도리로써 취한다　　97

부지런하면 못할 일이 없다　　101
지혜를 숨기고 때를 기다리다　　107
상대방을 배려해야 나도 성공한다　　115
부富는 사회적 책임이 따른다　　122

제5장 프레드 스미스, 실행력을 키워라!　　129

어떤 대가를 치르더라도 사명감으로 배달한다!　　133
리더의 실행력은 기업실행력의 원천　　138
외부 실행력을 높여 준 하드웨어 투자　　144
내부 실행력을 높여 준 직원 우선정책　　147
외부업체와의 협력을 통한 실행력 제고　　151

제6장 마윈, 뜻이 바로 서면 일이 이루어진다　　155

위대한 기업은 위대한 사명을 지닌다　　159
모든 기업가에게 보다 넓은 비즈니스 무대를!　　165
안전한 자금거래와 막힘없는 물류시스템　　171
알리소프트, 회사를 보다 쉽게 관리하게 한다　　174
돈보다는 큰 뜻을 품어라!　　177

제7장 마이클 델, 직접판매의 위력   181
　직판, 품질은 높이고 가격은 낮추고!   185
　인터넷, 직판에 날개를 달아 주다   189
　직판과 고객서비스, 뗄 수 없는 관계   191
　고객을 가까이 이끈 시장 세분화   197
　공급업체와의 강력한 유대관계   200

제8장 마쓰시타 고노스케, 비즈니스계의 인도주의자   205
　마쓰시타의 '수돗물' 사명   209
　완벽한 고객서비스는 비즈니스의 기본   213
　마쓰시타 전기는 인재 제작소   218
　종신고용과 투명경영   224

제9장 손정의, 악착같은 의지의 사나이   229
　미국에서 구상한 IT비즈니스   233
　소프트뱅크, 이보다 더 쉽게 경영할 수는 없다!   239
　인터넷은 가장 안전한 투자처   248
　크게 베팅하라 – 휴대폰사업 공략기   255
　손정의의 정책결정 방식 – 실사구시實事求是   258

제10장 하워드 슐츠, 모두를 만족시켜라　263
스타벅스, 분위기를 팝니다　267
직원은 회사의 '파트너'　273
협력업체와의 유대관계　278
빠르게 확산되는 스타벅스 문화　281

제11장 존 챔버스, 고객에게 포커스를 맞춰라!　285
고객의 목소리에 귀를 기울여라　289
M&A를 통한 사업 다각화　295
앞을 내다보는 전략적 안목　299
권한 이양, 스톡옵션, 인간미　303

제12장 앤드류 그로브, 위기를 극복하는 리더의 기질　307
강인한 의지의 소유자　311
잘 될수록 위기의식을 가져라　317
전략적 변곡점에는 강력한 리더십이 필요하다　320
역동적인 커뮤니케이션과 직원 배치　323

제1장

빌 게이츠,
혁신의 기반은 인재!

the GREAT

Bill Gates

세계적인 유명 IT기업인 마이크로소프트는 내놓으라 하는 인재들이 넘쳐 나는 곳이다. 빌 게이츠Bill Gates는 '마이크로소프트를 성공으로 이끈 핵심경쟁력은 바로 인재'라고 말한다.

"만약 최고의 핵심인재 스무 명이 회사를 떠난다면 마이크로소프트는 그다지 대수롭지 않은 회사로 전락하고 말 것입니다. 왜냐하면 우리 직원들의 능력은 치열한 시장경쟁 속에서 회사가 승리할 수 있도록 이끌어 준 가장 큰 성공 요인이기 때문입니다."

마이크로소프트에서 가장 큰 자산은 프로그래밍을 위한 코드도 아니고 그럴싸한 고정자산들도 아니다. 지금의 마이크로소프트를 있게 한 원동력은 바로, 오랫동안 회사에서 수많은 히트 상품들을 개발해 낸 연구원들과 프로그래머들이다. 빌 게이츠는 이러한 최고의 인재들을 회사에 머무르게 하기 위해 사내에 다양한 인재확보 시스템을 제도화했다.

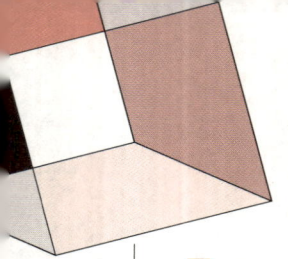

인재는 재산 – 스카우트 전쟁

Chapter 1

2008년 2월, 400억 달러를 들여 야후Yahoo를 인수하려는 빌 게이츠에게 기자들이 질문했다.

"야후의 가치를 400억 달러로 보시는데 그 이유가 뭔가요?"

빌 게이츠의 답변은 사람들을 놀라게 했다.

"우리가 눈여겨본 것은 야후의 제품이나 광고수입, 시장점유율 따위가 아닙니다. 야후의 사람, 바로 엔지니어들이지요."

그는 야후의 엔지니어들을 통해 앞으로 인터넷 검색영역에서 구글Google을 따라잡을 계획이었다.

빌 게이츠는 인재를 중시하는 경영인으로 유명하다. 마이크로소프트는 세계 각지로부터 매년 12만 건 이상의 이력서를 받는다. 이렇게 많은 구직자가 마이크로소프트를 찾고 있지만 빌 게이츠는 여전히 만족하지 않는다. 아직도 많은 인재가 마이크로소프트를 뒷전으로 여긴다고 생각하기 때문이다.

빌 게이츠는 마음에 드는 인재라면 그가 어디에 살든 관계없이, 어떤 대가를 치르더라도 반드시 스카우트하고야 만다. 마이크로소프트의 핵심리더이자 제품개발의 대가인 짐 알친Jim Allchin이 바로 그예다. 당시 지인을 통해 여러 차례 빌 게이츠에게 연락을 받은 짐 알친은 처음에는 그의 제안을 거들떠도 보지 않았다. 하지만 그를 마이크로소프트로 영입하기 위한 빌 게이츠의 노력은 멈추지 않았다. 애타는 빌 게이츠의 삼고초려 끝에 짐 알친은 마침내 그와의 면접에 응한다.

빌 게이츠를 보자마자 짐 알친은 거두절미하고 솔직하게 말했다. "마이크로소프트의 소프트웨어는 엉터리예요. 나를 데려다가 뭘 만들자고 하시는 건지 정말 모르겠네요."

빌 게이츠는 이 말에 개의치 않고 오히려 겸손한 태도로 대답했다. "말씀하신 대로 마이크로소프트 제품에는 결함이 많아요. 그래서 당신과 같은 인재가 필요합니다."

짐 알친은 빌 게이츠의 겸손한 자세와 진심 어린 말에 감동을 받았다. 그는 결국 빌 게이츠의 제안을 수락했다.

빌 게이츠가 무수히 면접을 보는 이유는 피면접자들을 테스트하기 위한 것이 아니다. 바로 '사람'을 구하기 위해서이다. 마이크로소프트 연구소의 잭 브리즈Jack Breese 부소장은 "면접을 진행할 때 빌 게이츠는 마치 영업사원처럼 적극적입니다. 그들의 두뇌를 얻기 위해서라면 무엇이든지 아까워하지 않죠."라고 했다.

빌 게이츠가 인재에 대해 얼마나 적극적인지는 미국 매체들이 소개하는 일화를 보면 알 수 있다.

캘리포니아 주 실리콘밸리에 짐 그레이 Jim Gray 와 고든 벨 Gordon Bell 이라고 하는 컴퓨터 귀재가 있었다. 마이크로소프트는 이들을 채용하기 위해 온갖 방법으로 설득했고 결국 두 사람은 동의했다. 그런데 웬일인지 그들은 마이크로소프트의 본사에서 근무하기를 꺼려했다. 왜냐하면 본사가 위치한 시애틀의 레드몬드 Redmond 는 겨울철에 궂은 날씨로 유명하기 때문이다. 이에 빌 게이츠는 주변 사람들이 깜짝 놀랄 만한 조치를 취했다. 그는 두 사람을 위해서 햇빛이 두루 비치는 실리콘밸리에 별도로 연구소를 설립해 주기로 한 것이다.

또한 마이크로소프트는 인재를 확보하기 위해서라면 그들이 사는 현장으로 직접 달려가는 것도 불사한다. 현재 회사의 엔지니어 중에서 70% 정도는 인도나 중국 출신일 정도로, 인도와 중국에는 회사가 원하는 인재들이 많이 모여 있다. 그래서 빌 게이츠는 인도와 중국에 각각 마이크로소프트 연구소 분원을 설립하기로 했다.

1998년, 마이크로소프트는 중국에 아시아연구소를 설립했다. 당시 중국의 컴퓨터 관련 박사학위 취득자 수는 이미 미국의 수준을 넘어섰다. 마이크로소프트는 이러한 인재를 보다 쉽게 영입할 수 있는 입지를 물색했다. 결국 마이크로소프트는 베이징 하이뎬 海淀 지역에 아시아 연구소를 설립한다. 연구소 주변 수 킬로미터 반경 내에는 베이징 北京 대학, 칭화 淸華 대학 등 유수의 명문대학이 있다.

이러한 노력으로 마이크로소프트 아시아 연구소에는 인재들로 넘쳐났다. 그중에서 초대 연구소 소장을 지낸 타이완의 리카이푸李開復는 애플Apple사 재직시절 스티브 잡스Steve Jobs의 신임을 얻는 유망주였다. 제2대 소장인 장야친張亞勤은 어릴 적 12세의 어린 나이로 대학에 입학했던 천재 소년으로 한때 유명세를 탔던 인재이다. 현 소장직을 맡고 있는 션샹양沈向洋은 미국전기전자협회IEEE와 미국컴퓨터협회ACM 연구원 출신의 재원이다. 이들은 연구 활동 이외에 예리한 안목으로 우수 학생들을 발굴하고 채용하는 일을 도맡았다.

연구소는 우수한 인재를 영입하기 위해서 인턴사원을 대상으로 멘토Mentor 프로그램을 실시했다. 인턴사원이 입사를 하면 선배사원 한 명이 인턴사원의 멘토가 된다. 인턴은 평소에 관심을 가졌던 주제를 하나 선정해서 자유롭게 연구하다가 난관에 부딪혔을 때 멘토를 찾아간다. 그때 멘토는 프로젝트의 진행상황을 점검하고 방향을 잡아주며 적절한 조언을 해 준다. 이러한 일련의 과정을 통해 인턴은 입사했을 때보다 실력을 크게 키울 수 있다. 인턴 기간이 끝날 무렵, 몇몇 인턴들은 해외 간행물을 통해 본인의 학술논문을 발표하기도 한다.

인턴 기간을 마친 학생들은 마이크로소프트를 잊지 못한다. 연구소를 통해 그들은 국제적인 감각과 시야를 넓힐 수 있었다. 그 외에도 마이크로소프트에는 친절하게 업무를 지도해 주었던 선배 멘토 사원들이 있고 업무환경이 편안하고 친근하다. 이러한 이유 때문에 학생들은 인턴 기간을 마치자마자 마이크로소프트사에 입사지원을 한다.

이외에도 마이크로소프트는 중국 내 고등학교의 연구프로젝트에 자금을 지원하기도 했다. 인재를 찾기 위해서라면 마이크로소프트는 중국 내 모든 일류 고등학교에 접촉하는 노력을 아끼지 않았다.

그간 해외 진출사업을 꾸준하게 진행해 온 결과, 마이크로소프트는 현재 약 60개의 국가에 지사를 설립했다. 해외 직원 수도 약 6천2백 명에 달한다. 빌 게이츠는 이에 대해서 "우리는 외국 기술자들의 수학, 과학적 지식, 창의성을 비롯해 그들의 문화적 지식까지 활용하고 있습니다. 세계 각지 시장에서 승리하려면 제품을 현지화해야 하기 때문이죠."라고 했다. 통계에 따르면 해외 직원들이 마이크로소프트에 안겨 주는 일인당 연 매출액은 백만 달러에 이른다고 한다. 마이크로소프트 직원들의 역량은 가히 세계 최고 수준이다.

마이크로소프트가 직원을 채용할 때 고려하는 기준은 첫째 도덕성, 둘째 문제해결 능력, 셋째 빠르게 새로운 지식을 습득하는 학습능력이다. 이외에도 부수적으로 단체정신, 책임감, 일에 대한 열정, 창의력, 독립적인 업무능력을 판단해 채용한다.

빌 게이츠는 지금부터 약 백 년 후에 컴퓨터 네트워크 시대가 막을 내리고 바이오기술이 중시되는 시대가 다가올 것이라고 한다. 그때가 되면 바이오기술은 마이크로소프트의 주요 사업이 될 것이다. 빌 게이츠는 이에 대해서 "시대가 어떻게 변하든 마이크로소프트는 늘 번영을 누릴 것입니다. 왜냐하면 회사에는 우수한 인재가 있기 때문입니다. 이 세상에서 무엇보다 중요한 자원은 바로 인류의 지혜와 기술, 그리고 리더십이니까요."라고 말한다.

마이크로소프트가 앞으로도 인재를 최우선으로 여긴다면 전 세계 어떤 지역, 어떤 업계에서도 성공할 것이다.

신문기자 랜달 스트로스Randall Stross는 "우연히 마이크로소프트를 가까이에서 경험해 볼 기회가 있었습니다. 그때 저는 마이크로소프트에 대해서 일종의 감동을 받았습니다. 회사의 시장점유율과 같은 화려한 실적 때문이 아니었어요. 바로 회사 직원들 때문이었죠. 그들은 회사의 정책을 결정하기 위해 충분히 심사숙고했어요. 생각만 오래 하고 실속이 없는 결정이 아니었죠. 그들은 IBM처럼 벽에 '생각하자!'라는 포스터를 걸어 놓지는 않았어요. 하지만 '생각하는' 습관이 아예 가슴 속 깊이 새겨져 있더군요. 이것은 마이크로소프트가 우수한 인재들로 구성되었기 때문입니다. 또한 끊임없이 학습하고 생각하는 습관이 뿌리박힌 회사이기 때문입니다."라고 말했다.

세상 사람들이 마이크로소프트의 직원들을 향해 '괴짜 천재', '인간 계산기', '일 중독자', '마이크로소프트 노예'라고 아무리 비아냥거려도 빌 게이츠는 개의치 않는다. 그는 오히려 자신이 찾을 수 있는 한, 세상에서 가장 총명한 인재들을 데려올 수 있다는 데 긍지를 느끼고 있다.

인재를 머무르게 하는 4가지 비결

Chapter 1

어느 날, 마이크로소프트의 한 신입사원이 주차를 하다가 빌 게이츠의 새 차에 흠집을 내고 말았다. 그녀는 놀라고 당황하여 어떻게 수습해야 하는지 상사에게 물었다. 상사의 대답은 의외로 간단한 것이었다.

"죄송하다는 메일을 보내세요."

그녀는 상사의 조언대로 빌 게이츠에게 사과의 메일을 보냈다. 그로부터 한 시간 후 빌 게이츠의 답장이 왔다. 메일에는 '사람이 다친 것이 아니니 걱정하지 마세요. 마이크로소프트에 입사한 것을 환영합니다.'라는 말만 쓰여 있었다. 이는 빌 게이츠가 얼마나 사람중심 경영을 잘하는지 설명하는 일화이다. 그는 사람을 중요하게 여기면 회사에 머물고 싶어 하는 인재가 많을 것으로 생각한다. 이외에도 마이크로소프트는 직원들을 회사에 머무르게 하기 위한 여러 가지 제도를 마련했다.

금전적 보상, 급여보다는 주식으로

마이크로소프트는 업계 최초로 직원들에게 스톡옵션을 부여했다. 마이크로소프트의 보상체계는 보너스와 스톡옵션이라는 두 가지 방식으로 이루어진다. 직원들은 근무를 시작한 지 18개월 후에 스톡옵션 중 25%를 행사할 수 있다. 그 후에는 6개월마다 12.5%씩 10년 이내에 모든 옵션을 행사할 수 있다. 회사의 급여수준은 경쟁사에 비해 높은 편이 아니지만, 직원들은 주가 상승에 따른 차익으로 큰돈을 벌 수 있다. 그래서인지 마이크로소프트 직원들의 자사주식 보유율은 다른 상장업체에 비해 높은 편이다. 마이크로소프트는 회사의 이익을 직원 개개인의 이익과 연계시킨다. 이러한 형태의 보수 제도는 직원들의 이직을 막는 데 큰 효과가 있다. 비록 업무의 강도가 높아서 힘이 들지만 직원들은 그만큼 주식으로 보상을 받는다. 따라서 마이크로소프트에 5년 이상 근무한 직원들은 쉽게 회사를 떠나지 않는다. 통계에 따르면 지금까지 스톡옵션으로 백만장자가 된 직원 수는 무려 3천여 명에 달한다고 한다.

경력개발과 설계가 가능한 회사

마이크로소프트의 직원들은 스스로 자신의 경력을 개발하고 설계할 수 있다. 이를 위해 회사는 직원들에게 다양한 기회를 제공한다. 직원들은 매니저 진급을 신청할 수도 있다. 기존의 매니저 입장에서는 부하직원이 매니저 직에 지원한 것이 나쁜 소식만은 아니다. 왜냐하면 본인도 상위 직급으로 승진하려면 기존의 매니저 직을 승계할 후배가 필요하기 때문이다. 또한 매니저 외에도 다른 직책을 신청할 수도 있다. 예를 들어 단순한 설계나 코딩^{Coding}, 테스트와 같은 일이 내키지 않는다면 기술 슈퍼바이저나 소프트웨어 설계자, 특별연구원^{회사의 부회장급 대우를 받는 연구원}이 되기 위해 노력할 수 있다. 이처럼 마이크로소프트에서 경력을 개발하고 설계하는 길은 다양하다.

차별 없는 대우

사람과 사람 사이를 멀어지게 만드는 원인 중의 하나는 '계층 간의 벽'이다. 직원들이 직급 때문에 서로 멀어진다면 공동의 목표를 향해 한마음으로 협력하기 어려워진다. 빌 게이츠는 사내에 차별로 인한 소통의 벽이 생기지 않도록 각별히 신경을 쓰므로, 직원을 대할 때 직급에 따라 절대 차별하지 않는다.

마이크로소프트는 사내 차별을 없애기 위해 모든 직원에게 같은 조건의 사무공간을 평등하게 제공한다. 심지어 빌 게이츠의 사무실조차도 직원과 비교해서 크게 차이 나지 않는다.

직원들은 스스로 사무실의 위치를 선택한다. 만약 여러 명이 동시에 한 사무실을 원한다면 제비뽑기를 해서 주인을 결정한다. 또 처음 선택한 사무실이 마음에 들지 않는다면 만족할 때까지 여러 차례 선택할 수 있다.

이뿐만이 아니라 직원들은 자신의 사무실 인테리어나 가구 배치 등을 자유롭게 꾸미고 관리할 수 있다. 회사는 직원 개개인의 사생활을 존중하므로 모든 사무실의 잠금장치를 수동으로 설치했다. 그래서 사무실의 주인만이 문을 여닫을 수 있다.

주차공간에도 직급에 따른 차별을 두지 않으므로 먼저 오는 사람이 주차 위치를 결정한다. 빌 게이츠이든 일반 직원이든 관계없다. 먼저 오고 나중에 오고는 직급에 따라 달라지지 않기 때문이다.

마이크로소프트는 이렇게 다른 회사들과 차별되는 경영방식을 취했고 이곳의 직원들은 마음 편하게 근무를 하게 되었다.

편안한 업무 분위기

마이크로소프트 직원의 주당 업무시간은 무려 80시간에 달한다. 이는 타사에 비해 업무강도가 높은 편이다. 그렇지만 직원들은 업무하는 도중에 동료와 하키를 하고 악기를 연주하는 등 분위기가 매우 자유롭다. 또 사내 부지에는 직원들을 위한 축구장과 농구장, 조깅 코스 등이 갖추어져 있다.

본사가 있는 시애틀은 흐린 날이 많아서인지 맑게 갠 날에는 직원들이 자유롭게 밖으로 나가 날씨를 즐긴다. 또 직원들은 업무로 인한 부담과 긴장을 풀기 위해 매주 금요일 저녁 회사에서 열리는 파티에 참석하기도 한다. 대학 캠퍼스와 같이 자유로운 분위기에서 마이크로소프트 직원들은 커뮤니케이션의 기회가 많아 서로 결속력을 다질 수 있다.

마이크로소프트는 또한 근무시간을 유동적으로 운영한다. 대부분의 기업이 근무시간을 아침 9시부터 오후 5시까지로 정해 놓은 것과는 다르게, 마이크로소프트의 직원들은 원하는 시간대에 출퇴근 할 수 있다. 직원들은 자신의 컨디션을 고려해 출퇴근 시간을 정하기 때문에 업무 효율이 자연스레 높아진다.

이러한 자율적인 근무환경은 회사가 직원들을 신뢰하고 직원들도 회사에 대한 책임을 다하기 때문에 실현될 수 있다.

개방적이고 진취적인 기업문화

Chapter 1

빌 게이츠가 구축한 기업문화는 다른 많은 기업이 배울 만한 점이 많다. 빌 게이츠는 직원들이 하고 싶은 말을 마음껏 할 수 있도록 사내에 개방적인 분위기를 조성한다. 덕분에 직원들은 회사 발전에 관한 의견을 자유롭게 제시할 수 있다. 그들은 심지어 상사의 결점에 관한 문제까지도 마음껏 털어놓을 수 있다. 이에 대해 빌 게이츠는 이렇게 말한다. "만약 직원들 모두가 건의사항을 낸다면 그만큼 회사에 대해 관심이 많다는 증거입니다. 이렇게 되어야만 마이크로소프트에 미래가 있습니다."

1995년, 빌 게이츠는 인터넷과 관련된 제품 출시계획을 발표했다. 하지만 곧 직원들의 반대에 부딪혔다. 직원들은 저마다 반대의견을 빌 게이츠에게 이메일로 보냈다. 빌 게이츠는 오랫동안 이메일을 통해 그들과 논의하고 의견을 절충했다. 결국 빌 게이츠는 직원들에게 '인터넷의 물결 The Internet Tidal Wave'이라는 메모를 보냈다. 그는 메모를 통해 자신에게 과오가 있었음을 인정하고 직원들이 이 계획에 동참해 줄 것을 호소했다. 그러자 직원들은 그의 말에 동조하고 그와 뜻을 같이했다. 빌 게이츠는 곧장 우수한 인재들을 인터넷 부문으로 전환하여 배치했다. 이와 동시에 다른 신제품 개발계획을 취소하고 회사의 역량을 인터넷 사업에 집중시켰다.

이처럼 마이크로소프트는 이메일과 같이 빠르고 편리한 도구를 통해 민주적으로 의사를 결정한다.

또한 빌 게이츠는 주관이 분명한 사람을 선호한다. 설사 그들이 빌 게이츠의 의견에 반박하더라도 관계없다. 이런 회사 분위기 속에서 마이크로소프트 직원들은 누구에게나 자신의 의견을 피력한다. 심지어 그들은 빌 게이츠 앞에서도 당당하다. 직원들은 이런 빌 게이츠에 대해서 이렇게 말한다.

"빌은 잘못을 인정할 줄 알아요. 그리고 남의 의견을 주의 깊게 듣죠. 만약 어떤 사람이 더 좋은 해결방법이나 기술을 갖고 있다면 주저하지 않고 그 의견을 받아들일 거예요."

직원들이 빌 게이츠의 의견에 과감히 반박할 수 있는 이유가 바로 여기에 있는 것이다.

이 밖에도 빌 게이츠는 해마다 전 직원으로부터 연구 논문을 모집한다. 논문의 내용은 회사를 발전시킬 수 있는 새로운 구상들이다. 빌 게이츠는 그 후 2주간 아무 일도 하지 않고 오로지 직원들의 논문을 읽는 데만 열중한다. 그리고 논문에서 언급된 직원들의 구상들을 60여 개의 프로젝트 업무로 정리한다. 그 후 각 사업부문에서 정예멤버를 차출하여 60여 개 프로젝트 수행을 위한 팀을 구성하고 본격적으로 프로젝트에 착수한다. 빠르게 변화하는 시장에서도 마이크로소프트가 뒤처지지 않는 것은 아이디어를 마음껏 제시할 수 있는 자유로운 분위기 때문에 가능하다.

실패를 존중하라

'실패는 성공의 어머니'라는 말이 있다. 빌 게이츠는 실패를 깨끗이 인정하고 실패로 얻을 수 있는 교훈들을 중요하게 생각한다. 심지어 그는 "실패가 없다는 것은 노력하지 않았다는 증거다."라고 할 정도이다.

마이크로소프트에서 실패에 부딪히면 제일 먼저 하는 일이 있다. 실패로 인한 손실을 가늠하고 비판과 질책을 받는 것이 아니다. 바로 실패의 원인을 분석하고 다른 새로운 방법을 시도하는 과정이다. 끊임없이 도전하는 것, 이것이 실패의 가장 큰 유익이다. 마이크로소프트는 수도 없이 실패했지만 실망하지 않고 끊임없이 도전했다. '실패는 바로 성공을 위한 필요조건'이라는 말을 증명이라도 하듯 마이크로소프트는 업계의 최고 자리에 오를 수 있었다.

멘토 프로그램을 통한 직원 훈련

마이크로소프트는 내부적으로 직원 훈련을 위해서 인터넷 강좌와 교육 동영상을 많이 보유하고 있다. 하지만 직원들에게 특정 강의를 수료하라고 강요하지는 않는다. 마이크로소프트는 직원들이 일방적인 강의보다는 현장에서 배우기를 원한다. 마치 옛 수공예 장인들이 후계자를 양성하는 모습과도 비슷한 이 훈련방식은 바로 멘토 프로그램이다. 신입 프로그래머들의 첫 번째 멘토는 보통 우수한 선배 프로그래머들이다. 선배 프로그래머들은 일하면서 느끼는 고충과 보람을 누구보다 잘 알고 있기 때문이다. '청출어람'이라는 말이 있듯이, 우수한 프로그래머를 양성하기 위해 우수한 선배 사원을 스승으로 지정하는 것은 마이크로소프트의 당연한 선택이다.

정보공개와 커뮤니케이션의 중요성

사람들은 종종 정보를 권력이나 사유 재산처럼 여기고 공개하기 꺼린다. 그러나 빌 게이츠는 전 직원에게 현재 진행 중인 프로젝트의 상황과 계획, 달성률, 문제점 등을 다른 직원들과 공유하라고 지시한다. 소속 부서나 프로젝트의 중요성, 지위를 떠나서 누구나 정보를 공유해야 한다. 이것은 직원 간의 신뢰, 협조를 중시하며 일의 효율을 우선하는 작업분위기 때문에 가능하다.

마이크로소프트는 인사평가를 할 때도 상사와 직원 간의 커뮤니케이션을 중시했다. 연초에 상사는 직원과 논의하여 그 해의 업무목표를 설정한다. 전년도 업무 득실을 따지고 개선이 필요한 부분을 서로 지적한다. 새해의 업무목표는 상사와 직원 양측이 함께 논의한 다음에야 최종적으로 확정된다. 6개월 후 상사는 연초에 작성했던 업무목표와 직원의 실제 업무 현황을 대조하면서 중간평가를 한다. 연말이 되면 다시 상사는 직원과 함께 실적을 논의하고 최종적으로 직원의 평가등급을 도출한다. 평가 등급에 따라 직원의 브너스나 주식 배당수량이 결정된다.

이런 방식의 평가시스템에서는 회사의 비전과 직원의 업무목표가 서로 부합된다. 따라서 회사는 직원이 목표를 달성할 수 있도록 자연스럽게 유도할 수 있다. 직원들 역시 자신의 목표 실현을 위해서 교육기회나 발전기회를 얻고 싶다고 회사에게 요청할 수 있다.

이러한 일련의 과정은 단순히 목표만 설정하는 작업이 아니다. 커뮤니케이션을 통해 상사가 직원을 존중하고 직원들이 회사의 비전을 이해하게 된다. 이를 통해 마침내 직원들은 보다 주동적이고 적극적인 태도로 업무에 임할 수 있다.

직원들의 전문성을 발휘시켜라

Chapter 1

　　여러 소프트웨어 회사의 직원들에게 "당신의 회사에서 핵심 역량이 무엇이라고 생각합니까?"라고 묻는다면 그들 대부분은 곧장 "기술입니다."라고 대답할 것이다. 마이크로소프트도 예외는 아니다. 빌 게이츠는 회사의 기술정책을 주관하는 최고 결정자이다. 그는 회사의 기술 발전방향을 결정할 때 직원들의 역량이 하나로 모여야 한다고 생각한다. 그래서 빌 게이츠는 회사의 발전노선을 채택하기 전에 브레인스토밍 Brainstorming을 한다. 마이크로소프트의 각 부서는 시장조사, 기술 연구, 경쟁업체 분석을 통해 새로운 기술 제안을 한다. 회의를 마치면 빌 게이츠는 '생각 주간 Think Week'을 정해 혼자서 사색의 시간을 가진다. 회의에서 나온 적합한 제안을 기억해 두었다가 침착하고, 조용히 고민한다. 생각 주간을 마치면 빌 게이츠는 당시에 고민해서 얻은 결론을 바탕으로 회사의 장기적인 기술발

전 노선을 확정한다.

　마이크로소프트는 인재들이 각자의 전문성을 발휘할 수 있도록 애쓴다. 이를 위해서는 인재들이 사내에서 유동적으로 움직일 수 있어야 한다. 관리자들도 물론 '인재는 우리 부서 소속이 아니라 마이크로소프트 전체의 사람이다.'라는 생각을 해야 한다. 이렇게 해야만 직원과 회사가 모두 발전할 수 있다.

숲을 보는 통찰력으로
과감하게 결정해라!

Chapter 1

1982년, 마이크로소프트는 당시 이미 컴퓨터 운영체제 영역에서 주도적인 입지를 확보했다. 그래서 빌 게이츠는 소프트웨어 시장을 다음 목표로 잡았다. 빌 게이츠의 계획은 단순히 새로운 시장에 진출하는 것이 아니라 해당 시장에서 최고가 되는 것이었다. 지금이야 이미 빌 게이츠의 목표가 현실화되었기 때문에 놀랄 만한 일도 아니다. 하지만 당시 마이크로소프트는 발전 잠재력을 지닌 작은 회사에 불과했다. 더욱이 소프트웨어 시장은 마케팅과 고객서비스가 중요하다. 그러나 당시 마이크로소프트는 이 영역이 거의 걸음마 수준이었다.

사실 그때 마이크로소프트에는 고객서비스 사무실이 있었으나 전시용에 불과했다. 사무실에는 여직원 두 명만이 근무하고 있었는데 그들은 소프트웨어에 대해 아는 지식이 거의 없었다. 그들은 고객들이 질문이라도 할라치면 "말씀하신 버전의 제품은 지금 연구

중이에요."라고 하거나 "고객님 문제를 상부에 보고하겠습니다."라고 대답하는 것이 전부였다. 고객들에게는 의견이나 요구사항을 건의함에 기록하라고 한 뒤 거들떠보지도 않았다. 고객서비스 사무실의 탁자 위에는 먼지로 뒤덮인 건의함만 덩그러니 놓여 있었지만 아무도 개의치 않았다.

대부분의 회사는 성장하기 위해서 고객서비스라는 가치관을 으뜸으로 삼는다. 심지어 경영인들은 고객서비스가 회사의 명맥을 유지해 주는 '생명선'이라고 부른다. 더구나 소비자를 직접 대면하는 소매시장에서 고객서비스가 부실하다면 결코 성공을 장담할 수 없다. 때문에 마이크로소프트에게는 그동안 취약했던 고객서비스 영역을 강화하는 것이 가장 큰 과제였다. 결국 빌 게이츠는 헤드헌터를 통해 회사의 소매사업을 훌륭하게 관리해 줄 적합한 인재를 모색했다.

1984년 초에 헤드헌터는 빌 게이츠에게 몇 명의 인사를 추천했다. 그중에서 제리 러튼버르 Jerry Ruttenbur의 이력이 가장 눈에 띄었다. 제리는 처음 m&m에 입사한 후 아타리Atari 컴퓨터 영업부로 이직했다. 당시에는 크왈라 테크의 영업부 책임자로 지내고 있었다. 그는 마케팅 노하우가 많고 관리능력이 뛰어났으며 실제 세일즈 경험도 있었다. 그는 당시 마이크로소프트에 꼭 필요한 능력을 갖춘 상태였다. 그래서 빌 게이츠는 곧장 그를 영업부 부사장으로 스카우트했다.

1984년 5월, 제리는 정식으로 마이크로소프트 영업부 부총재가 되었다. 그러나 출근 첫날 제리는 생각보다 심각한 마이크로소프트 고객서비스 부문을 보고 "세상에! 이게 다 뭐죠?"라며 당황했다. 업계에서 어느 정도 인지도가 있는 업체여서 그러한 상황인 줄은 미처 예상하지 못했기 때문이다.

제리가 부임하기 전 마이크로소프트는 이미 다양한 소프트웨어를 출시한 상태였지만 미국 내 매출실적이 그다지 높지 않았다. 회사에는 소매시장의 판매 전략에 능통한 사람이 없었기 때문에 다양한 루트로 판매를 시도했지만 결과는 매번 참패였다. 제리는 마이크로소프트에서 처음 며칠을 보낸 후 자신의 노하우와 지식을 바탕으로 회사의 문제점을 지적했다.

"마이크로소프트처럼 큰 회사가 이렇게 고객서비스 조직이 취약하다는 사실은 다소 의외입니다. 이런 상태에서는 고객이 만족할 만한 서비스를 제공할 수 없습니다."

제럴드는 자신의 의견을 당당하고 솔직하게 밝혔다. 빌 게이츠는 제리가 지닌 영업상의 지식과 노하우를 믿었기 때문에 그를 전폭적으로 지원했다. 그 결과, 마이크로소프트는 소매사업과 서비스 조직을 정비하는 데 성공했다.

이처럼 빌 게이츠는 상황을 정확하게 판단하며 사람을 한 번 고용하면 의심하지 않는다. 숲을 보는 통찰력을 가진 빌 게이츠의 과감한 투자로 마침내 마이크로소프트는 소프트웨어 시장의 승자가 됐다.

■ 적절한 압박은
최대의 효과를

마이크로소프트는 IT 업계의 '사고 압착기'로 유명하다. 따라서 근무 강도뿐만 아니라 부담도 높다. 그런데도 동종업계에서 이직률이 가장 낮은 것은 놀라운 사실이다. 이는 강도 높은 관리방식이 마이크로소프트에서 적중했다는 것을 말해 준다.

    빌 게이츠는 "직원들이 회사를 위해 적극적으로 일하도록 동기부여를 해야 합니다."라고 말했다. 그런데 요즘 사람들은 회사보다는 개인의 삶을 더 중시한다. 따라서 '직원이 회사에 헌신하게끔 만들어야 한다.'라는 빌 게이츠의 주장은 현실적이지 못하다.

    그러나 빌 게이츠는 정보화 시대를 사는 사람들의 특징을 포착했다. 놀랍게도 그들은 보수보다는 일에 대한 성취동기를 더 중요하게 여긴다. 따라서 동기가 적절하게 부여되면 그들은 매우 주동적이고 적극적인 태도로 일에 매달린다. 빌 게이츠는 바로 이 점에 주목했다.

그는 회사의 중요한 권한과 임무를 사업부와 각 부서에 이양했다. 과연 직원들은 중대한 권한과 임무를 맡게 되자 이전보다 훨씬 주동적이고 적극적으로 임했다. 또 각자의 능력을 최대한 발휘해서 목표를 달성했기 때문에 성취감도 높아졌다. 이에 따라 업무의 강도는 다소 높아졌지만 관문을 통과해서 회사에 남은 직원들이야말로 지혜와 장기적인 안목을 갖춘 진짜 인재들이다.

마이크로소프트는 지혜로운 방법으로 직원을 적절히 압박해서 일에 대한 영감과 동기와 사명감을 불어넣는다.

사람들은 마이크로소프트 직원에게 "이런 압박 속에서 대체 빌 게이츠를 위해 계속 일하려는 이유가 뭔가요?"라고 질문할지도 모른다. 하지만 마이크로소프트는 이에 상응하는 보상제도와 복지혜택도 제공한다. 마이크로소프트의 도전과 성장의 과정에는 늘 직원들이 함께한다. 마이크로소프트가 성장한 만큼 직원들도 성장한다는 것은 분명한 사실이다.

마이크로소프트에는 세계 IT업계 선두주자로서의 위치를 유지시켜 줄 세계 최고의 인재들이 필요하다. 그러므로 리더인 빌 게이츠가 본인과 직원들을 극한으로 내모는 것인지도 모른다.

제 2 장

스티브 잡스,
조류를 창조하면 시대를 이끈다

the GREAT

Steve Jobs

미국 실리콘밸리의 IT기업들이 강점을 가지는 아이템은 회사별로 각각 몇 개씩밖에 되지 않는다. 그러나 애플Apple은 수많은 영역에서 차세대의 유행을 선도하고 있다. 애플의 아이북ibook과 아이맥iMac과 같은 하드웨어, 아이팟iPod 위주의 소비류 전자제품, 맥Mac 운영체제 및 아이무비iMove, 아이포토iPhoto, 사파리Safari와 같은 소프트웨어, 인터넷 쇼핑 플랫폼인 아이튠즈iTunes 뮤직스토어 등이 그 예이다. 애플의 이러한 전략은 창업주인 스티브 잡스Steve Jobs의 개인적인 성격과도 관계가 깊다. 중학교 시절 잡스는 용감하게도 HP의 회장에게 전화를 걸어서 그에게 컴퓨터 부품과 설비를 납품하겠다고 큰소리를 치기도 했다. 이 일화를 통해 스티브 잡스가 평범하지 않은 지혜와 용기를 지녔음을 알 수 있다. 그 외에도 잡스는 굴곡 많은 인생을 통해 위기를 극복하는 힘을 길렀다. 그 덕분에 그는 새로운 형태의 강력한 리더십을 갖게 되었다. 그리고 그는 이를 바탕으로

IT업계의 막강한 영향력을 가진 경영인으로 우뚝 섰다.
 IT업계는 한 치 앞을 예측하기 어려운 곳이다. 그래서 무슨 일이든지 미리 확신하고 단언하기 어렵다. 수시로 바뀌는 고객의 취향에 맞춰 기술을 발 빠르게 개발하지 않으면 도태되기 십상이다. 이런 냉혹한 IT계의 현실 속에서 스티브 잡스도 기술, 전략적인 착오로 냉정하게 버림받았던 적이 한두 번이 아니다. 그러나 그는 흔들리지 않는 의지를 가지고 전혀 낙담하지 않고서 자기 자신을 끊임없이 개발해 낸다. 그래서 다음 기회를 얻었을 때 같은 실수를 반복하지 않고 성공한 것이다. 숱한 역경 속에서도 절대 포기하지 않는 승부근성의 소유자 스티브 잡스, 그는 지금 실리콘밸리의 도전정신을 대표하는 정신적 지주가 되고 있다.

영원히 고갈되지 않는 창업정신

1970년대에는 컴퓨터 한 대 가격이 수만 달러나 했기 때문에 일반 가정에서 컴퓨터를 구입하는 것은 쉬운 일이 아니었다. 1976년에 잡스의 친구 스티브 워즈니악 Steve Wozniak이 마이크로형 컴퓨터 애플 I을 개발해 냈다. 그러자 사람들은 애플 I에 환호했고 그러한 상황에서 잡스는 거대한 사업 기회를 포착했다. 그래서 그는 워즈니악에게 회사를 그만두고 당시 워즈니악은 HP의 직원이었음 컴퓨터 회사를 같이 차리는 게 어떻겠냐고 제안했다. 그러고서 잡스는 아끼던 폭스바겐 자동차를 1천5백 달러에 팔아 회사 설립자금을 마련했다. 마침내 둘은 회사를 창립하고 이름을 '애플Apple'이라고 지었다. 그는 투자자들을 모집하기 위해 백방으로 뛰었다. 미국의 유명한 벤처 투자가 마이크 마쿨라Mike Markkula가 그 둘을 주목하고 애플에 거액의 자금을 지원했다.

1977년 4월, 애플은 애플 II를 개발하는 데 성공했다. 이때부터 사실상 개인용 컴퓨터 시장이 열리게 된다. 애플Ⅱ는 최초로 키보드와 모니터의 형태를 갖춘 개인용 컴퓨터다. 그리고 조합이 간단하고 원가를 대폭 낮춰 수백 달러만 내면 일반 가정에서도 바로 구입할 수 있었다. 애플의 생산액은 단번에 1백만 달러를 넘어섰다. 1980년, 애플은 미국 증시에 상장되었고 주가는 상장 하루 만에 30% 이상 상승했다. 잡스와 워즈니악은 한순간에 백만장자가 되었다. 회사는 세계 500대 기업의 대열에 들어섰으며 애플이라는 이름도 전 세계에 알려지게 된다. 그때 스티브 잡스는 처음 〈타임Time〉지의 표지모델이 되었다.

1984년, 회사의 직원 수는 4천 명에 달했고 자산은 20억 달러를 넘어서면서 애플은 미국에서 가장 빠르게 성장한 컴퓨터 회사가 되었다. 같은 해 애플은 흔히 맥Mac이라고 불리는 매킨토시Macintosh 컴퓨터를 선보였다. 그러나 사실상 초기의 애플 컴퓨터는 초보자들이 간단한 프로그래밍을 연습하거나 게임을 할 때 사용되었다. 그러던 중 청천벽력 같은 일이 생긴다. 애플의 창업주 스티브 잡스가 자신이 일으킨 회사, 애플에서 쫓겨나게 된 것이다.

그를 몰아낸 사람은 다름 아닌 잡스가 직접 스카우트하여 중직을 맡겼던 존 스컬리John Sculley. 애플이 전무후무한 속도로 빠르게 성장하자 잡스는 전문 경영인을 고용해야 할 필요성을 느꼈다. 그는 당시 펩시콜라의 사장으로 있던 존 스컬리 사장에 주목했다. 그는 펩시를 코카콜라에 필적할 만한 상대로 키워 놓은 마케팅의 전문가다. 처음에 스컬리가 애플의 스카우트 제안을 거절하자 잡스는 그에게 이런 말을 던진다. "시대가 변하고 있는데 언제까지 설탕물만 파실 겁니까?" 그의 끈질긴 설득에 스컬리는 결국 애플에 합류하기로 한다. 스컬리가 애플에 영입된 후 처음 몇 년간 회사는 그런대로 잘 운영되는 듯했다. 그러나 스컬리와 잡스는 애플의 미래 발전노선에 대해서 각자 다른 견해를 보였다. 그러던 중 애플의 이사회가 존 스컬리의 손을 들어주면서 잡스는 회사를 떠나게 된다. 그때 그의 나이 겨우 30세였다. 20대의 열정을 애플에 전부 쏟았던 잡스에게 이들의 배반은 하늘이 무너지는 아픔이었다.

사실 잡스는 천성적으로 남들과 다른 독특한 사고방식의 소유자다. 그래서 그는 회사를 운영할 때도 거칠고 고집스러운 성격 때문에 남들과 종종 부딪힌다. 이러한 이유로 잡스는 애플에서 고립되었다. 스컬리는 잡스의 독단적인 태도를 용납할 수 없었다. 스컬리와 잡스 간의 권력 다툼은 이사진의 익명 투표로까지 이어졌고 결국 이사진은 잡스를 회사에서 떠나게 했다. 잡스는 여러 차례 이사회에 사과했지만, 이사회의 결정은 바뀌지 않았다. 이에 분노한 그는 수중의 애플 주식을 다 매각하고 '애플보다 더 큰 사업을 일으키겠다.'라고 맹세하며 회사를 나갔다. 잡스는 그때를 회상하며 이렇게 말한다.

"그때는 잘 몰랐지만 나중에서야 깨달았어요. 애플에서 쫓겨난 사건은 사실, 저에게 일생일대의 기회를 제공해 주었다는 것을요. 그때만 해도 애플에서 성공대로를 달리고 있었기에 잔뜩 거만해져 있었죠. 그러다가 갑자기 회사에서 쫓겨나니까 아무것도 가진 게 없는 창업자의 심정으로 돌아온 거예요. 그리고 나니 어떤 일도 그렇게 심각하게 보이지 않더라고요. 저는 다시 자유로워졌고 제가 가진 창조력을 마음껏 발휘하게 되었습니다."

잡스는 애플을 나온 후 바로 컴퓨터 회사 넥스트^{NeXT}를 설립했다. 또 1986년에는 1천만 달러를 들여 루카스 필름으로부터 컴퓨터 그래픽^{Computer Graphic, CG}* 사업부를 인수한 후 픽사^{Pixar}라는 회사를 설립했다. 루카스 필름은 영화 〈스타워즈^{Star Wars}〉의 제작자로 잘 알려진 조지 루카스^{George Lucas}가 세운 회사이다. 당시만 해도 CG 사업은 전망이 그리 밝지 않았다. 하지만 잡스는 애니메이션에 생기를 불어넣는 CG 시장이 머지않아 크게 성장할 것이라고 확신했다.

픽사는 설립 초기, 학생들에게 컴퓨터를 판매하는 일만 했다. 그렇지만 잡스는 회사가 가진 CG 기술을 썩히기 아까웠다. 1995년, 픽사는 마침내 3D 애니메이션 영화인 〈토이스토리^{Toy Story}〉 제작에 성공한다. 세계 최초로 100% CG 기술로 제작된 〈토이스토리〉가 공전의 히트를 치면서 픽사는 같은 해 증시에 상장이 되고 3D 애니메이션 영화계를 주름잡는 업체가 되었다. 그때 이후 스티브 잡스는 미디어 업계의 무법자로 통하면서 할리우드에서 입지를 굳혀 갔다. 그는 그 후에도 〈니모를 찾아서^{Finding Nemo}〉, 〈인크레더블^{The Incredibles}〉 등 일련의 흥행작을 내놓으면서 애니메이션 영화계를 뒤흔들어 놓았다. 그는 애니메이션을 많이 제작하지는 않았지만 금세 드림웍스

---

* 컴퓨터를 이용하여 그림을 그리는 분야. 키보드 및 입력 장치를 이용, 도형을 형성하는 데이터를 기억시킨 다음 매개 변수를 바꾸어 가면서 도형을 임의로 그려낼 수 있음.

Dream Works나 워너브라더스Warner Bros. 같은 경쟁사들을 저만치 따돌렸다. 그리고 수십 년간 전 세계 애니메이션계를 독점해 온 디즈니Disney에 버금가는 스튜디오로 부상했다. 잡스가 말한 것처럼 자신이 가진 '창조력을 마음껏 발휘할 수 있는 시기'가 온 것이다.

이처럼 픽사가 성장 가도를 달리고 있던 반면, 잡스가 없는 애플은 경쟁사들 틈바구니에서 갈수록 실적이 악화되었다. 이런 상황에서 드디어 잡스에게 기회가 왔다. 1996년, 항상 애플에 대한 깊은 애정이 있었던 잡스는 자신이 세운 컴퓨터 회사 '넥스트'를 애플에 매각했다. 이를 통해 애플은 넥스트의 기술을 확보했고, 잡스는 경영 컨설턴트라는 직함으로 애플에 컴백했다. 그 후 1997년, 잡스는 드디어 애플의 정식 CEO가 되면서 그때부터 회사에 대한 모든 것을 개혁했다. 그의 지휘 아래에서 애플은 산뜻한 컬러와 투명한 플라스틱 소재로 제작된 아이맥iMac 컴퓨터를 출시했다. 잡스는 외형 케이스 색상에 균질감을 더하기 위해서 캔디 회사의 포장 전문가에게 자문을 구하기도 했다. 그 결과 아이맥은 PC업계의 새바람을 일으키며 애플사의 히트작으로 등극했다. 죽어가던 애플에 부활의 생기를 불어넣은 잡스. 그는 1997년 〈타임〉지의 표지를 다시 한 번 장식했다. 1997년 10달러였던 애플의 주가는 1999년 말 60달러까지 치솟았다. 이것은 스티브 잡스가 만들어 낸 기적이다.

제품에 개성을 실어 주는 잡스의 전략 덕분에 애플은 한때 일련의 히트작들을 속속 출시해 냈다. 그러나 컴퓨터 업계의 유행과 소비 습관이 빠르게 변하면서 한때의 히트작들도 서서히 도태되었다.

그리고 2000년 애플은 분기 손실을 기록하면서 주가는 바닥으로 곤두박질쳤다. 애플의 존폐가 달린 위기의 상황에서 잡스는 천부적인 창의력과 사업적 안목을 가지고 다시금 애플을 구조해 냈다. 기존에 PC 하드웨어에만 한정되었던 애플의 사업라인을 새로운 영역으로 확대한 것이다. 잡스는 이를 위해 디지털 음원 사업에 출사표를 내고 2001년, mp3 플레이어인 아이팟 iPod 을 출시했다. 이 작은 기기는 기울어져 가는 애플의 운명을 단번에 일으켜 세웠다. 2004년 애플은 전 세계에 걸쳐 아이팟을 총 2천2백만 대나 판매했고, 아이팟을 통한 아이튠즈 뮤직스토어 음원 판매 수도 5억 곡에 달했다. 미국의 합법화된 음원 다운로드 서비스 중에서 아이튠즈의 점유율은 82%나 되었다. 미국 〈비즈니스 위크 Business Week〉지는 이에 대해서 '2001년 이래 애플은 아이팟을 통해 148%의 매출 성장을 기록했다.'고 했다. 어느새 스티브 잡스는 컴퓨터 하드웨어가 아닌 디지털 엔터테인먼트 업계의 새로운 리더가 되어 있었다.

'애플'과 '혁신'은 동의어

Chapter 2

1997년 〈타임〉지는 '다시 일어선 애플'이라는 제목으로 잡스의 사진을 표지에 실었다. 이 소식은 사람들의 가슴을 설레게 했고 애플의 주가는 덩달아 33%나 상승했다. 잡스는 누적된 적자로 허덕이던 애플에 자금줄을 대기 위해서 백방으로 노력했다. 그 결과 적대관계였던 마이크로소프트로부터 1억 5천만 달러의 투자자금을 유치하는데 성공했다. 이는 애플이 매킨토시를 통해 보유하고 있던 윈도우 개념 등의 기술 사용권을 넘기는 대가였다.

같은 해 《해리 포터 Harry Potter》 시리즈의 첫 번째 책이 출간되었다. 그때 만약 잡스가 《해리포터》의 판권을 사서, 픽사를 통해 판타지 영화라도 제작했더라면 분명 큰돈을 벌었을 것이다. 하지만 잡스는 그럴 생각은 엄두조차 내지 않았다. 왜냐하면 그때 당시 그의 머릿속에는 오로지 애플을 나이키 Nike, 코카콜라, 마이크로소프트와 같은 세계 최고의 브랜드로 성장시키려는 계획밖에 없었기 때문이다. 그 후 애플은 올인원 아이맥iMac All-in-One과 파워맥Power Mac 프로세서 등의 신제품을 출시했다. 올인원 아이맥은 출시와 동시에 소비자로부터 뜨거운 반응을 얻어 냈고 5개월 만에 80만 대가 팔려 나갔다. 단일 상품이 이렇게 높은 매출실적을 거둔 경우는 애플에서는 거의 처음이었다. 1998년, 애플은 누적된 적자를 해소하고 흑자로 전환하게 되었다.

훗날 〈매트릭스Matrix〉가 미국 전역에서 최고의 흥행성적을 기록하면서 픽사는 컴퓨터 특수기술 개발에 박차를 가했다. 같은 해 개봉한 〈토이스토리 2〉가 5억 달러의 흥행수입을 올린 뒤 연이어 〈몬스터 주식회사Monsters, Inc.〉도 빠른 속도로 1억 달러를 돌파했다. 1999년 스티브 잡스는 〈타임〉지의 표지를 또 한 번 장식하는데 이번 제목은 '잡스의 투잡Steve's Two Jobs'이었다. 잡스가 애플과 픽사라는 두 그루의 나무에서 거두어들인 결실은 그를 비즈니스계의 우상으로 만들어 놓기에 충분했다. 스티브 잡스에 관한 기사는 각종 신문과 잡지의 지면을 독차지했다. 2000년은 애플이든 잡스에게든 모두 기념이 될 만한 해다. 이때 애플의 이사회는 스티브 잡스를 '평생 CEO'로 임명해서 그에게 100% 독자적인 경영권을 부여하게 된다.

잡스는 칭찬에 인색하다고 알려져 있다. 하지만 디자이너 조나단 아이브Jonathan Ive에게 만큼은 "내가 제품을 만드는 사람이라면 그는 문화를 창조해 냅니다."라며 칭찬을 아끼지 않는다. 전 세계를 매료시킨 아이팟의 디자인은 바로 조나단의 솜씨이다. 그 해에 사람들은 마치 무엇엔가 중독된 것처럼 아이팟을 사는 데 열을 올렸다. 이러한 아이팟의 성공은 조나단 아이브의 굽힐 줄 모르는 혁신 의지에 공을 돌려도 될 듯싶다. 아이팟은 기능이나 디자인 면에서 시대의 편견을 뒤집는 혁신이자 문화적, 정신적인 충격이다. 애플의 '혁신'은 전 세계에서 가장 치열하고 뜨거운 단어가 되었다. 디자인, 포장, 기능, 외관, 마케팅 등의 세부적인 프로세스들이 모두 혁신적으로 바뀌었다. 각종 매체가 앞다투어 이를 기사화하는 바람에 '애플'과 '혁신'은 어느새 동의어가 되었다. 스티브 잡스의 말 한 마디 한 마디가 모두 명언이 되어 사람들의 입에 오르내렸다. 그 후 1년간 아이팟과 아이튠즈는 전 세계 시장을 석권했고 애플과 잡스는 IT계의 신화가 되었다.

애플의 신제품 출시 속도는 해를 거듭할수록 빨라지고 있다. 성냥갑만 한 크기의 미니 아이팟 나노 Mini iPod Nano, 아이팟 비디오 iPod video, 소파에 앉아 컴퓨터를 원격 조종하는 프론트 로우 Front Row 등이 그 예이다. 혁신은 이미 애플을 움직이는 원동력이 되었다. 잡스는 그의 혁신 의지를 애플 직원 전체의 머릿속에 주입하고 거기에 동의하지 않는 사람은 떠나보낸다. 잡스는 이렇게 말한다. "하드웨어에서 소프트웨어, 디자인에서 기능에 이르기까지, 우리는 모든 디테일 detail한 부분들을 하나하나 신경 씁니다. 이렇게 해야만 제대로 혁신이 이뤄졌다고 할 수 있죠. 애플의 혁신은 바로 디테일에 있습니다."

조류를 만들면 시대를 이끈다

Chapter 2

애플이라는 거대한 선박의 키를 다시 잡은 스티브 잡스. 그는 과거에 운영체제인 넥스트스텝 NeXTStep 을 출시한 적이 있었지만 실패한 바 있다. 하지만 그는 훗날 그것을 'OS X'라고 이름을 바꾼 뒤 개성이 돋보이는 최신형 아이맥 컴퓨터에 설치했다. 그러자 놀랍게도 이 제품은 미국 시장에 돌풍을 일으키며 인기몰이를 하게 되었다. 그러나 잡스는 여기에 만족하지 않았다. 스탠드 전등에서 영감을 얻은 그는 엔지니어들에게 스탠드 전등을 참고해서 아이맥 컴퓨터를 디자인하라고 지시했다. 그래서 컴퓨터 본체를 전등의 받침대로, 모니터를 전등으로 디자인한 컴퓨터가 탄생했다. 본체에서 위로 뻗은 지지대 끝에 평면 액정 모니터는 우아한 빛을 발했다.

잡스는 컴퓨터용 DVD 재생 기술에서도 성과를 거두었다. 2000년 그는 컴퓨터를 통해 영화를 보는 것에 흥미를 느꼈다. 때마침 다른 제품과는 차별화된 PC를 기획하고 있던 잡스는 애플 컴퓨터에 DVD 재생기를 장착해서 판매했다. 하지만 이번 시도는 실패로 끝나고 말았다. 그는 비록 DVD와 관련해서는 성공하지 못했지만, 고객이 원하는 또 다른 것을 찾기 위해 곧장 눈을 돌렸다. 고객들은 문서, 사진, 음악 파일들을 CD에 저장하고 싶어 했다. 하지만 이런 수요를 컴팩이 애플보다 앞서 간파하고 시디 알더블유CD-RW 기능을 PC에 추가했다. 그러자 시장의 반응은 뜨거웠다. 이에 대해 잡스는 "CD-RW라는 시장에서 내가 탄 배는 뒤집히고 말았다."라고 하면서 시장 기회를 놓친 것에 대해 안타까워했다.

하지만 그는 컴팩의 뒤를 따르거나 그를 모방하지는 않았다. 오히려 그것보다 시대의 유행을 더 이끌 만한 획기적인 방법을 모색하기 시작했다. 마침내 그는 DVD도 재생하고 데이터도 저장할 수 있는 디스크 드라이버를 컴퓨터에 장착하기로 한다. CD는 영화를 담을 수 있기는 해도 압축률이 낮아서 영화를 틀면 화면이 흐릿하고 모자이크나 끊김 현상이 나타날 수 있다. 잡스는 이런 문제를 DVD 레코딩기를 장착하고 신규 소프트웨어를 추가하여 해결했다. 그러자 이번에는 잡스가 승리했다. DVD 레코딩 기능이 추가된 애플의 컴퓨터는 무려 50만 대나 팔려 나간 것이다.

그러나 앞서 가는 업체 뒤에는 항상 더 뛰어난 기술로 무장한 후발주자가 있기 마련이다. 훗날 델과 HP도 PC에 DVD 레코딩기를 장착했는데 데이터 보관이나 전송 처리기능이 더욱 업그레이드되었다. 게다가 가격도 애플의 절반 수준이었다. 애플도 가격을 낮췄지만 그래도 델의 '직접 판매'에 맞서기에는 역부족이었다. 그러나 이런 모든 상황에서도 애플의 기술은 그들보다 한 단계 높은 우위를 갖고 있었다. 애플의 맥 컴퓨터 DVD는 일반 DVD 상영 기기와의 호환성이 90%에 달했지만, 델은 60%도 안 되었다. 물론 델은 언젠가 애플을 뛰어넘어 DVD 레코딩 기술계의 선두로 성장할지도 모른다. 그러나 잡스는 그때 이미 DVD 레코딩 분야보다 더 획기적인 또 다른 영역에 빠져 있을 것이다. 잡스는 'IT업계의 조류에 휩쓸리지 않기 위해서는 자신이 앞서서 조류 자체를 창조해 버리면 된다.'라고 생각하기 때문이다.

스티브 잡스는 이러한 혁신 의지를 가지고 끊임없이 IT업계의 조류를 만든다. 혁신능력과 창조성은 유전자처럼 잡스의 뼛속 깊이 녹아 있다. 애플 아이팟 부서의 토니 파델Tony Fadell은 스티브 잡스에 대해서 이렇게 말했다. "스티브 잡스라는 상자에는 어떤 색의 사탕이 들어 있는지 아무도 모릅니다. 잡스는 일의 승패 여부에 전혀 관심을 두지 않아요. 그의 머릿속에는 오로지 새로운 발견, 혁신을 이루려는 생각뿐이죠. 왜냐하면 그가 바로 '스티브 잡스'이기 때문입니다."

최고가 아니면
안 된다

스티브 잡스는 감정 기복이 심하고 좀처럼 종잡을 수 없는 사람이라고 알려져 있다. 하지만 이는 잡스가 모든 일에서 '최고의 기준'을 요구하기 때문에 형성된 것이다. 애플에 복귀하면서 스티브 잡스는 월스트리트의 불평불만을 전혀 개의치 않고 기존의 제품 라인을 10개에서 4개로 줄였다. 그는 아이폰iPhone 부서를 향해 최대한 빠른 시간 내에 신제품 케이스 디자인 여러 개를 내 놓으라고 다그쳤다. 하지만 그때는 이미 제품 출시가 얼마 남지 않아 시간상으로 매우 촉박한 시점이었다. 잡스는 "이 제품은 마음에 안 들어요. 내가 고객이라면 이런 장난감 같은 것을 쳐다보지도 않겠어요. 지금 우리가 하는 건 회사의 사활이 걸린 중대한 프로젝트란 사실을 기억하세요!"라고 말하면서 직원들에게 최고의 수준을 요구했다. 우리가 지금 사용하는 아이폰은 이렇게 탄생하게 되었다.

애니메이션 회사 픽사에서 〈토이스토리〉를 만들기 위해 스티브 잡스는 1천만 달러를 쏟아부었다. 그런데 잡스는 처음에 극본이 마음에 안 들었다. 그래서 그는 직원들에게 유급 휴가를 주고 프로젝트를 5개월이나 올 스톱한 채 극본을 다듬었다. 잡스는 마음에 들 때까지 극본을 수정한 다음에야 영화 제작에 착수했다. 히트작 〈토이스토리〉는 이렇게 탄생했다.

이렇게 완벽주의에 가까운 작업 태도 때문에 잡스는 사람들로부터 칭찬과 비난을 동시에 들었다. 하지만 소비자의 입장에서 보면 그것은 고객을 배려한 최상의 조치다. 스티브 잡스가 성공할 수 있었던 비결은 바로 소비자가 원하는 것을 충족시키려고 필사적으로 노력한 덕분이었다. 주변에서 미쳤다는 소리를 들을 만큼 그는 열정적이다.

잡스는 최고를 향한 집념을 가지고 운영체제 영역에서 선두적인 시스템이었던 윈도우즈Windows에도 도전장을 내민다. 기존의 윈도우에 익숙해진 사용자들을 맥 컴퓨터 환경에 적응시키기 위해 잡스는 자동차 유동량이 많은 지역에 애플 직영점을 개설했다. 뉴욕 맨해튼Manhattan 센트럴 파크 부근의 애플 직영점은 매장을 찾은 고객들로 매일 인산인해를 이루었다. 이러한 잡스의 방식은 효과를 거두었다. 매체 보도에 따르면 고객 만족도를 조사한 결과, 애플의 운영체제인 '맥 OS X 레퍼드Mac OS X Leopard'가 윈도우즈 비스타Windows Vista를 앞질렀다고 한다.

2003년 아이팟의 판매량이 급증한 이후 애플은 협력업체를 물색하기 시작했다. 애플은 일부 소형 하드웨어 제조업체, 예를 들면 이어폰 겸 마이크 생산업체, mp3 플레이어 외장 케이스 업체 등과 협력했다. 2004년에는 BMW가 자동차 업계에서는 최초로 모든 신차에 아이팟 인터페이스 기능을 추가했다. 운전자들은 이 시스템을 이용해 아이팟을 연결하고 간단한 버튼 조작으로 아이팟을 작동할 수 있다. 그 후 크라이슬러Chrysler, 포드Ford, 혼다Honda가 뒤늦게 유사한 시스템을 갖춰 나갔다. 20여 곳의 자동차 회사가 애플과 협력 계약을 체결했다. 미국 신차의 70% 이상, 그리고 약 10만 개의 비행기 좌석이 아이팟 인터페이스 기능을 갖추었다.

사실 잡스와 일을 하는 것은 결코 쉬운 일이 아니다. 그는 거의 '잔인할 정도의 완벽함'을 추구하기 때문이다. 잡스는 매주 월요일, 회사 전체의 운영현황에 대해서 직접 점검에 나선다. 이때 그는 매출 현황, 현재 진행 중인 개발프로젝트, 어려움에 빠진 제품을 포함한 회사 전반을 직접 살필 정도로 꼼꼼하다.

잡스는 이렇게 말한다. "미래의 전자제품은 소프트웨어가 핵심 기술이 될 것입니다. 이것은 운영체제나 아이튠즈와 같은 소프트웨어 기술을 장악해야 한다는 말이죠. 그렇지 않으면 마이크로소프트의 최신 운영체제가 발표되고 나서야 비로소 신제품을 출시할 수 있는 신세로 전락하고 말 겁니다. HP나 소니Sony처럼 말이에요."

거의 모든 대형 프로젝트가 잡스 한 사람 때문에 뒤엎어지기도 하고 다시 살아나기도 한다. 그는 그 이유를 "공학, 과학적인 문제 때문이 아니라 대부분 예술적인 문제 때문입니다."라고 말한다. 이에 대해서 그는 자기 자신도 그렇게 될 수밖에 없다고 한다. 애플 직원들도 최고의 제품을 만들어 내는 것밖에는 다른 도리가 없다. 잡스는 최고를 추구해야 하는 이유를 이렇게 말한다. "한평생 그 많은 일을 다 할 수가 없으니 하나를 하더라도 제대로 해야죠!"

■ 품질은 정품,
가격은 짝퉁

Chapter 2

스티브 잡스의 프레젠테이션 무대는 한 마디로 예술이다. 검은색 터틀넥 셔츠와 청바지만 입어도 전 세계 사람들을 열광의 도가니로 몰아넣는 잡스. 그의 무대는 유명 스타의 공연보다 더 큰 이슈를 몰고 온다.

'그가 한 손을 흔들면 배경의 초대형 액정 스크린에는 차세대 아이폰 가격이 199달러로 떨어질 것임을 알리는 메시지가 뜬다. 청중이 탄성을 지르고 장내는 이내 흥분의 도가니가 된다.' 이는 2008년 6월 애플의 신제품 발표 현장의 한 장면. 2007년 6월, 최초의 아이폰이 출시되었을 때 시장 가격은 무려 599달러였다. 그런데 1년도 채 안 된 시점에서 가격이 399달러로 떨어지더니 기어코 199달러 선으로 떨어졌다. '품질은 정품 수준인데 가격은 짝퉁 수준'이라는 말이 여기서 나온 듯싶다. 이유가 어찌 되었든 아이폰의 가격이 199달러로 떨어졌다는 사실이 충격이었다. 애플이 줄곧 취해 온 제품정책을 고려할 때, 새로 출시된 3G* 아이폰이 199달러라는 것은 지나치게 저렴한 수준이다. 하물며 이 199달러짜리 신제품 아이폰은 3G 기반일 뿐만 아니라 GPS 기능까지 갖추었고 그 외에도 수많은 기능이 추가되었다. 심지어 마이크로소프트의 익스체인지 Microsoft Exchange 서버와 연동되어 우편 발송, 각종 문서 처리 기능까지 업그레이드되는데도 말이다. 그러나 분석가들은 잡스의 사업 수완과 그 속내를 빠르게 간파했다. 3G 아이폰 가격을 낮추면 전 세계 휴대폰 시장에서 주도권을 장악하고 노키아 Nokia 위주로 편성되었던 휴대폰 시장의 질서를 재편성할 수 있다. 실제로 2008년 애플은 3G 아이폰을 1천8백만 대나 판매했다.

잡스는 무대에서 노키아 N95와 블랙베리 휴대폰을 들어 비교했다. 이들은 북미 시장에서 각각 498달러, 375달러에 팔리던 고가의 휴대폰이다. 잡스는 3G 아이폰을 초저가 마케팅으로 판매한다면 휴대폰 시장을 장악할 수 있으리라고 확신했다. 휴대폰을 살 때 기능이나 디자인도 중요하지만 결국 소비자의 지갑을 열게 하는 것은 가격이기 때문이다. 그래서 잡스는 자신 있게 말한다. "3G 아이폰은 휴대폰 업계의 판도를 영원히 바꿀 것입니다."

---

* '3rd Generation'의 약자. 국제전기통신연합의 3세대 이동통신기술 규격으로 2G 헤르츠의 주파수를 사용하며, 전송속도가 2Mbps에 달하여 동영상을 주고받을 수 있음. 1세대 아날로그 셀룰러폰은 1984년부터 시작되었고, 2세대 디지털 PCS폰이 1996년부터 시작되었으며, 3세대는 2002년부터 본격화됨.

처음부터 끝까지 빛과 강렬함을 내뿜는 애플의 디자인은 소비자들에게 폭넓은 사랑을 받고 있다. 하지만 디자인은 제품이 잘 팔리도록 돕는 수단일 뿐, 애플은 디자인 자체를 팔지는 않는다. 그래서 예술가나 디자이너에게 아이팟이나 아이폰이 인기 있다고 해서 잡스는 만족하지 않는다. 서민적인 가격 요인이 더해졌을 때 생기는 전 세계적인 파급 효과를 보았기 때문이다.

제3장

잭 웰치,
경영의 달인

the GREAT

Jack Welch

많은 사람이 리더로서 성공하고 싶어 한다. 그러나 리더가 되는 순간, 성공의 의미는 예전에 생각한 것과 다름을 알 수 있다. 잭 웰치는 '리더들에게 성공의 의미란 무엇인지' 다음과 같이 설명한다.

"사람들은 보통 자기 자신의 성공을 위해 노력합니다. 하지만 훌륭한 리더는 다른 사람을 성장시키지요."

리더십은 사람들을 이끌고 목표를 향해 나가기 위해 필요한 종합적인 능력이다. 그래서 리더는 주로 인간관계 속에서 처리해야 하는 일들을 다룬다. 예를 들면 사람들에게 동기를 부여하고 격려하는 일 등이 그것이다. 또한 리더가 되면 기존에 일 중심적으로 생각했던 습관을 사람 중심으로 바꾸어야 한다. 그리고 본인이 성장하기보다는 다른 사람이 성장하도록 돕는다. 이것이 새로운 리더에게 주어지는 첫 번째 과제이다.

1981년, 잭 웰치는 GE^{General Electric}의 신임 회장으로 임명되었다. 그 후 20년간 잭 웰치는 관료주의가 팽배했던 GE에 신선한 혁신의 바람을 일으켰다. 그의 지휘 하에서 GE는 진취적인 기상이 넘치는 역동적인 기업으로 변모했다.

　2001년 9월 잭 웰치가 퇴직할 당시 GE의 시가총액은 5,750억 달러였다. 20년 전 시가총액이 140억 달러였던 것에 비하면 GE는 20년 전보다 50배 이상 성장한 셈이다. 이 수치가 증명하듯 잭 웰치는 탁월한 경영 성과를 올렸다. 이를 바탕으로 그는 여러 차례 '세계 최고의 CEO'로 인정받았고 전 세계 경영인들의 절대적인 우상이 되었다.

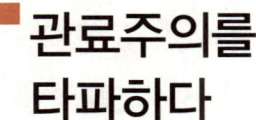

관료주의를 타파하다

잭 웰치가 회장으로 처음 취임했을 당시에도 GE는 경영실적이 양호했다. 회사는 큰 어려움 없이 연 매출액 250억 달러, 순이익 15억 달러를 기록했고 직원 수는 40만 명에 달했다. 당시 GE는 빵 굽는 토스터에서 발전소 사업에 이르기까지 다루지 않는 사업이 거의 없었다. 그래서 GE의 제품과 서비스는 미국 전역에 걸쳐 큰 영향을 주고 있었다.

사람들에게 GE의 이미지는 수면을 가르며 전진하는 슈퍼급 유조선 같았다. 그러나 잭 웰치는 GE가 오히려 모터보트처럼 민첩하게 움직이는 조직이 되기를 원했다. 수면에서 어떤 어려움에 부딪혀도 민첩하게 방향을 전환할 수 있도록 말이다.

GE는 겉으로 보기에 그럴듯한 대기업의 모습을 갖췄지만 사실 내부적으로 많은 어려움이 있었다. 거대한 조직 속에 감춰진 관료주의의 폐단도 그중 하나이다. 관료주의는 회사의 혁신과 성장의 발목을 잡고 있었다. 그래서 잭 웰치는 GE가 민첩함을 회복하기 위해서는 하루빨리 관료주의를 청산해야 한다고 생각했다.

관료주의는 GE 내부에서 여러 가지 형태로 나타난다. 예를 들면 중요하지도 않은 회의를 수시로 한다든지 타 사업부의 신제품 품평회에 의무적으로 참석한다든지 하는 것들이다.

매년 봄이 되면 회사 임원들은 의무적으로 가전용품 사업부의 신제품 품평회에 참석해야 한다. 품평회에는 플라스틱 모형들이 즐비해 있다. 설계사들은 품평회에 참석한 임원들에게 향후에 출시할 냉장고, 난방기기, 식기세척기의 모형을 보여 주며 그들의 의견을 묻는다. 모형 중 일부는 윗부분에 먼지가 수북이 쌓여 있다. 몇 년 전에도 몇 차례 출품했던 모형이지만 귀찮아서 또 가지고 나온 모양이다. 잭 웰치는 품평회에서 제시한 의견이 정책에 반영될 것 같지 않았다. 그래서 그는 이런 관례적인 행사는 실효성이 없으며 시간낭비라고 여겼다. 마침내 그는 GE의 전진을 가로막는 관료주의를 향해 '수류탄'을 투척했다.

엘펀Electrical Funds 협회는 GE의 고위 간부들이 모이는 클럽이다. 이 협회의 회원이 되는 것은 회사의 요직에 나가기 위한 무언의 '통과의례'였다. 그러나 잭 웰치는 엘펀 협회에 대해 그다지 좋은 감정이 없었다. 왜냐하면 회원들은 협회를 통해 자신의 상사나 상사의 상사에게 잘 보이려고만 애쓰기 때문이다. 만약 GE의 회장급 인사가 모임에서 강연이라도 한다면 연회장은 아마 발 디딜 틈도 없이 북적거릴 것이다. 저마다 얼굴을 들이밀고 잘 보이려는 목적으로 말이다. 하지만 만약 강연자의 지위가 높지 않고 주요 인사가 아니라면 연회장은 적막하기 그지없어진다.

1981년 가을, 엘펀 협회는 신임 CEO인 잭 웰치에게 강연을 부탁했다. 사람들은 이번 모임이 분명 좋은 기회가 될 것이라고 여겼다. 또한 신임 CEO이니 관례에 따라 안면을 트는 수준의 강연만 할 것이라고 생각했다. 미국 각지로부터 모임에 참석하기 위해 수백 명의 회원이 모여들었다. 잭 웰치는 이들의 기대와 호기심 속에서 강연을 시작했다.

"제게 이곳에서 강연할 기회를 주시니 감사드립니다. 오늘 저녁, 저는 솔직한 심정으로 강연에 임하겠습니다. 우선 여러분께 한 가지 질문을 던질 테니 잘 생각해 보십시오. 여러분이 지금 참석하고 계신 이 모임의 목적은 무엇인가요? 그 존재의 이유가 합리적입니까? 저는 솔직히 이곳에서 여러분이 하시는 일이 얼마나 가치 있는지 잘 모르겠습니다. 혹시 이곳에서 직급의 선을 긋는 사내 정치클럽을 만드시는 것은 아닌가요? 여러분이 해야 할 일을 제가 알려 드릴 생각은 없습니다. 엘펀 협회가 향후 어떤 사명을 가지고 존재해야 하는지는 여러분이 결정하셔야 할 문제이니까요. 어떻게 해야 엘펀 협회가 여러분과 GE 모두에게 의미 있는 모임이 될지는 여러분이 직접 결정하십시오."

이로써 그는 강연을 마쳤다. 사람들은 어안이 벙벙했고 연회장에는 오랫동안 침묵이 흘렀다.

1개월 후 엘펀 협회 칼 니트해머Carl Neithamer 회장이 잭 웰치를 찾아왔다. 엘펀 협회의 새로운 사명과 발전계획에 관한 구상안을 들고 말이다. 당시 미국은 레이건 대통령이 정부의 역할을 축소하는 방향의 정책을 추진 중이었다. 정부의 역할이 축소된 만큼 국민은 이전보다 더 큰 책임감을 가지고 사회에 자발적으로 참여하고 봉사했다. 이러한 사회적 분위기 때문인지 엘펀 협회 회원들은 모임이 GE의 대외적 사회봉사 단체가 되기를 원했다. 칼의 탁월한 식견은 잭 웰치를 감동시켰다.

그 후 GE의 공장이나 지사가 설치된 곳이라면 엘펀 협회는 그 지역에 공헌하고 봉사했다. 공원, 운동장, 도서관을 짓는 일부터 시각장애인을 위해 녹음기를 수리하는 일까지 어떤 일에든 참여했다. 이들의 활동은 미국 전역으로부터 좋은 반응을 얻었고 2001년 기준 엘펀 협회의 회원 수는 4만 2천 명에 달했다. 엘펀 협회가 스스로 환골탈태하여 자원봉사 단체로 변모하는 데 성공하자 잭 웰치는 혁신에 대한 자신감을 얻는다.

이외에도 잭 웰치는 관료주의의 또 다른 사례를 경계했다. 당시 GE에는 고위 간부가 2만 5천 명그중 사장급 간부는 130여 명에 달했으며 그들은 일인 평균 7개 사업을 책임지고 있었다. 그러나 복잡한 직급 체계 때문에 결재가 한 번 이루어지려면 상당히 긴 시간이 소요되었다. 생산 공장에서 CEO 사무실에 이르기까지 12단계의 보고단계가 있었다는 사실이 이를 증명한다. 한번은 잭 웰치가 모 프로젝트에 대한 경비지출 보고서에 서명을 하는데 이전에 이미 16명의 결재를 거쳤다는 사실을 알게 되었다. 결재서류상에 서명이 하나 더 늘어난다고 해서 회사에 큰 도움이 될 것 같지 않았다.

GE의 복잡한 직급체제를 보여 주는 전형적인 사례는 미국 매사추세츠Massachusetts주 소재의 비행기 엔진공장이다. 그 공장에서는 보일러 조작을 감독하기 위한 관리직급이 네 개나 되었다. 잭 웰치는 마치 스웨터를 여러 벌 겹쳐 입은 것처럼 답답했다. 한 사람이 네 벌의 스웨터를 겹쳐 입으면 바깥의 날씨가 얼마나 추운지 느낄 방법이 없다. 이와 마찬가지로 회사도 계층의 벽이 두꺼울수록 외부 환경의 변화에 민감하지 못하다. 그래서 잭 웰치는 복잡한 관리직급과 보고 체계를 과감하게 개혁한 것이다.

관료주의를 배척하는 잭 웰치의 개혁은 성공을 거두었다. 오늘날 GE의 규모는 당시보다 여섯 배 이상 커졌지만, 사장급 이상 직책은 25%만 늘어났을 뿐이다. 또한 기존에 간부 한 사람이 7개 사업을 맡았지만, 지금은 평균 15개 사업을 담당하게 해서 효율을 높였다.

보고 과정도 간소화되었다. 원래는 하나의 보고가 마무리되려면 생산라인에서 CEO까지 총 12명의 결재를 받아야 했지만, 지금은 6명의 서명만 받으면 그만이다.

또한 CEO가 직접 결재해야 하는 항목을 대폭 줄이고 각 부문의 리더들에게 권한을 이양했다. 예전에는 서명의 수가 늘어날수록 그만큼 책임이 분산될 것이라고 생각했다. 그러나 지금은 결재과정이 간소화되어 결재자 한 사람의 권한이 커졌다. 따라서 결재자는 전보다 더 큰 책임감을 느끼게 되어 보다 신중하게 결재에 임하게 된다.

관료주의는 '현실과의 괴리'라는 형태로도 나타났다. 잭 웰치는 "반드시 현실 상황과 사실에 근거해 사건을 직시해야 합니다. 개인적인 주관이나 희망사항을 개입해서 일을 처리하면 안 되지요."라고 한다.

캘리포니아주 산호세San Jose의 원자력 사업은 잭 웰치의 '현실 기반' 경영방식을 잘 설명해 준다. GE는 1960년부터 원자력 발전소 사업에 착수했다. 산호세의 직원들은 당대 최고의 인재들로 구성되었다. 그들은 원자력 발전소가 사람들의 생활수준과 작업환경을 개선하고, 에너지문제를 해결해 줄 것이라고 믿는 등 자부심이 대단했다. 그러나 1979년, 펜실베이니아주 스리마일 섬Three Mile Island 원자력 발전소에서 방사능 누출사고가 발생하면서 원자력 에너지 사용에 관한 부정적인 여론이 확산되었다.

1981년 봄, 잭 웰치는 경영계획을 보고받기 위해 원자력 사업부를 방문한다. 사업부의 경영진은 잭 웰치에게 발전소용 원자로를 매년 3기씩 수주할 것이라는 장밋빛 계획을 보고했다. 그러나 잭웰치는 이것이 터무니없는 주장이라고 생각했다. 불과 2년 전, 스리마일 섬 방사능 유출 사고로 원자력에 대한 회의론이 등장한 마당에 사업부 경영진들에게는 아직 위기감이 없었다. 그들은 원자력 사업이 호황이었던 10년 전 실적에 맞먹는 계획을 늘어놓고만 있는 것이다.

잭 웰치는 현실감 없는 경영진의 태도에 당황했다. GE 원자력 사업부는 과거 2년간 신규수주 실적이 전혀 없었으며 심지어 1980년에는 1,300만 달러의 적자까지 기록했다. 잭 웰치는 그들에게 다음과 같이 말했다.

"제 생각으로는 1년 내에 원자로를 3기나 수주하기는 어려울 것 같습니다. 심지어 미국 지역에서는 신규수주를 단 한 건도 못할 수도 있습니다. 그러니 신규수주 대신 기존 원자력 발전소에 연료와 기술 서비스를 제공하는 방향으로 전환하시는 것이 어떻겠습니까? 한번 고려해 보시고 경영계획을 다시 올리세요."

처음에 산호세의 경영진은 잭 웰치의 제안에 반발했지만 결국 원자로의 수주계획을 기존의 3기에서 1~2기 수준으로 수정하기에 이른다. 그러나 잭 웰치는 여전히 현실감이 없다며 수주목표를 0으로 수정할 것을 지시했다. 향후 원자력 사업부의 수익은 100% 연료와 기술서비스 제공에 의존해야 할 것이라고 했다.

1981년 가을, 산호세의 경영진은 잭 웰치의 의견을 반영한 최종 경영계획을 제출했다. 그들은 원자로 사업부 직원 수를 1980년 2,410명 수준에서 1985년에는 160명까지 감축하기로 했다. 또한 원자로 기초시설을 대부분 폐기해서 사업부의 역량을 선진형 원자로 개발에 집중시켰다. 이렇게 해서 그들은 원자력 시장의 침체기에 대비했다.

잭 웰치의 예측은 적중했다. 이러한 일련의 조치 끝에 GE의 원자력 사업부의 기술서비스 전략은 성공을 거두고 1983년 1억 1,600만 달러의 순이익을 기록한다. 그리고 향후 20년간 GE의 신규 원자로 수주실적은 고작 4건에 불과하게 된다. 그나마도 모두 고기술이 요구되는 선진형 원자로였으며 미국 이외의 시장에서 확보한 것이었다.

잭 웰치는 원자력 발전소에 대한 시장의 추세변화를 감지했고 그 기회를 놓치지 않았다. 이것은 GE 원전 사업부가 위기를 모면하고 새로운 방향으로 도약할 수 있는 전환점이 되었다.

잭 웰치는 사람들에게 'GE에서 성공하기 위해 필요한 것은 생김새나 성격이 아니다. 바로 현실을 직시하고 사실에 근거해 대처하는 태도이다.'라는 메시지를 던진다.

또한 잭 웰치는 관료주의가 팽배했던 GE의 거대한 몸집을 민첩하게 바꾸는 데 성공했다. 그는 원자력 사업부와 엘펀 협회를 개혁하면서 GE가 앞으로 나아가야 할 발전 방향을 명확히 제시했다. 사람들은 서서히 그의 말을 경청하기 시작했고 마침내 그의 비전과 의도를 이해하게 되었다.

취약사업은 포기하라 – GE의 '선두전략'

잭 웰치의 시장전략은 매우 간단하다. 모든 사업부를 업계 1위 혹은 2위로 성장시킨다는 소위 '선두전략'이다. 따라서 1, 2위를 못한 사업부는 '구조조정이나 매각, 폐업'의 과정을 밟게 된다. 잭 웰치는 '선두전략'에 대해서 다음과 같이 말했다.

"여러분이 지금 시장에서 4위나 5위를 한다고 가정해 보세요. 만약 1위 업체가 재채기를 한다면 여러분은 폐렴에 걸리겠지요. 그만큼 시장에 대한 주도권이 약하다는 말입니다. 하지만 여러분이 시장에서 1위라면 여러분은 시장의 모든 주도권을 쥐게 됩니다."

1981년 GE는 조명, 엔진, 전력, 이렇게 세 개의 사업만이 시장에서 1, 2위의 입지를 확보한 상황이었다. 그러나 잭 웰치가 퇴직할 시점인 2001년에는 업계에서 1, 2위를 다투는 사업부가 자그마치 12개에 달했다. 이는 잭 웰치가 추진한 '선두전략'의 화려한 성과이다.

잭 웰치는 사업부의 경쟁력을 확보하기 위해 끊임없이 인수, 합병을 추진했다. 그래서 잭 웰치가 GE 회장직으로 있던 20여 년간 그는 총 993차례의 인수, 합병_{예를 들면 현금 63억 달러로 RCA(Radio Corporation of America) 사를 인수한 사례 등}을 성사시켰다. 그 후 GE의 매출액은 250억 달러에서 1,100억 달러로 반등하게 된다.

1981년, 잭 웰치는 투자자와 직원들을 향해 쉬지 않고 '선두전략' 방침을 알렸다.

"미래에는 전망 있는 업계에서 뛰어난 통찰력을 발휘하여 1, 2위를 점하는 업체만이 승리할 수 있습니다. 그렇게 되면 세계화 경영이 현실화되어 원가경쟁력을 확보하게 되겠죠. 이유가 어찌 되든 간에 1980년대에 이를 현실화하지 못하는 업체는 결국 도태되어 1990년대에는 업계에서 사라지고 말 것입니다."

초창기에 사람들은 잭 웰치의 '선두전략'을 이해하지 못했다. 왜냐하면 1980년대의 기업들은 순위에 관계없이 사업에서 이익만 내면 그만이었기 때문이다. 그들은 상대적으로 수입이 낮은 방만한 사업을 구조 조정하고, 성장가능성이 큰 사업을 선택하는 데는 관심을 크게 두지 않았다. 이는 우선으로 고려해야 할 사항이 아니었던 셈이다. GE는 자산규모나 시가총액이 모두 미국 10대 기업 순위 안에 들었고 미국인들이 동경하는 어엿한 대기업이었다. 상황이 이러하니 GE는 어떤 위기의식도 변화의 필요성도 느끼지 못했다.

그러나 당시 시대적 상황을 좀 더 깊이 들여다보면 위기는 곳곳에 숨어 있었다. 당시 미국의 라디오, 카메라, 텔레비전, 철강, 선박,

자동차 시장은 서서히 일본에 잠식되어 갔다. 눈에 띄는 수준은 아니었지만 GE의 제조업도 이익의 폭이 점차 감소했다. 설상가상으로 1980년 미국 경제는 초유의 경제위기에 직면한다. 심각한 인플레이션 속에서 유가가 배럴당 30달러에 육박했다. 항간에서는 유가가 100달러까지 치솟을 것이라는 예측이 나왔을 정도이니 경제위기의 정도가 얼마나 심각했는지 알 만하다. 이와 같은 상황은 GE에게 충격으로 다가왔다. 결과적으로 경제위기는 잭 웰치의 '선두전략'에 힘을 실어 주었다. 수많은 설득과 논의 끝에 대다수의 GE 관계자들은 그의 전략을 이해하고 받아들이기 시작했다.

그러나 GE는 또 다른 난관에 부딪힌다. 막상 선두전략을 실행하려고 하자 GE의 직원들이 반발하고 나섰다. '구조조정, 매각, 폐업'의 여파로 직원들이 대거 해고되었고 살아남은 사업부의 직원들도 큰 압박에 시달렸기 때문이다. 구조조정의 대상이 되지 않으려면 실적을 유지해야만 했다. 잭 웰치의 사업전략은 매우 간단했지만, 그 전략을 42개 사업부 전체에 골고루 이식하기란 쉬운 일이 아니었다.

1983년 1월, 잭 웰치는 아내 캐서린과 함께 한 칵테일 파티에 참석한다. 그리고 생각지도 못한 파티장의 냅킨 조각 위에서 선두전략의 열쇠를 얻게 된다.

그는 캐서린에게 GE의 장기 발전계획을 설명하기 위해 펜을 꺼내 들었다. 그러고는 잔 받침용으로 나온 냅킨 위에다 GE의 3대 업무, 즉 생산, 기술, 서비스를 상징하는 원 세 개를 그렸다. 원 안에는 조명, 대형 가전기기, 엔진, 터빈, 운송서비스, 건축설비 등과 같은 구체적인 핵심 사업을 적어 넣었다. 그런 다음 그는 아내에게 이렇게 말했다.

"이 세 개의 원 안에 들어가지 못한 사업은 구조조정을 하든지 매각, 폐업 처분해야 해요. 왜냐하면 실적이 부진한 데다가 전망까지 좋지 않아서 전략적 가치가 낮기 때문이지."

이렇게 간단명료하고 실용적인 도표는 잭 웰치의 생각을 명확하게 정리해 주었다. 이후 이 도표는 '선두전략'을 설명하고 추진하는 데 참고자료로 많이 활용된다.

'구조조정, 매각, 폐업'의 대상이 된 사업부 직원들은 일자리를 잃게 되어 분노했다. 노조 지도자들과 시市정부 공무원들은 줄곧 잭 웰치를 비판했다. 하지만 그도 어느 정도 반발을 예상했기 때문에 그의 결심은 흔들리지 않았다.

처음 2년간 GE는 사업부 및 생산라인 70여 곳을 매각하고 그 대가로 약 5억 달러의 자금을 회수한다. 냉난방 사업부 매각 시에는 직원들로부터 매우 큰 반발을 샀다. 그중 냉난방 사업부 매각 건은 그 반향이 매우 컸다. GE의 냉난방기기 사업부는 켄터키주 루이빌Louisville에 위치한 GE 대형 가전기기 사업부에 속해 있었다. 그런데 하필이면 GE의 활동 중심지에 위치해 있어서 매각으로 인한 반향은 더욱 컸던 것이다.

냉난방기기 사업부 시장 점유율은 10%에도 미치지 못했다. 이에 따라 GE는 시장의 주도권을 확보하지 못했고 판매나 유통, 서비스 측면에서 최상의 서비스를 제공하지 못했다. GE의 냉난방기기는 우선 각 지역의 대리점에 판매된다. 그 후 해당 대리점은 최종소비자에게 제품을 팔고 설치까지 해 준다. 그런데 해당 대리점은 GE 제품만 전문으로 취급하는 업체가 아니었기 때문에 서비스 수준이 중구난방으로 형편없었다. 소비자들은 대리점에서 제품을 구입하며 느낀 불만족을 고스란히 GE에 토로했다. 반면 GE의 경쟁사들은 높은 점유율을 바탕으로 시장의 주도권을 확보했다. 그들은 경쟁력 있는 유통경로를 확보하고 독자적으로 대리점을 운영함으로써 소비자의 만족을 얻어 냈다.

결국 GE는 냉난방기기 사업부를 전문 에어컨 제조업체인 트레인Trane사에 매각한다. 한 달 후 잭 웰치는 냉난방기기 사업부에 근무했던 총책임자로부터 한 통의 전화를 받았다. 그는 사업부가 매각되면서 트레인사로 직장을 옮겼다.

"회장님, 전 여기가 너무 편하네요. 매일 아침 회사로 출근하면 우리 사장님은 하루 종일 냉난방 설비에 관한 고민만 하신답니다. 저희 사장님은 사업에 푹 빠졌어요. 트레인사의 제품이 최고라고 생각하시거든요. 그런데 GE에 있을 때는 전 회장님께 늘 고객의 항의 내용 아니면 이익에 관한 보고만 했잖습니까? 회장님은 냉난방 사업을 탐탁지 않게 여기셨죠. 이번 기회에 회장님은 앓던 이를 뺐고 저 또한 좋아하는 일을 하고 있으니, 그런 걸 보면 우리는 둘 다 성공한 셈이네요."

잭 웰치는 전화 통화를 마치고 선두전략에 대한 신념이 더욱 확고해지는 느낌이 들었다.

'취약한 사업을 강한 업체에 넘겨서 두 사업부가 하나가 되면 두 업체 모두에게 득이 되지 않겠는가? 직원들 일자리가 문제이긴 하지만, 트레인사가 GE의 직원들을 함께 인계한 것을 보면 그것도 해결방법이 아예 없는 것은 아니다.'

그날의 전화 통화는 잭 웰치의 결심을 더욱 굳히는 계기가 되었고 그 후 잭 웰치의 '선두전략'은 지칠 줄 모르고 전진해 나간다.

잭 웰치는 냉난방 사업부를 매각하여 확보한 1.35억 달러의 자금을 다른 사업을 강화하는 데 사용한다. 그는 이에 대해 "사업부 조정을 통해 얻은 수익은 매출로 계상하지 않고, 중점사업의 경쟁력을 높이는 데 사용하겠습니다."라고 밝혔다. 또한 그는 자금의 일부를 건물 수리에 지출한다. 당시 GE의 몇몇 건물은 오래되고 낡아서 비가 오면 천장에서 빗물이 샜기 때문이다.

그 외에도 잭 웰치는 가전 사업부를 매각하기로 결정한다. GE의 가전용품 사업부가 생산하는 스팀다리미, 전기 오븐, 헤어드라이기 및 믹서기는 중점사업이 아니었다. 아시아로부터 수입되는 저가의 가전용품에 비해 GE의 제품은 경쟁력이 훨씬 떨어졌다. 이러한 이유로 잭 웰치는 가전용품 사업을 세 개의 원에서 제외시키기로 결정한다. GE는 가전용품 사업부를 매각한 후 매각자금을 '두 전략'을 위한 다른 중점영역에 사용했다.

가전용품 사업부 매각 협상은 비밀리에 이루어졌으나 외부로 소문이 나는 바람에 큰 반발을 샀다. 해당 사업부의 한 보수적인 간부는 "GE는 가전용품 덕분에 지금과 같이 좋은 이미지를 얻었다고 해도 과언이 아닙니다. 그런데도 지금 우리는 오히려 토사구팽당할 위기에 몰렸습니다."라고 불만을 토로했다. 간부뿐만 아니라 일반 직원들도 매각 소식을 접하고 잭 웰치를 원망하는 편지를 보내왔다. 당시 이메일이 있었다면 직원들의 폭탄 메일로 GE의 서버는 순식간에 다운되고 말았을 것이다. 편지의 내용은 대부분 '다리미와 오븐 사업을 안 하면 그게 진정한 GE인가요?' 혹은 '도대체 당신은 뭐 하는 사람입니까? 이런 중대한 일을 이런 식으로 처리하면 무슨 나쁜 일인들 못 하겠어요?' 등이었다.

그래도 잭 웰치는 눈 하나 깜짝하지 않았다. 구조조정이 진행되던 5년간, 총 직원의 약 4분의 1, 즉 11만 8,000명의 직원이 GE를 떠났다. 회사의 재무상황이 양호했기 때문에 GE는 회사를 떠나는 직원들에게 좋은 대우를 해 주었다. 해고 직원의 생명보험과 의료보험을 1년씩 연장해 주었고 사업장이 폐쇄되기 전에 다른 직업을 알선해 주기도 했다. 또 일부 나이 많은 직원에게는 GE의 양로보조금을 받을 수 있도록 조치했다.

잭 웰치의 '선두전략'은 단순히 취약사업을 매각하고 중점사업을 육성하는 것만은 아니다. 그는 '선두전략'이 순조롭게 실현되도록 사무환경을 개선했다. GE 본사에 체력 단련실을 비롯해 고객용 호텔, 각종 회의를 위한 콘퍼런스 센터 등을 설립하고 GE 크로톤빌Crotonville 연수원을 보수했다. 그는 여기에 7천500만 달러를 지출했는데 이는 같은 기간 GE의 설비구입비 120억 달러에 비하면 푼돈에 불과하다. 그런데도 많은 직원이 잭 웰치의 조치를 이해하지 못했다.

그들은 계속해서 잭 웰치를 향해 "공장이 문을 닫아서 우리는 거리에 나가 앉게 되었는데 고객용 호텔이니, 콘퍼런스 센터니 하는 것에 돈을 펑펑 써 대나요?"라는 불만을 토로했다. 잭 웰치는 이런 불만에 대해 다음과 같이 말했다.

"말을 오래 타려면 말에게 좋은 풀을 먹여야겠지요. 다 허물어져 가는 연수원에서 어떤 인재가 4주나 머무르려고 하겠습니까? 그들은 사방이 콘크리트벽으로 둘러싸인 방에서 교육을 받으려 하지 않아요. 또 고객이 본사를 방문했는데 삼류 드라이브인 Drive-in 호텔에 묵게 해서야 되겠습니까? 또한 체력 단련실은 서로 다른 부서의 직원들을 하나로 모으는 소통의 장소가 될 것입니다. 키가 크고 작고, 뚱뚱하고 날씬하고를 떠나서 말이죠. 이러한 시설들을 보면서 여러 직원과 고객은 말하겠지요. 'GE는 일하기 좋고 사람 냄새 나는 세계 최고의 대기업이다.'라고 말입니다."

기업혁신을 가능하게 한 인재정책

Chapter 3

잭 웰치는 이렇게 말한다. "저는 '현실을 직시하라.', '선두 전략을 적용해라.', '혁신적인 조직을 구축하라.'고 끊임없이 외치고 다닐 수 있습니다. 그러나 가끔은 저 혼자서만 목이 터져라 외치는 것 같아 힘이 들기도 합니다. 그래도 저는 걱정하지 않습니다. GE 혁신을 정상궤도로 올릴 묘안이 있기 때문이에요. 그것은 바로 GE의 '천리마'를 발견하는 일입니다."

잭 웰치의 개혁이 순조롭게 성공한 것은 그가 요직마다 적절한 인재들을 배치했기 때문이다. 근사한 사례로 잭 웰치는 1984년 3월, 데니스 대머먼 Dennis Dammerman을 최고재무관리자 CFO, Chief Finance Officer로 임명했다. 그때 GE는 재무부문에 대한 혁신을 한참 추진 중이었다. 당시 CFO 탐 토슨 Tom Thorsen은 자신의 동료들을 직접 해고할 수는 없다며 조직 혁신을 거부한다. 재무부문 개혁은 불가피한 조치였기 때문에 잭 웰치는 CFO를 바꿀 수밖에 없었다. 당시 GE의 재무부문 직원 수는 자그마치 1만 2,000여 명에 달해서 경영분석을 하더라도 한 번에 7,000만 달러가 소요되었다.

사내에서 그다지 인지도가 높지 않은 데니스 대머먼이 신임 CFO가 되었다는 소식이 발표되자 회사에는 큰 파문이 일었다. 특히 재무부문에서 그러했는데, 이는 잭 웰치가 바라던 반응이다. 잭 웰치는 예상을 뒤엎는 인사이동을 신호탄 삼아 강력한 혁신 의지를 알렸다.

데니스 대머먼은 유연한 사고력이나 관료주의 기풍이 전혀 없었다. 그러나 그는 과연 잭 웰치를 실망시키지 않고 재무부서를 크게 바꾸어 놓았다. CFO로 임명된 후 4년간 그는 재무부서 직원 수를 반으로 줄였으며 미국 전역에 걸쳐 150여 개에 달했던 개별적인 급여 지급 시스템을 하나로 통합했다. 또한 재무관리 제도를 개혁했다. 과거 재무시스템을 통해 처리했던 업무는 90% 이상이 단순 재무기록에 불과했다. 그리고 나머지 10%만이 일반 관리에 도움이 될 만한 가치 있는 자료였는데 그는 이 수치를 50%까지 끌어올린다.

법률부문 역시 재무부문처럼 혁신에 성공한 케이스이다. 당시 GE의 법률부문은 특별한 성과 없이 주로 사내에 법률 지원을 하고 사외 변호사를 연계해 주는 일만 했다. 그래서 잭 웰치는 사내 법률부서에서 개혁 추진에 적합한 인재를 찾지 못했다. 그는 결국 벤 하인만Ben Heineman이라는 사외 인사를 스카우트하기로 결심한다. 그러나 벤 하인만은 "잊지 마세요. 저는 헌법 전문 변호사이지, 회사법 전문이 아닙니다. 또 뉴욕 주 변호사도 아니고요."라고 몇 번이나 강조하면서 그의 제안을 거절했다. 하지만 잭 웰치는 "당신은 다른 우수한 변호사를 고용해서 일을 맡기고 그저 일을 총괄하시면 되지 않습니까?"라고 끈질기게 설득한다. 결국 벤 하인만은 우수한 변호사들을 고용해서 GE 법률조직을 환골탈태시키는 데 성공한다. 그 결과 지금 GE는 세계 최고의 사내 법률조직을 운영하게 되었다.

잭 웰치는 회사 안팎으로부터 우수한 인재들을 등용해서 회사에 활력을 불어넣는다. 이와 동시에 그는 새로운 인사평가 시스템을 구상해서 직원들에게 업무에 대한 동기를 부여한다.

GE는 실적에 따라 직원들을 다음 세 가지 등급으로 평가한다. 최상의 평가등급은 A이며, 전체 인원의 20%를 선발한다. 또 중간 수준이면 B로 평가되는데 전체 인원의 70%가 여기에 해당한다. 나머지 10%는 가장 낮은 등급인 C로 평가되며, 이 등급을 받은 사람은 회사에서 퇴출된다. 이러한 평가 시스템 때문에 직원들은 A등급을 받기 위해서 노력한다. 평가기준은 해를 거듭할수록 높아졌고 이는 직원들의 전반적인 업무 수준을 향상시키는 계기가 되었다.

A등급은 열정이 넘치고 개방적인 사고의 소유자이다. 그들은 장기적인 비전을 가지고 주변의 동료를 이끌고 업무를 진행하는 인재들이다. 또한 기업의 생산효율을 높이고 순조로운 경영을 위해 조력한다.

A등급의 직원은 잭 웰치가 말하는 소위 'GE 리더십의 4E1P'를 갖추어야 한다. '4E1P'란 첫째, 강력한 추진력 Energy, 둘째, 공동의 목표 달성을 위해 동료가 열정적으로 일할 수 있도록 격려하는 Energize 것,

셋째, 결단력을 가지고 ^{Edge} 어떤 문제에 대해서도 단호한 해답과 처리방안을 도출해 낼 수 있는 능력, 넷째, 회사의 전략을 현실화하는 실행력^{Execute}, 다섯째, 강력한 열정^{Passion}이다. 이것은 인사평가 때에 A와 B등급을 구분하는 중요한 기준이 된다. C등급의 직원은 자신의 업무를 감당하지 못하고 다른 직원을 공격하기만 할 뿐 격려하지 않는다. 이런 직원은 회사가 목표를 달성하는 데 장애물이 될 뿐이다.

　인사평가 결과를 기준으로 직원들의 다음해 인센티브가 결정된다. A등급의 인센티브는 B등급 직원의 두 배 내지 세 배에 달한다. B등급 직원은 매년 공헌도에 따라 급여가 인상된다. C등급을 받은 직원은 인센티브가 없다.

　잭 웰치는 "A등급 직원을 잃는 것은 일종의 죄악이다. 회사는 그들을 포용해서 회사에 머물게 해야 한다."라고 강조한다. 매번 인사평가를 마친 후 GE는 A등급을 받은 직원에게 대량의 스톡옵션을 배부한다. A등급 직원이 회사를 그만두게 되면 회사는 그의 상사에게 책임을 묻는다. 이러한 방법은 큰 효과를 거두어서 매년 GE를 떠나는 A등급 직원의 비율은 1%에도 미치지 않는다.

　평가결과를 기준으로 직원들을 2:7:1의 비율로 구분하기 위해 간부들은 과감해져야 한다. 개인적인 감정 때문에 공정하게 평가하지 않으면 본인이 먼저 C등급이 되고 말기 때문이다. 특히 하위 10% 직원을 선정하는 것이 가장 곤란한 일이다. 오히려 새로 부임한 간부는 그다지 어렵지 않게 10%를 가려 낼 수 있다. 그러나 2년, 3년 회사에서 보내는 시간이 길어질수록 팀원에 대한 정이 늘어서 평가하기 어려워진다. 웰치의 인사평가 시스템은 이러한 이유로 줄곧 거센 반대에 부딪힌다. 심지어 가장 우수한 평가를 받은 직원조차도 이에 반대한다. 그러나 잭 웰치는 정확하게 직원을 평가하겠다는 의지를 꺾지 않는다.

잭 웰치는 늘 '사람에게 쏟는 시간이 너무 적다.'라고 생각할 정도로 그에게 '인재'는 전부이다. 그는 늘 GE의 각 계층 간부들에게 '다른 사람을 격려하는 분위기를 조성하라.'고 가르친다. 그들은 잭 웰치에게 전수받은 활력과 헌신, 책임감을 직원들에게 전달해야 했다. 잭 웰치와 멀리 떨어져 있는 자회사들도 마찬가지이다. 잭 웰치는 GE의 모든 직원이 A등급에 달하는 탁월한 성과를 거두기를 원한다.

■ 차별 없고 자유로운
  소통의 장

Chapter 3

잭 웰치는 회사를 종종 빌딩에 비유한다. 빌딩의 각 층은 직급에 해당하고 사무실 사이의 벽은 부서 간 소통의 장애를 상징한다. 그는 최고의 경영실적을 올리기 위해서는 사내 계층과 부서 간 소통의 벽을 허물어야 한다고 주장한다. 벽을 허물고 개방적인 커뮤니케이션 분위기 속에서 각종 아이디어가 솟아나고 회사의 발전에 기여하기 때문이다.

　이러한 잭 웰치의 경영방식은 GE 크로톤빌 연수원에서 가장 잘 실천된다. GE는 매년 크로톤빌에서 3학기 기간의 경영자 과정을 개설한다. 잭 웰치는 프로그램이 처음 개설된 1984년부터 직접 크로톤빌을 찾아가 학생들을 만나 왔다. 그는 학생들의 고용주이지만 개개인의 인사권에 영향을 줄 수는 없다. 그래서 학생들은 자유롭게 의견을 발표할 수 있다. 잭 웰치는 그곳에서 본인이 강연을 하기보다는 학생 개개인으로부터 도전적인 여러 의견을 듣고 싶어 한다.

잭 웰치는 크로톤빌에서 차별 없고 개방적인 커뮤니케이션이 이루어지는 모습을 보고, 이런 분위기를 전사로 확대하고 싶었다. 그래서 그는 '워크아웃 미팅 Workout Meeting'을 구상했고 이를 통해 사내에 자유로운 의사소통 분위기가 조성되기를 원했다.

워크아웃 미팅은 다음과 같이 진행된다. 우선 사업부의 리더들은 미팅에 참석할 수 없다. 왜냐하면 리더가 있으면 직원들은 마음속 의견을 자유롭게 발표하지 못하기 때문이다. 이에 대한 해결책으로 잭 웰치는 외부에서 전문 퍼실리테이터를 초빙한다. 이들은 대부분 대학교수의 신분이었으며 직원들과는 어떤 이해관계도 없어서 직원들은 보다 편하게 의견을 발표할 수 있다.

또한 워크아웃 미팅에는 40명에서 100명 정도의 직원이 참여해서 회사의 발전에 관한 생각을 자유롭게 나눈다. 그들은 특히 사내의 관료주의적 병폐들, 예를 들면 기안, 보고, 회의, 검사 과정에서 느끼는 유쾌하지 못한 사건들을 발표한다.

회의를 통해 의견이 모아지면 간부들은 그제야 회의장에 입장할 수 있다. 그리고 간부는 논의된 문제 중 최소한 75%의 사안에 대해서 예 Yes 또는 아니요 No로 답변해야 한다. 만약 회의장에서 직접 답변할 사항이 아니라면 일정 시간을 정해서 답변해야 한다. 이 회의를 통해서 그동안 해결되지 않았던 업무상의 문제들이 빠르게 해결된다. 결과적으로 이 미팅을 통해 GE의 관료주의는 점차 퇴색되고 있다. 따라서 잭 웰치는 산하의 모든 자회사에게 수백 번이라도 팬

찮으니 워크아웃 미팅을 추진하라고 지시한다. 이는 굉장한 업무량이 수반되는 거대한 계획이다.

1990년 4월, 잭 웰치는 가전제품 사업부의 미팅에 참여했는데 잭 웰치는 그곳에서 깊은 인상을 받게 된다. 회의에는 총 30여 명이 참석했다. 한 노조 직원이 냉장고 라인의 생산 공정을 개선해야 한다고 발표했다. 그러자 냉장고 생산라인의 주임이 벌떡 일어나더니 그의 말을 가로막으며 "가당치도 않은 말 하지 마세요! 저는 누구보다도 생산라인을 잘 알고 있어요!"라고 항의했다. 그러자 노조 직원은 분필을 집어 들더니 회의실 앞쪽의 칠판에 무엇인가를 적어 내려갔다. 얼마 지나지 않아 그는 생산라인 직원보다 훨씬 더 전문적인 감각으로 문제의 해결방안을 도출했다. 그러자 그의 해결방안은 신속하게 수용되었다. 잭 웰치는 직원 두 사람이 생산 공정을 개선하기 위해 논쟁하는 모습을 보고 흥분을 가라앉힐 수 없었다. 두 직원이 열정적으로 토론하는 모습은 직원들이 일에 몰입되어 있다는 것을 증명하기 때문이다.

이와 유사한 사례는 수백 수천 번도 넘는다. 1992년 중순에는 워크아웃 미팅에 참여한 GE의 직원 수가 20만 명에 달했다. 가전용품 사업부의 한 직원은 이 계획의 의미를 한 마디로 설명했다. "지난 25년간 GE는 우리에게 노동에 대한 대가를 지불해 주었어요. 하지만 GE는 우리의 지혜나 아이디어를 활용하지는 못했네요. 그래도 어차피 두뇌사용에 대한 월급은 받지 않았으니 저도 할 말은 없습니다."

워크아웃 미팅은 웰치가 오랫동안 품어온 신념을 증명해 준다.

바로 '현장에 있는 사람이 현장의 문제를 가장 잘 해결한다'는 신념이다. 워크아웃 미팅은 GE가 새로운 커뮤니케이션 문화를 수립할 수 있게 했다. 이러한 기업문화에서는 모든 직원이 자신의 역량을 발휘할 수 있고 직원 모두의 의견이 존중된다. 이 속에서 기업 관리자는 '리더'일 뿐이지, 더 이상 회사를 '통제'하는 사람이 아니다. 그들은 직원들이 직접 해결방법을 도출하도록 영감을 줄 뿐이다.

6^{SIX} 시그마 관리를 통한 제품품질 향상

Chapter 3

그리스 문자인 시그마σ는 통계학의 표준편차를 표현하는 데 사용된다. 수치의 흩어진 정도, 평균에서 벗어난 변수즉, 불량를 측정할 때 쓰인다. 따라서 시그마 숫자가 높아질수록 표준편차가 줄어들어 품질 수준이 높아지고 자연스레 불량률이 낮아진다. 6^{SIX} 시그마는 생산품 100만 개 중 불량품이 서너 개 정도만 나오는 이상적인 수준이며, 이는 곧 완벽한 경영수준을 상징한다.

1995년 4월에 시행된 GE 사내 설문조사에서 직원들은 성공적인 경영을 위해서 필요한 조건 중에 '품질'을 으뜸으로 꼽았다. 관리층도 'GE가 품질 향상에 주력해야 한다'는 의견에 대부분 동의했다. 회사의 최고정보관리자CIO, Chief Information Officer였던 게리 라이너Gary Reiner는 "만약 지금 GE의 경영 수준을 6시그마로 높인다면 연간

70~100억 달러를 절감할 수 있습니다. 이는 매출액의 10~15%에 맞먹는 수준의 금액이에요."라고 했다. 그러자 잭 웰치는 즉시 6시그마 계획에 착수한다.

　잭 웰치는 우선 게리 라이너를 6시그마 프로젝트의 책임자로 임명했다. 그는 주관이 뚜렷하고 열정적이어서 큰 성과를 올릴 만한 인물이다. 1996년 1월, 잭 웰치는 모든 간부에게 6시그마의 의의와 실시목표를 제시하며 다음과 같이 말했다.

　"GE는 기존에 '최고 중의 하나'에 불과했지만, 6시그마로 품질을 개선한 후에는 '최고 선두' 기업이 될 것입니다."

　웰치는 각 자회사의 CEO에게 부하직원 중 최고의 직원을 6시그마 리더로 선정하라고 지시했다. 이렇게 차출된 직원들은 기존 부서를 떠나 2년간 특정 프로젝트를 완수해야 했다. 그래서 해당 프로젝트의 완성도가 6시그마 용어에서 말하는 '검은띠' 수준에 도달해야 한다. 이에 따라 각 자회사들은 '검은띠' 수준의 프로젝트를 실시했다. 이를 통해 그들은 공장의 생산능력을 늘렸으며 영수증 발행 상의 실수나 재고를 줄일 수 있었다. 회사는 전문 재무 분석가를 초빙해 각 프로젝트의 결과를 검증하게 했다. 잭 웰치는 다양한 방법으로 6시그마 프로젝트를 지원했다. 6시그마의 결과에 따라 보너스를 차등 지급하고 '검은띠' 훈련을 마친 직원들에게 무상으로 스톡옵션을 지급하기도 했다. GE는 6시그마 프로젝트를 통해 크게 성장한다.

　GE 캐피털 서비스 GE Capital Service 그룹도 6시그마를 통해 성장한 사례이다. 회사는 고객으로부터 1년에 30만 건의 전화를 받는다. 직원들이 바쁘거나 부재중인 상황에는 4분의 1 정도가 음성사서함으로 넘어가거나 고객이 다시 전화해야 하는 경우가 발생한다. 그러나 이런 상황에서도 고객전화에 대한 응답률이 100%에 달하는 부서가 있었다. 한 6시그마 팀은 그 부서의 시스템, 운영방식, 설비, 직원배치 상황 등을 연구하여 정형화했고 이를 41개 부서에 전달했다. 결과는 성공이었다. 고객이 처음 GE에 전화해서 직원과 바로 연결될 확률은 99.9%에 달했다.

또 다른 성공사례는 6시그마 팀이 엔진시스템 부서의 작업환경을 개선한 것이다. 기존의 GE 가스보일러는 진동이 심해서 회전할 때 덜걱거림이 있었다. 1995년, GE는 발전소를 방문해서 기존에 설치한 37개의 운전설비 중 3분의 1을 철거했다. 그리고 6시그마 절차를 거치자 1996년 말에 진동현상이 줄어들었다. 문제가 해결되었을 뿐만 아니라 GE는 전 세계 신설 발전소 설비 시장에서 시장점유율을 높일 수 있었다.

GE는 신제품을 설계할 때도 6시그마를 활용했다. 6시그마를 통해 설계하고 시장에 제품을 출시했던 최초의 제품은 신형 CT촬영기였다. 흉부 촬영을 하려면 기존의 설비로는 3분이 걸렸지만, 신제품을 이용하면 17초밖에 걸리지 않는다. 그래서 잭 웰치는 한 방사선과 의사로부터 감사편지를 한 통 받았다.

"상자에서 이 조그만 기계를 꺼냈을 때는 한 대에 백만 달러나 한다고 불평했습니다. 그런데 벽에 있는 전원을 꼽자마자 바로 작동하는 모습을 보고는 놀랐지요. 이것이 어떻게 가능한 일인지 정말 믿을 수가 없네요."

　6시그마 운동은 GE 전사에 걸쳐 크게 확산되었다. GE의 6시그마 프로젝트는 1996년 약 3천 개였던 것이 1997년에는 약 6천 개에 이르게 되었다. 1998년이 되자 GE는 6시그마를 통해 7억 5천만 달러의 투자액을 절감했고 그다음 해에는 15억 달러를 절감했다. GE의 6시그마 사례는 무수히 많은 회사가 본받을 만한 모범사례로 남았다.

제4장

리자청,
군자는 재물을 도리로써 취한다

the GREAT

李嘉誠

리자청^{李嘉誠}은 전 세계 수많은 국가와 지역에서 토지, 호텔, 통신, 에너지, 기초건설, 항구, 소매업, 바이오기술 등 다양한 사업체를 보유한 화교 기업가이다. 리자청의 창장^{長江}그룹은 1950년 설립된 이래 지금까지 단 한 번도 적자를 기록한 적이 없다. 그리고 리자청 본인의 개인 자산도 전년도에 비해 항상 성장해 왔다.

이처럼 큰 부를 쌓은 리자청이라도 자녀를 교육할 때는 사람됨의 도리를 우선순위로 가르쳤다. 이에 대해 그는 이렇게 말했다. "아이들이 어렸을 때는 수시로 사람됨의 도리를 가르쳤어요. 그런데 지금은 다들 자기 사업하느라 바쁘네요. 그래도 만나면 사업 얘기보다는 사람 됨됨이 가르치느라 잔소리가 늘어난답니다."

그는 자녀들에게 사업을 물려줄 때도 "사람이 처음 밑바닥에서부터 사업을 시작하는 것은 매우 어려운 일이란다. 그런데 네 눈앞에는 이미 다 된 사업이 있지 않니? 그러니 너는 큰 어려움 없이 일을 할 수 있을 게다. 사람은 모름지기 근면하고 절약하는 습관을 가져야 해. 그렇다고 남에게 인색해서는 안 되지. 다른 사람에게는 늘 후하게 대접하고 신의를 중시해서 서로 잘 지내도록 해라. 이러한 원칙을 갖고 사업을 쭉 해 오다 보니 우리와 협력했던 업체들은 늘 좋은 친구로 남아 있더구나. 지금까지 아무에게도 원한을 사지 않고 두루 좋은 관계를 유지했던 점은 내가 생각해도 참 잘한 일이다."라고 했다. 실제로 리자청은 사업을 할 때 사람됨을 가장 중요한 기준으로 삼아 업계에서 존경과 신뢰를 얻었다.

부지런하면
못할 일이 없다

1957년, 한 플라스틱 공장의 사장이었던 리자청은 공장에서 더 이상 장난감이나 생활용품을 생산하지 않기로 했다. 그 대신 공장에서는 홈 인테리어용 플라스틱 꽃을 생산하기로 한다. 당시는 제2차 세계대전이 끝난 지 12년이 지나 전쟁으로 침체되었던 세계 각국의 경기가 회복되던 시기였다. 사람들의 생활수준이 향상되면서 실내 인테리어에 대한 수요가 증가했다. 그는 이런 상황에서 분명 플라스틱 꽃이 주목받을 것으로 생각했다. 과연 그의 생각은 적중했다. 플라스틱 꽃은 출시되자마자 고객들이 앞다투어 살 만큼 인기상품이 되었다.

리자청은 사업적 기회를 판단하고 이를 포착하는 능력이 탁월했다. 그는 그의 능력을 부러워하는 이들에게 항상 배움의 끈을 놓치지 말라며 다음과 같이 충고했다.

"항상 배우는 자세로 새로운 정보를 얻는 것이 중요해요. 저는 아무리 바쁘고 고단해도 잠들기 전에는 반드시 경제 전문 잡지를 읽습니다. 그 과정에서 저는 지식과 정보를 많이 얻어요. 저의 판단력은 바로 거기에서 나오는 것입니다."

리자청은 또 '근면'을 성공의 비결로 꼽았다.

"부지런해야 성공합니다. '뿌린 만큼 거둔다.'라는 말이 있죠. 누구나 본인이 쏟은 노력만큼 성과를 얻을 수 있어요. 또 성과에 따라서 보수도 결정되는 법이고요. 행운은 아주 작은 부분일 뿐입니다. 노력 없이는 사업을 일으킬 수가 없어요."

리자청이 배움에 대한 열정이 얼마나 큰지 그리고 얼마나 부지런한지 잘 보여 주는 일화가 많다.

그는 열네 살 때, 집안 형편 때문에 학업을 중단하고 혼자서 가족을 부양해야 했다. 이런 불운 속에서도 리자청은 절대 학업의 끈을 놓지 않았다. 당시 어려웠던 시절에 대해서 그는 "사람들은 저에게 '독학을 했다.'고 표현합니다. 하지만 가진 것이 없었던 저는 남의 것을 '빼앗다시피 치열하게' 배웠습니다."라고 회상했다.

리자청은 독학의 분위기를 조성하기 위해 자신에게 엄격한 기준을 정했다. 그래서 《삼국지》, 《수호전》을 제외하고는 소설이나 가십거리용 글은 절대 읽지 않았다. 그는 어슴푸레한 등불 아래서 교재를 읽으면서 핵심내용을 추려냈다. 그리고 핵심내용을 가지고 선생님과 학생이 서로 대화하듯 자신에게 묻고 스스로 대답했다. 학력과 인맥, 돈까지 가진 것이 없던 그로서는 '공부'만이 가난에서 탈출할 수 있는 유일한 출구였다.

그러던 어느 날, 리자청에게도 기회가 찾아왔다. 당시 리자청이 근무하던 공장의 서기 역할을 하던 문서담당자가 병가를 냈다. 그러자 문서를 작성해 줄 사람이 필요했던 사장은 직원들에게 물었다.

"서신을 잘 쓸 줄 아는 사람이 있는가? 글씨를 좀 잘 쓰는 사람이어야 할 텐데."

그러자 직원들이 리자청을 가리키며 말했다.

"리자청에게 쓰라고 하십시오. 저 친구는 책에서 손을 놓지 않고 늘 글을 쓴답니다."

이 말을 들은 사장은 열일곱 살의 어린 잡역부인 리자청을 바라보고 질문했다.

"자네, 정말로 글 좀 쓸 줄 아나?"

그러자 리자청은 "네. 제가 한번 해 보겠습니다." 하고 담담하게 말하더니 사장의 지시에 따라 편지 몇 통을 써 내려갔다.

리자청이 쓴 서신을 받아 든 사장의 친구는 매우 마음에 들어 하면서 사장에게 말했다.

"자네, 이 친구를 언제 데려왔나? 원래 있던 친구보다 훨씬 잘하는구먼."

이 사건을 계기로 사장은 리자청을 새삼 높이 평가하게 되었다. 그리고 얼마 후에 리자청은 잡역부에서 창고관리인으로 승진하게 된다. 리자청은 당시의 일을 회상하며 이렇게 말했다.

"지식은 운명을 바꿉니다. 그때 제가 글을 몰랐다면 그런 절호의 기회를 포착할 수 있었겠습니까? 또 승진은 감히 꿈도 못 꿨겠죠. 창고를 관리하면서 저는 화물의 출납을 이해하게 되었고 화물을 관리하는 법도 배웠습니다."

그 후 리자청은 화물관리에서 영업부서로 자리를 옮겼다. 그는 돈을 절약하기 위해서 홍콩의 크고 작은 거리를 차 없이 걸어 다녔다. 리자청은 그 시절을 떠올리면 항상 뿌듯함을 느낀다.

"저는 열일곱 살부터 도매상의 영업일을 했습니다. 돈을 버는 일이 쉽지 않다는 사실을 그때 깨달았죠. 정말 힘들게 살았어요. 다른 사람이 여덟 시간 일할 때 저는 열여섯 시간 일했죠. 회사에는 영업사원이 총 일곱 명이었는데 제가 가장 어리고 경험도 부족했어요. 그런데도 열심히 뛰다 보니 저의 판매실적은 늘 1위였습니다. 심지어 제 실적이 2위였던 친구보다 일곱 배나 많은 적도 있었어요. 이렇게 해서 당시 열여덟 살이었던 저는 영업부서의 책임자가 되었고 2년 후에는 결국 사장의 자리에 올랐습니다."

리자청은 사장이 되고 나서 생활 형편도 풍족해졌다. 하지만 그는 거기에 만족하지 않았다. 그때까지 리자청은 중학교 수준의 영어밖에 하지 못했지만 〈모던 플라스틱 Modern Plastics〉이라는 영문 잡지를 구독했다. 모르는 단어가 나올 때마다 부지런히 사전을 찾아가면서 전 세계 플라스틱 시장의 추이를 파악하기 위해 노력했다.

지식이 늘면서 그의 지혜도 늘어갔다. 아는 것이 많아지면서 거만해지려 하는 마음을 추스르고 '오만하면 반드시 패한다'는 교훈을 늘 상기하고 겸손해지려고 애썼다. 또 그는 회사이름을 중국의 '창장長江'*으로 지었다. 수많은 강과 하천을 한 데로 모아 장구히 흐르는 창장처럼 겸손한 기업이 되기를 원했기 때문이다.

리자청은 자신에게 엄격했을 뿐만 아니라 자녀들도 응석받이로 키우지 않았다. 오히려 그들에게 고생의 의미와 노력하는 자세를 가르치려고 애썼다. 그에게는 아들이 두 명 있다. 리자청은 두 아들이 어렸을 때부터 회사의 각종 회의에 참석하게 해서 사업 감각을 익히도록 훈련시켰다. 그는 당시를 회상하면서 다음과 같이 말했다.

"회의를 할 때마다 아이들을 데리고 다녔어요. 아이들의 사업 감각을 길러 주기 위해서였죠. 그런데 어린 아이들에게 사업을 이해시키는 것은 그리 간단한 일이 아니었습니다. 심혈을 기울여 수많은 회의를 거쳐서야 목적을 달성했습니다."

한번은 그의 부인이 몇 시간씩 회의실에 앉아 있는 아이들이 안타까워 리자청에게 말했다.

"아이들이 너무 어려요. 좀 더 크고 나서 배워도 늦지 않을 것 같은데요."

리자청은 그런 부인을 향해 이렇게 대답했다.

"당신 말이 맞아요. 아이들이 어려서 사업에 대해 잘 이해하지 못할 거예요. 하지만 나는 일찌감치 아이들을 가르치고 일깨워 주고 싶소. 그래서 아버지 세대가 겪었던 창업의 어려움을 이해하기를 바라는 것이오. 어릴 때 그것을 이해하지 못한다면 커서는 돈을 흥청망청

---

* 양쯔(揚子)강을 말함. 중국 대륙 중앙부를 흐르는 아시아에서 가장 긴 강임.

쓰는 망나니들이 되고 말아요. 그때는 이미 늦지 않겠소?"

리자청은 두 아들이 미국에서 대학을 다닐 때도 생활비만 송금해 줄 뿐 용돈은 스스로 벌게 했다. 그래서 둘째아들 리저카이李澤楷는 골프장에서 공 줍는 일을 했다. 그 일을 통해서 그는 체력을 기르고 고생의 의미도 깨달았다. 하지만 무엇보다 큰 소득은 그 일을 통해 많은 사람과 교제할 기회를 얻었다는 점이다. 그때 얻은 친구들은 리저카이에게 평생의 보배가 되었다.

리저쥐李澤鉅, 리저카이가 미국 스탠퍼드 대학을 졸업하자 리자청은 그들에게 이렇게 말했다.

"창장그룹은 너희들이 있어도 그만, 없어도 그만이다. 내 도움 없이 너희들 스스로 세상에 도전해 보는 건 어떻겠니? 회사를 맡을 자격이 있다고 나에게 증명해 보거라."

2년 후 큰아들 리저쥐가 설립한 토지개발 회사는 캐나다 최대의 토지 회사로 성장했다. 둘째아들 리저카이의 은행 역시 순조롭게 잘 운영되었다. 그제야 리자청은 두 아들을 회사로 불러들였다.

지혜를 숨기고
때를 기다리다

Chapter 4

한 기자가 리자청에게 "사업을 하면서 얻은 제일 큰 수확이 무엇인가요?"라고 질문하자 그는 이렇게 대답했다.

"그것은 바로 성실함과 신용입니다. 항상 자신을 부족하게 여기고 겸손해야 해요. 목적을 달성하기 위해서 잔꾀를 부려서는 안 되죠. 사람은 한 번 신용을 잃으면 다시 회복하기 어렵습니다. 어느 누가 그 사람과 사업을 하려고 하겠습니까? 한 번 신용을 저버린 사람과 거래를 하면 다음에도 번거로운 일이 또 생길 텐데요. 차라리 신용이 높은 다른 사람을 찾고 말죠."

리자청은 비즈니스계에서 성실하고 신의가 높기로 유명한 사람이다. 그는 이렇게 말한다. "평생에 걸쳐 가장 중요한 것은 바로 신의를 지키는 것입니다. 제가 이렇게 큰 사업을 감당할 수 있는 것은 돈이 많기 때문이 아닙니다. 사람들에게 신의를 지킨 결과이지요.

그러고 보면 제 주변에는 제가 먼저 찾지 않아도 저를 찾아오는 친구들이 많아요. 저에게 '신의'는 생명이나 다름없습니다. 어떨 때는 생명보다 더 중요하죠."

1950년대 리자청이 플라스틱 꽃 사업을 할 때의 일이다. 길을 걸어가다가 그는 종종 구걸하는 여인을 보았다. 외지에서 온 듯한, 45세 정도로 보이는 부인이었다. 매우 추운 날씨로 기억되던 어느 겨울 날, 그녀는 여전히 길가에서 구걸하고 있었다. 사람들은 모두 잰걸음으로 그녀를 스쳐 지나갔다. 리자청은 그녀의 모습이 안타까워 가까이 다가갔다. 그녀에게 도움을 주고 싶었던 리자청은 "신문을 팔아 보지 않겠어요?" 하고 물었다. 리자청의 제안에 그녀는 "제 고향 친구가 신문 사업을 해요. 저도 하고야 싶지만, 자금이 없네요."라고 대답했다. 그 말에 리자청은 "다음번에 그 고향 친구를 같이 데리고 오세요. 같은 장소에서 다시 만나죠."라고 제안했다. 그녀에게 필요한 것은 푼돈보다 지속적인 수입이기 때문에 리자청은 사업자금을 보태 주고 싶었다. 리자청은 그때 일을 다음과 같이 회상했다.

"약속시간은 모레, 같은 시간으로 정해졌습니다. 그런데 한 고객이 굳이 그날에 공장을 참관하겠다고 하는 거예요. 고객이 최우선이니 저도 달리 방법이 없었지요. 하지만 고객과 회의를 하던 중에도 거지 부인과의 약속을 잊을 수 없었어요. 도저히 약속을 어길 수가 없어 돌연 '실례합니다.'라는 말만 남기고 총총걸음으로 그곳으로 달려갔어요. 고객은 제가 화장실에 가는 줄 알았지만 사실 그때 차를 몰고 공장을 나서는 중이었죠. 정신없이 차를 몰고 약속장소에 도착했어요. 거지부인과 신문 사업을 한다던 고향 친구에게 몇 가지 질문을 하고는 바로 돈을 건네주었어요. 저에게 이름을 물었지만 말해 주지 않았습니다. 그저 열심히 살겠다는 확답만 받아 왔어요. 또 다시는 홍콩 거리의 어느 곳에서도 구걸하지 않겠다는 약속도 받아 냈고요. 일을 마치고 다시 차를 몰아 공장으로 돌아왔습니다. 고객은 매우 초조해서 '화장실에도 안 계시던데 무슨 일입니까?'하고 저에게 물었죠. 저는 그저 싱긋 웃을 뿐이었어요."

리자청은 이렇게 처음 보는 사람에게도 신용을 지켰다. 그러니 고객과의 약속을 얼마나 잘 지킬지는 보지 않아도 알 수 있는 일이다.

리자청은 성실함과 신용을 바탕으로 수차례의 위기를 극복했다. 1950년 리자청은 홍콩달러 5만 원을 가지고 창장 플라스틱 공장을 설립한 후 플라스틱 완구와 일용품을 생산했다. 직원들은 최소한의 훈련만 받은 후 업무에 투입되었다. 생산라인은 1일 3교대로 밤낮 쉴 새 없이 가동되었다. 리자청이 영업 수완이 좋아서 사업은 순조로웠고 공장은 빠른 속도로 성장했다.

그러나 순풍에 돛단 것 같은 좋은 날들은 오래가지 못했다. 설비가 오래되고 관리가 부실해지면서 제품에 불량이 발생하기 시작했다. 창고에는 반품된 장난감과 납기를 넘긴 재고가 쌓이기 시작했다. 사무실에는 손해배상을 요구하는 고객들과 물품 대금을 청구하는 원자재 업체들, 그리고 대출금 상환을 독촉하는 은행의 전화가 빗발쳤다. 어렵게 확보한 신규 고객들조차도 이런 광경을 보고 나면 고개를 돌리고 떠나기 일쑤였다. 상황이 악화되자 리자청은 일부 직원들을 해고할 수밖에 없었다. 하지만 해고당한 직원들이 반발하고 나서자 공장의 상황은 더욱 악화되었다. 위급한 상황이 지속되자 리자청은 초췌한 얼굴로 분주히 뛰어다녔다. 그때 어머니가 그에게 이야기 하나를 들려주었는데 그것은 리자청에게 큰 영감을 주었다.

"옛날 광둥廣東성 차오저우潮州 외곽의 쌍뿌桑埔산에 한 사찰이 있었단다. 그 사찰의 주지승은 노년에 살날이 많지 않음을 깨닫고 두 제자를 방장주지 스님의 처소으로 불러들였어. 그러고는 그 둘에게 곡식 종자 두 포대를 건네면서 '이 종자로 농사를 지은 후 더 많은 수확물을 가지고 오는 사람을 내 후임으로 지명할 것이다.'라고 말했지. 시간이 흘러 드디어 수확시기가 되었단다. 나이 많은 제자는 묵직하게 잘 여문 낱알들을 들고 의기양양해서 돌아왔지. 그런데 웬일인지 나이 어린 제자는 빈손으로 돌아온 거야. 주지승이 나이 어린 제자에게 이유를 물었어. 그러자 그 제자는 본인이 농지 관리를 못해서 종자가 싹을 틔우지 못했다며 울먹였지. 그런데 어찌된 영문인지 주지승은 이 나이 어린 제자를 후임으로 지목한 거야. 나이 많은 제자가 이유를 묻자 주지는 '얼마 전 내가 준 종자는 삶은 것이니 싹을 틔우지 못하는 것이 당연하다.'고 말했단다."

그 순간 리자청은 갑자기 가슴이 탁 트이는 듯 어떤 진리를 깨달았다. 즉 '성실과 신의'는 세상을 살아가기 위한 사람됨의 근본이며 모든 일에서 승리하게 해 주는 유일한 수단이라는 점이다.

이튿날 리자청은 공장으로 돌아와 회의를 소집했다. 그리고 직원들을 향해 "제가 경영을 제대로 못해서 공장이 이렇게 어려워졌네요. 그 과정에서 본의 아니게 직원 여러분까지 고생시켜 드려서 죄송합니다. 상황이 좋아지면 그동안 해고했던 직원들도 복직하도록 조치하겠습니다."라고 말했다. 마지막으로 그는 직원들에게 '같이 힘을 합해서 이 위기를 이겨내자.'고 호소했다. 이처럼 리자청이 진심 어린 마음으로 사과하자 직원들은 비로소 안정을 되찾았다.

이어서 리자청은 은행, 고객, 원자재 업체들을 일일이 방문하여 자신의 과오를 인정했다. 그리고 그들에게 대금 상환기한을 연장해 주면 기한 내에 반드시 갚겠다고 약속했다. 리자청은 재고 중에서 불량제품은 처분하고 제대로 된 제품을 매각하여 채무의 일부를 상환했다. 그리고 직원들에게 집중적으로 기술을 훈련시켰다. 이런 노력 끝에 리자청은 역경을 하나둘씩 이겨나갔다.

1955년의 어느 날이었다. 리자청은 기쁜 마음으로 전 직원을 소집했다. 그는 모두에게 허리 굽혀 인사한 다음, 협력해 준 것에 감사의 뜻을 표하고 다음과 같이 발표했다.

"방금 저는 공장의 채무 대부분을 1차적으로 청산했습니다. 그리고 어제 은행으로부터 다시 대출을 해 주겠다는 연락을 받았어요. 이제 창장 플라스틱 공장은 위기에서 벗어났고 성장하는 일만 남았습니다!"

1957년 리자청은 이탈리아의 플라스틱 꽃 생산현장으로 시찰을 떠났다. 홍콩으로 돌아온 후 그는 누구보다도 먼저 플라스틱 꽃을 출시했고 이는 곧 불티나게 팔렸다. 그러나 자금과 설비가 부족해서 더 팔고 싶어도 팔 수 없는 상황이었다. 창장은 규모가 너무 작아서 은행에서 많은 대출을 받을 수 없었다.

자금 문제로 리자청이 골치를 앓고 있을 때 기회가 찾아왔다. 유럽의 한 바이어가 샘플을 본 후 창장공장의 플라스틱 꽃에 대해 극찬하면서 이렇게 말했다.

"예전부터 홍콩의 플라스틱 꽃이 마음에 들었어요. 품질도 최고급이고 가격도 유럽의 절반 수준이네요. 그래서 저희는 홍콩의 플라스틱 꽃을 구입하기로 결정했습니다. 그것도 대량으로 말이죠. 그런데 귀사의 현재 공장 규모로는 저의 주문량을 댈 수 없을 것 같네요. 미스터 리, 제가 알기로는 지금 자금문제 때문에 고민한다고 들었어요. 만약 믿을 만한 회사가 보증을 해 준다면 귀사의 물건을 구입할 의사가 있습니다."

그 바이어의 판매 네트워크는 서유럽, 북유럽에 걸쳐 넓게 분포되어 있었다. 리자청은 이번 기회를 절대 놓치고 싶지 않았다. 하지만 맨손으로 시작해서 아무런 배경도 없었던 리자청에게 선뜻 보증을 서 주겠다고 나서는 업체는 없었다.

보증인을 찾지 못한 리자청은 결코 포기하지 않았다. 그는 디자이너와 함께 밤을 꼬박 새워 가며 바이어에게 보여 줄 플라스틱 꽃을 제작했다. 바이어가 애초에 구입 의사를 밝힌 것은 특정한 세 가지 타입의 제품이었다. 그런데 리자청은 타입마다 스타일을 달리한 제품을 또 세 가지씩 준비해서 총 아홉 개의 샘플을 준비해 놓았다. 바이어에게 선택의 폭을 넓혀 주기 위해서이다. 과연 바이어는 리자청의 일 처리 방식에 감동했다. 리자청은 기회를 엿봐서 솔직하게 밝혔다.

"저희 회사 제품에 관심 가져 주셔서 감사해요. 저와 디자이너가 쏟은 열정과 시간이 헛되지 않았네요. 그런데 솔직히 말씀드리자면, 보증인을 찾지 못했어요. 그렇지만 선생님과 꼭 협력을 하고 싶은 저희의 마음을 이해해 주셨으면 좋겠어요. 정말 죄송합니다."

리자청의 말을 들은 바이어는 당황하거나 실망하는 기색을 보이지 않았다. 리자청은 진심을 담아 말을 이어나갔다.

"하지만 저는 신용을 지킬 자신이 있습니다. 제 능력을 믿고 맡겨 주십시오. 맨손으로 이 기업을 일으키면서 저는 업계에서 신용을 인정받아 왔어요. 신용을 지킨 덕에 주변의 업체, 동료, 친구들의 도움으로 여기까지 사업을 이끌어 왔습니다. 선생님도 이미 저희 공장을 살펴보셔서 아시겠지만, 당사의 생산관리와 품질은 의심할 여지없이 높은 수준입니다. 양사가 장기적인 협력관계를 이어나갔으면 좋겠네요. 귀사의 주문량을 소화해 내기에 당장은 어렵겠지만, 앞으로 생산규모를 확대할 계획이에요. 그리고 또 홍콩에서 가장 저렴한 가격으로 드릴 것을 약속합니다. 저희의 원칙이 '이익은 적더라도 많이 팔아 남과 이익을 나누자'는 것이니까요."

리자청의 말은 상대를 감동시켰다. 곧이어 바이어는 그에게 이렇게 대답했다.

"미스터 리의 진심 어린 말을 들으니 당신이 믿을 만한 친구라고 느껴지네요. 저는 이번에 성실하고 믿을 만한 장기적인 협력파트너를 모색하기 위해 홍콩에 왔습니다. 미스터 리, 보증 문제는 걱정하지 마세요. 솔직히 말씀드려서 제가 이미 완벽한 보증인을 찾아 놓았답니다."

리자청은 어떻게 된 영문인지 몰라 어리둥절했다. 그때 바이어가 계속 말을 이었다.

"보증인이 누군지 궁금하시죠? 바로 당신이에요, 미스터 리. 당신의 진실과 성실함, 그리고 신용이 가장 확실한 담보입니다."

두 사람은 화기애애한 분위기 속에서 계약을 체결했다. 바이어가 대금을 미리 지급해 준 덕에 리자청은 공장 증설에 필요한 자금을 확보할 수 있었다. 외국 업체의 전폭적인 지원을 받아 리자청은 생산규모와 판로를 확장했고 마침내 1958년, 창장공사의 순이익은 홍콩달러 백만 원에 육박했다. 이번 성공을 바탕으로 리자청은 지금과 같은 거대한 사업을 일구기 위한 자금과 자신감을 얻게 된다.

상대방을 배려해야
나도 성공한다

Chapter 4

리자청은 1943년 아버지를 여의었다. 리자청은 부친의 장례를 지내기 위해 눈물을 삼키고는 장지 구입에 나선다. 당시에는 장지 판매자에게 먼저 돈을 지불한 다음에야 장지를 살피는 것이 관례였다. 리자청은 부친을 잃은 슬픔 속에서도 장지 비용을 마련하기 위해 동분서주했다. 그나마 스스로 장지 비용을 마련했다는 것이 위로가 되었다.

리자청은 두 명의 낯선 외지인으로부터 장지를 구입했다. 우선 그들에게 돈을 건넨 뒤 장지를 살피기 위해 뒤를 쫓았다. 그 두 외지인은 걸음걸이가 무척 빨랐다. 게다가 부슬부슬 내리는 비 때문에 산길이 질퍽거려서 리자청은 한참 뒤로 쳐졌다. 두 외지인은 리자청이 어려서 속이기 쉽다고 여겼다. 그래서 다른 사람에게 이미 팔아서 유골까지 묻혀 있는 장지를 그에게 소개했다. 그들은 리자청이 사투리를 모르는 줄 알고 "유골을 어떻게 파낼까?" 하며 사투리로 말했다. 이 말을 들은 리자청은 가슴이 무너져 내릴 것만 같았다.

'세상에! 얼마나 돈에 눈이 어두워서 죽은 사람의 유골까지도 파내려 한단 말인가? 아버지는 정말 청렴하신 분인데 여기 묻히시면 구천에서 편히 쉬지 못하실 거야! 그리고 난, 저놈들한테서 돈을 돌려받는 건 어림도 없을 거야.'

끊임없는 갈등 속에서 그는 빨리 결단을 내려야 했다. 결국 리자청은 그들에게 "무덤 파서 유골을 파내는 일은 하지 마세요."라고 이르고 그곳을 떠났다. 집으로 돌아간 뒤 그는 다시 돈을 마련해 다른 장지를 구입했다. 수차례의 우여곡절 끝에 아버지를 모실 장지를 겨우 마련했지만 이 사건은 오랫동안 리자청의 기억 깊은 곳에 남았다.

훗날 사업을 하게 된 리자청은 철저하게 지키게 된 원칙이 하나 있다. 그것은 바로 '돈보다는 의로움이 먼저'라는 원칙이다. 그는 이에 대해서 "수단과 방법을 가리지 않고 성공하려 해서는 안 됩니다. 몰인정한 방법으로 얻은 재산은 오래가지 못해요. 저는 늘 저를 단속했습니다. 돈을 벌 수 있다고 해서 모든 사업에 다 손을 대지는 않았죠. 꽤 돈벌이가 될 만한 사업도 저는 하지 않았어요."라고 했다. 그는 직원들에게도 "누군가의 편의를 봐 주는 대가로 절대 정당하지 못한 돈을 받지 말라."고 당부했다.

리자청은 정당하지 않은 방법으로 돈을 벌지 않았을 뿐만 아니라 그가 번 이익을 다른 사람들과 고루 나누려고 했다.

"상인들은 자기 자신의 이익만 챙기는 이기주의자가 되어서는 안 돼요. 또 경쟁상대의 흥망성쇠에 지나치게 집착해서도 안 되고요. 자기 자신에게만 돈이 되고 상대방에게 조금도 이익이 되지 않는 사업은 절대로 할 수 없습니다."

다른 기업을 인수 합병할 때에도 그는 이런 신념과 태도를 견지했다. 리자청은 계약이 성사되든 결렬되든 정성을 다해 피인수 측을 대했다. 또 인수에 성공해도 다른 기업이 의례 하는 것처럼 인사, 조직개편을 단행하지 않았다. 오히려 피인수 회사의 고위 관리층 직원들이 다른 곳으로 떠나지 못하게 만류하고 이들을 정성으로 대했다. 이로 인해 그는 피인수 회사의 내부 동요를 막을 수 있었다.

리자청은 10여 곳에 달하는 회사에서 이사장 및 이사 직책을 맡아 왔다. 하지만 그는 여기에서 받은 급여를 모두 회사로 환원했다. 그리고 정작 본인은 1년 동안 홍콩달러 5천 원만 받았다.

1980년대 대기업의 이사장이면 일 년에 받는 연봉이 적어도 홍콩달러 수백만 원에 이른다. 1990년대라면 마땅히 그 액수가 홍콩달러 천만 원 정도는 되어야 했다. 그러나 리자청은 지금까지 1980년대 회사의 청소부가 받던 급여보다도 못한 연봉을 받고 있다.

리자청의 배포 큰 상인의 풍격은 주주들로부터 좋은 평가를 받았다. 그 영향인지 주주총회에서는 리자청이 그동안 추진했던 굵직굵직한 프로젝트들을 흔쾌하게 통과시켰다.

리자청 산하의 회사 직원들은 이직률이 줄곧 1% 미만을 기록했다. 홍콩의 대기업 가운데 이렇게 이직률이 낮은 곳은 보기 드물다. 고위층 직원이나 일반 직원에 관계없이 사내의 대다수 직원들은 회사에 대해 깊은 귀속감을 갖고 있다.

1970년대, 플라스틱 꽃은 더 이상 수익이 나지 않는 사양 산업이 되고 말았다. 이런 상황에서 창장그룹은 플라스틱 꽃 사업을 접고 토지 개발 사업에 뛰어들었다면 100% 수익이 보장되었을 것이다. 그러나 리자청은 플라스틱 꽃 사업을 지속했다. 그 이유는 플라스틱 꽃 공장에서 일하던 직원들의 생계 때문이다. 리자청은 "직원은 기업 성공을 이끈 일등 공신입니다. 그러니 당연히 대우를 받아야죠. 저는 손아랫사람으로서 나이 든 그들을 잘 돌볼 것입니다."라고 했다. 이는 직원들에 대한 리자청의 애정이 얼마나 깊은지 설명해 준다.

홍콩에서는 근무태도와 실적이 우수한 근로자에게 '최고의 직원 상'(King Worker)을 수여한다. 놀라운 사실은 그동안 적지 않은 수상자가 창장그룹에서 배출되었다는 사실이다. 이에 대해서 리자청은 이렇게 말한다.

"저는 회장이기 때문에 직원들에 비해 업무적인 부담이 많지만 그만큼 많은 돈을 벌고 있습니다. 그래서 직원들도 마땅히 누려야 할 이익을 얻도록 배려하는 것이지요. 그래서인지 직원들도 회사에서 최선을 다해 일하는 것 같습니다."

리자청은 실제로 역지사지의 마음으로 직원들에게 자상하게 대하고 회사의 이익을 공유했다. 그의 이런 노력으로 직원들은 결속력이 높아지고 그룹 전체는 강한 구심력을 갖게 되었다. 리자청은 "상대방의 이익을 배려하는 것은 중요한 일입니다. 눈앞에 보이는 이익에만 급급해하지 마십시오. 자신의 이익을 양보하더라도 상대방이 이익을 얻을 수 있게 도와야 결과적으로 자신에게 도움이 됩니다. 작은 이익에 집착하면 친구를 잃을 수 있어요. 이 원리는 제가 어렸을 때 어머니께서 가르쳐 주신 것입니다. 비즈니스도 같은 원리이지요."라고 말한다.

리자청의 겸손하고 예의 바른 태도는 비즈니스계의 인사들 사이에서도 유명하다. 완통萬通사의 펑룬馮侖 회장은 그에 관한 인상 깊은 일화를 하나 소개한다.

"리자청 회장은 중국 비즈니스계의 우상이에요. 사람들은 그가 평소에 어떤 성품의 사람인지 궁금할 거예요. 가끔 모임에서 지도자들이 보이는 행동을 통해 인품을 알 수도 있어요. 지위가 높은 사람들은 대부분 다른 참석자들이 먼저 도착해서 모두 착석한 다음에야 유유히 나타나곤 해요. 그들은 주빈의 자리에 앉아서 짧게 몇 마디를 건네고는 식사를 마치기도 전에 자리를 뜨죠. 리자청 회장도 그런 사람인 줄 알았어요. 하지만 그는 전혀 그렇지 않더군요. 전에 리자청 회장이 주최하는 모임에 참석할 일이 있었어요. 몇몇 기업인들과 같이 엘리베이터를 타고 연회장을 향해 올라갔지요. 그런데 문이 열리자마자 리자청 회장이 서 있는 것이 아니겠어요? 그는 문 앞에서 우리가 오기를 기다린 것 같았어요. 정중히 우리에게 인사를 하더니 본인의 명함을 공손하게 나누어 주었습니다. 정말 뜻밖이었죠. 솔직히 리자청 회장 같은 분은 명함이 없어도 돼요. 그를 모르는 사람이 누가 있겠습니까? 하지만 그는 마치 처음 사업을 시작하는 사람처럼 두 손으로 공손히 명함을 건넸어요. 그런 다음 우리는 무슨 번호가 쓰여 있는 제비를 뽑았습니다. 그것은 기념촬영을 할 때 자신이 서야 할 위치를 표시한 제비였어요. 당시 저는 사진을 찍는데 왜 제비뽑기가 필요한지 의아했습니다. 나중에야 알게 되었지만, 그것은 사람들이 편하게 사진촬영을 할 수 있도록 리자청 회장이 준비해 놓은 것이었다고 합니다. 그렇게 하지 않으면 사람들은 자리를 잡을 때 불편해할 테니까 말이죠. 번호를 뽑고 사진을 찍은 후에 우리는 다시 한 번 번호를 뽑았어요. 이번에는 식사 테이블 위치였지요. 이것 또한 참석자들이 편하게 식사할 수 있도록 한 배려였습니다. 저는 리자청 회장과 가까운 자리로 배정되어 그와 가까이서 이야기를 나눌 수 있었죠. 그런데 리자청 회장은 잠깐 식사를 하는가 싶더니 곧장 일어나서 다른 테이블로 이동하는 거예요. 테이블마다 15분씩 머물면서 다른 테이블에 있는 참석자들과도 이야기를 나누기 위해서였죠. 모임이 끝나자 그는 종업원부터 시작해서 그곳에 참석한 모든 사람과 악수를 하기 시작했어요. 또 엘리베이터까지 우리를 배웅해 주고 문이 닫히고서야 돌아가더군요."

비즈니스 석상에서는 누구나 겸손한 모습을 보일 수 있다. 그러나 리자청은 비즈니스 영역 이외의 사람들에게도 공손했다. 2007년《글로벌 비즈니스 Global Business》지의 기자가 리자청을 방문했을 때의 일이다. 그때의 일에 대해서 기자는 다음과 같이 회상한다.

"리자청은 기자단이 도착하기 전에 미리 접견실에서 기다리고 있었습니다. 저희가 도착한 것을 보자 리자청은 즉시 자리에서 일어났어요. 그리고 명함을 꺼내 우리에게 두 손으로 공손히 건넸어요.

그는 얼굴 가득 미소를 머금고 있었고 두 눈은 초승달 같았어요. 그의 얼굴에서 세상에서 얻은 재산의 흔적을 조금이라도 볼 수 없었어요. 리자청은 이미 상업계를 제패한 거물이었지만 그의 태도에서 거만함이란 찾아볼 수 없었습니다."

리자청은 마음에서 우러나오는 진심으로 사람을 대한다. 그는 여기에 대해서 "저는 상인이기 전에 사람입니다. 사람됨을 먼저 따지는 것은 당연한 일이지요."라고 말한다.

부 富에는 사회적 책임이 따른다

Chapter 4

2008년 5월 12일, 중국 쓰촨 四川 지역에서 대지진이 발생했다. 리자청은 리자청 기금회의 이름으로 인민폐 3,000만 원을 기부했고 그 후에도 인민폐 1억 2천만 원을 지원했다. 그러나 이는 리자청의 자선사업에서 빙산의 일각에 불과하다. 2006년 8월, 리자청은 창장 생명과학기술주식회사의 개인 주식 28.35억 주를 리자청 기금회에 기부한다고 발표했다. 지분의 총 가치는 홍콩달러 24억 원에 달한다. 리자청은 이후에도 본인 재산의 3분의 1을 리자청 기금회에 기부하겠다고 발표했다. 이로 인해 기금회가 얻게 될 향후 자산은 80억 달러에 이를 것으로 추산된다.

2007년 중국민정부 中國民政部* 는 리자청에게 '2006년도 중국 최고

---

* 중국 정부기구. 민생안전과 관련된 정책을 수립, 실행하고 의료지원과 재난 구조 사업 등을 책임짐.

의 자선사업가 상'을 수여했다. 리자청은 당시 다음과 같이 수상소감을 밝혔다.

"저에게 수상소감을 말하라고 하신다면 이렇게 말씀드리고 싶군요. 마음이 부자여야 진정한 부자입니다. '부귀富貴' 속의 '부'와 '귀'라는 두 글자는 항상 같이 있는 글자가 아니죠. 사실 적지 않은 사람들이 '부'하지만 '귀'하지는 않습니다. 진정한 '부귀'의 의미는 '사회의 일원으로서 사회의 발전을 위해 자기 재산을 사용하는 것'입니다."

리자청은 젊었을 때 '돈이 최고'라고 여기는 사람 중에 하나였다. 어릴 적부터 워낙 가난해서 집도 없이 학업도 포기해야 하는 등 어려움이 많았기 때문이다. 1956년, 28세의 리자청은 백만장자의 대열에 올랐다. 당시 그는 유명 디자이너의 양복을 입고 고급 손목시계에 멋진 차, 호화 유람선을 타며 호화주택에서 부를 누렸다. 그러나 새집에 이사 온 날 저녁, 리자청은 밤새도록 잠을 이루지 못했다. 16년 전 달빛 아래서 중국 차오저우산潮州山 비탈을 황급하게 도망치던 모습이 떠올랐기 때문이다. 홍콩으로 도망 온 후 그의 가족은 비좁은 방에서 함께 살았다. 밤이 되면 가구를 한쪽으로 옮기고 나서야 겨우 발 뻗고 잘 공간이 생겼다. 창업한 후에는 공장을 집으로 삼아 생활했고 기계 돌아가는 소리가 들려야만 편안히 잠을 청할 수 있었다. 어려웠던 시절이 자꾸 떠오르자 그는 자리를 박차고 일어나 차를 몰고 산으로 갔다. 빅토리아 항구를 바라보며 그는 생각했다.

'이렇게 풍족하고 안정된 삶을 갖게 되었는데 왜 나에게 기쁨이 없을까? 술도 마시지 않고 도박도 하지 않으니 돈을 많이 벌어봤자

쓸 곳이 없구나.'

리자청은 그제야 깨달았다. 돈이 사람에게 주는 만족이라는 것은 일상생활에 꼭 필요한 수준에 지나지 않는다는 것을. 그리고 돈으로 얻은 기쁨은 오래 지속되지 못한다는 사실을 말이다. 이튿날 저녁 그는 이 모든 방황에 대한 해답을 찾게 된다.

"돈으로 모든 일을 다 할 수는 없다. 하지만 돈이 없으면 할 수 없는 일이 세상에는 너무 많다. 나중에 기회가 생기면 사회에, 그리고 가난한 사람들을 위해 내가 가진 것을 나누어야지. 이것이 내가 세상에서 해야 할 일이구나."

1980년대에 이미 풍부한 재력을 갖추고 있던 리자청은, 젊었을 때 품은 뜻을 실천하고자 자선기금회를 설립한다. 2007년 11월 기준, 기금회의 기부금은 이미 홍콩달러 85억 원을 넘어섰다. 리자청은 어린 시절 학업을 중단했던 아픔이 있어서 교육 사업에도 투자를 했다. 또 부친이 병으로 돌아가시고 본인도 폐결핵에 걸려 오래 고생한 경험이 있기 때문에 의료사업에도 관심이 깊었다.

1981년 마침내 그는 중국 광동성 차오샨潮汕 지역에 샨토우汕頭 대학을 설립했다. 리자청은 캐나다, 홍콩 등지의 명사를 모셔와 각 학과장으로 세웠다. 그중 의과대학은 중국에서 가장 우수한 의과대학 중의 하나로 성장했다. 리자청은 국제적인 인맥을 총동원하여 명사들을 초청해 강의를 부탁했다. 스타벅스 커피의 하워드 슐츠Howard Schultz 회장도 한때 비즈니스 도덕에 대해 강의를 하기도 했다. 리자청은 회사가 어려움에 처해도 샨토우대학에 대한 자금 지원을 중단하지 않았다. 그는 샨토우대학 외에도 홍콩대학, 칭화대학 미래 인터넷 연구센터 등에 자금을 지원했다.

교육사업 외에도 의료사업에 대한 그의 열정은 멈추지 않았다. 리자청은 2007년 중국 장애인 연합회와 손을 잡고 장애인들 10만 명에게 의수와 의족을 전달하고 그들의 취업을 도왔다. 이어서 2008년 5월, 리자청 기금회는 지진 재해지역에 대한 세 번째 지원계획을 발표한다. 또 재해로 팔다리를 잃은 재해민들에게 무료로 의수나 의족을 달아 주었다.

2003년 봄 어느 날 밤, 75세의 리자청은 기금회의 미래를 고민하느라 밤새도록 잠을 이루지 못했다. 비록 자신은 나이가 많이 들어 살날이 많지 않았지만, 그는 기금회가 영원히 지속되기를 원했다. 그러기 위해서는 기금회에 지속적인 자금 출처가 있어야 한다. 그는 깊은 생각에 빠졌다.

'수십 년간 내가 정직하게 일해서 번 재산이다. 하나도 쉽게 얻은 것이 없는데 그렇게 많은 돈을 내가 알지도 못하는 사람들에게 나눠 준다는 말인가? 이런 일이 과연 가치가 있을까?'

리자청의 마음속 저울의 양 접시는 두 가지 가치 사이에서 끊임없이 움직였다. 두 가지 가치는 각각 '가족'과 '자선사업'이었다. 그는 평생 자신이 겪었던 고난을 자손들에게 물려주고 싶지 않았다. 그렇다고 자선사업을 포기할 수는 없었다. 47년 전 새집으로 이사해서 잠 못 이루던 그날 밤처럼 리자청은 밤새 고민하다가 또 한 번 진리를 깨닫는다.

'지금 내게는 두 아들이 있어. 만약 아들이 한 명 더 있다면 어차피 셋째 아들에게도 재산을 물려주어야 할 텐데. 그렇다면 기금회를 내 셋째 아들인 셈치고 재산의 3분의 1을 주는 건 어떨까?'

이렇게 마음을 먹고 나니 리자청은 마음이 편했다. 2006년 리자청은 재산의 3분의 1을 기금회에 기부하기로 발표하면서 사람들에게 이렇게 말한다.

"많은 재산을 기부하지만 저는 전혀 아쉽지 않습니다. 기부를 하려면 기쁘게 하고 일을 하려면 역시 즐거운 마음으로 해야겠지요. 재산은 숫자에 불과합니다. 의식주에 대한 걱정을 놓게 되니 수중에 남은 돈을 쓸 곳이 없더군요. 재산에 대한 미련을 내려놓지 못하면 고작 해야 시대의 부호 소리만 들을 뿐 아무런 가치를 남기지 못합니다. 하지만 사회 전체를 가족으로 여기고 나니, 재산을 기부하는 일이 마치 자녀에게 재산을 물려주는 것처럼 자연스럽더군요. 오늘 우리가 얻은 이 깨달음은 이 사회에 보다 많은 희망을 가져다 줄 것입니다."

당시 리자청의 '셋째 아들' 비유를 듣고 기꺼이 자선사업에 뛰어든 사람들이 적지 않았다고 한다.

중국 춘추시대의 재상 범려范蠡*는 지금까지도 많은 상인이 본보기로 삼는 인물이다. 그러나 리자청이 범려보다 더 존경하는 인물은

---

* 중국 춘추시대 월나라의 재상. 자는 소백(少伯). 회계(會稽)에서 패한 구천(句踐)을 도와 오왕(吳王) 부차(夫差)를 멸망시키고 후에 산둥(山東)의 도(陶)에 가서 도주공(陶朱公)이라고 자칭하고 큰 부(富)를 쌓음.

벤자민 프랭클린Benjamin Franklin이다. 프랭클린은 미국의 유명한 철학자이자 상인, 정치가, 발명가, 음악가이다. 원래 가난한 가정에서 태어났지만 신문, 출판사업 등을 통해 공공사업에 열심을 냈다. 그는 이를 통해 큰 부를 쌓았고 그 부를 이용해 도서관, 학교, 병원 등을 설립했다. 하지만 프랭클린은 미국이 영국으로부터 독립하자 조지 워싱턴George Washington에게 리더의 지위를 양보했다. 그리고 자신은 다른 영역에서 미국의 민주 체제가 수립되도록 도왔다. 이렇게 프랭클린은 사회를 위해 개인의 이익을 기꺼이 양보했던 진정한 위인이었던 셈이다. 리자청은 프랭클린에 대해서 이렇게 말했다.

"범려와 프랭클린, 두 사람의 인생 좌표는 전혀 달라요. 범려는 단순히 이웃에게 나누는 것으로 끝났지만 프랭클린은 자신의 재산을 사회역량을 구축하는 데 사용했습니다. 사업을 통해 쌓은 부를 남과 나누었다는 점은 비슷하지만 그 방법과 결과는 천양지차인 것이죠. 수많은 후손이 프랭클린이 쌓아 놓은 사회적 혜택 속에서 멀리 보는 안목과 역량을 키울 수 있었습니다."

2004년 6월, 리자청이 샨토우대학 졸업생들을 향해 남긴 말이 있다.

"여러분은 누구나 성공하기를 꿈꿀 것입니다. 하지만 성공을 위해 철저히 고생할 각오는 되어 있습니까? 여러분은 언젠가 누군가의 리더가 되겠지요. 하지만 리더란 오히려 남을 위해 봉사하는 자리라는 사실을 아시나요? 누구나 부자가 되기를 원할 것입니다. 그러나 부를 쌓기 전에 도덕이 무엇인지 고민한 적이 있습니까? 남이 내 말을 들어주기를 바라지만 인내심을 가지고 남의 말을 경청한 적이 있나요? 누구나 남보다 한발 앞서길 원하지만 다른 사람의 뒤에 서야 할 때가 언제인지 고민해 보지는 않았을 겁니다. 여러분은 자기 자신이 추구하는 것이 무엇인지 잘 알고 있습니다. 하지만 정작 자신에게 필요한 것이 무엇인지 생각해 보셨나요? 우리는 종종 남을 변화시키기를 원하지만 자신이 변해야 할 때를 모릅니다. 타인을 비판하기 좋아하는 사람은 많지만 그들은 무엇을 반성해야 하는지 모릅니다. 여러분은 '체면'을 중시하지만, 과연 '명예'가 무엇인지 아십니까? 우리는 모두 부자가 되기를 원하지만 진정한 '부자'의 의미를 아십니까? 학생 여러분, 여러분은 저마다 '열정'을 가지고 있는 것 같습니다. 그러나 '사랑'이 무엇인지 아십니까?"

    2005년 9월, 리자청은 그의 이상과 신념에 대해 구체적으로 말한다.

    "강직하고 성실하며 신의를 지키는 사람은 거의 자신의 이상을 실현하게 됩니다. 그러나 우매한 사람은 오만과 허상 때문에 모든 일에서 실패하고 말죠. 과거 60년 동안 저에게는 상전벽해와도 같은 변화가 있었습니다. 그 가운데서도 저는 가장 중요한 가치, 즉 공평, 정직, 진실과 성실이라는 신념을 붙들고 처철하게 투쟁했습니다. 그리고 저는 꿈을 이루었습니다."

    젊은 시절의 리자청이 정정당당하게 부를 쌓는 데 힘썼던 인물이라면, 만년의 그는 사회의 행복과 발전을 위해 자신의 부를 아낌없이 투자하는 인물로서 우리에게 교훈을 주고 있다.

제5장

프레드 스미스,
실행력을 키워라!

the GREAT

Fred Smith

프레드 스미스^{Fred Smith}는 사업적 기회를 포착하는 데 능하고 깊은 통찰력을 지녔다. 보라색과 주황색으로 화려하게 장식된 페덱스^{FedEx}의 제트수송기는 화물을 가득 실은 채 지금도 전 세계 영공을 날고 있다. 마치 그의 지휘 하에 새로운 시장 기회를 엿보기라도 하듯 말이다.

역사상 가장 오래되고 변화무쌍한 산업 중의 하나가 운송업이다. 19세기 중엽, 미국은 동·서부 간 금화와 현금을 수송해 줄 믿을 만한 운송수단이 필요했다. 헨리 웰스^{Henry Wells}는 당시 이런 시대적 상황을 잘 포착하고 특급운송회사 웰스 파고^{Wells Fargo}를 설립한다. 회사는 대륙횡단철도가 등장하기까지 약 20년간 미국 대륙의 동·서부 물류를 독점하여 큰 이익을 얻는다. 또한 헨리 포드^{Henry Ford}는 당시 많은 사람들이 도시 외곽에서 살고 싶어 한다는 사실을 알고 저렴한 가격의 자가용을 출시하게 된다.

프레드 스미스도 헨리 웰스처럼 시대가 요구하는 새로운 필요들을 잘 포착해서 성공한 기업가이다. 1971년 프레드 스미스는 큰 포부를 가지고 페덱스를 설립한다. 2004년 페덱스의 매출액은 이미 224.87억 달러에 달했고 〈포춘Fortune〉지가 발표한 전 세계 500대 기업 리스트에서도 221위를 차지했다. 2001년 9·11사태 이후 미국 정부가 비행 금지령을 선포하면서 운송업체에 비상이 걸렸을 때도 페덱스는 끄떡없었다. 페덱스는 열두 시간 내에 총 800대의 트럭을 빌려 화물을 배달함으로써 고객과의 약속을 지켰다. 그 결과 페덱스는 대부분의 화물 납기를 하루밖에 지연시키지 않았다. 페덱스가 이렇게 성공할 수 있었던 것은 세계 최고의 실행력을 가졌기 때문이었다.

어떤 대가를 치르더라도 사명감으로 배달한다!

프레드 스미스가 외치는 페덱스의 사명은 바로 '어떤 대가를 치르더라도 사명감을 갖고 배달한다!'이다. 이는 '어떠한 어려움에 처해도 온갖 방법을 동원해 문제를 해결하고 배달의 사명을 완수한다. 그 과정에서 치러야 할 대가는 중요하지 않다.'는 말이다.

페덱스 직원이 배송하는 것은 비단 고객의 소포뿐만이 아니다. 페덱스는 고객과의 약속도 같이 배달한다. 이에 대해서 프레드 스미스는 이렇게 말한다.

"고객이 페덱스에 가장 바라는 점은 바로 '시간'입니다. 고객들은 물품이 빠른 시간 내에 배달되기를 원해요. 심지어 별도의 비용을 지불하고서라도 말입니다. 화물이 한번 우리 손에 맡겨진 이상 페덱스는 사명감을 갖고 배달합니다. 수령지에 도착하기 전까지 절대 화물을 손에서 떠나보내서는 안 되죠. 우리는 이 점을 늘 고객에게 각인시킵니다. 그래서 고객을 안심시키고 그들로부터 신뢰를 얻어냅니다."

페덱스가 어떤 대가를 치르더라도 얼마나 고객과의 약속을 지키려고 했는지, 다음과 같은 일화를 보면 알 수 있다.

자신을 린다^{Linda}라고 소개한 한 젊은 여성이 페덱스 고객센터에 항의전화를 걸어왔다.

"제 웨딩드레스는 지금 도대체 어디에 있는 건가요? 어제 제가 플로리다 주에서 웨딩드레스를 주문했는데 오늘 오후쯤에는 받았어야 하지 않나요? 그런데 지금까지도 도착하지 않았어요! 지금 벌써 오후 세시라고요! 저는 당장 내일 결혼을 해야 하는데 어떻게 해야 할지 모르겠어요. 페덱스는 도대체 일을 어떻게 처리하는 건가요? 여기는 동네가 작아서 제 결혼식이 큰 잔치란 말이에요. 더구나 이건 제 일생일대의 중요한 일인데 제발 도와주세요."

페덱스 직원 데비^{Debi}는 수화기를 내려놓았다. 그러고는 즉시 회사의 화물추적시스템을 뒤져 방금 젊은 아가씨가 말한 화물의 행방을 추적하기 시작했다. 데비는 페덱스의 화물집결지에 일일이 전화를 걸어 '혹시나 잘못 배달된 소포가 있는지' 물었다. 결국 여섯 번째의 전화 통화 만에 그녀는 문제의 소포를 찾아냈다. 웨딩드레스는 300km 떨어진 디트로이트^{Detroit}시에 가 있었다.

데비는 페덱스의 사명을 떠올리며 그날 오후에라도 바로 린다에게 우편물을 전달하려고 했다. 하지만 당시 디트로이트시 근처의 운송기가 모두 운항 중이어서 소포를 제때 배송할 방법이 없었다. 결국 데비는 항공기 회사인 세스나^{Cessna}의 비행기를 전세 내기로 결정했다. 그리고 곧 린다가 사는 인디애나주의 동네로 직접 배달에 나섰다.

비행기를 전세 낸 데비의 행동은 정말 과감했다. 그러나 데비는 그 소포를 배달하는 것이 린다에게 어떤 의미를 지니는지 분명히 알고 있었다. 또한 이것은 페덱스의 '사명 배달'이라는 서비스 이념과도 완전히 부합되었다. 고객이 문제에 직면했다면 회사는 반드시 이를 해결해야 한다. 비록 그때 회사가 어려운 상황이라 하더라도 고객에 대한 약속을 지키기 위해서는 대가를 계산해서는 안 된다.

금요일 저녁, 세스나의 비행기 한 대가 굉음을 내며 인디애나주 한 동네의 잔디밭에 착륙했다. 사정을 모르는 마을 사람들은 비행기를 탄 불청객을 보며 저마다 왁자지껄했다. 이때 보라색 유니폼을 입은 데비가 비행기에서 내리더니 페덱스 로고가 선명한 소포를 흔들면서 군중을 향해 물었다.

"이곳에 린다라는 분이 있나요?"

군중 속에 섞여 있던 린다는 놀라지 않을 수 없었다.

"세상에! 설마 웨딩드레스를 가지고 여기까지 오신 거예요?"

데비는 미소로 답하면서 들고 있던 소포를 그녀의 손에 건넸다. 비행기가 이륙할 때까지 린다는 줄곧 "세상에! 비행기까지 전세 내서 웨딩드레스를 가져다주다니."라고 하면서 감격해 마지않았다.

데이비가 비행기로 소포를 배송한 사건은 이것으로 끝나지 않았다.

이틀 후 린다는 데비에게 또 전화를 걸어서 진심 어린 감사의 뜻을 전했다. 그녀는 데비에게 성황리에 치러진 결혼식 상황을 설명해 주고 웨딩드레스를 받았을 때 얼마나 놀랐는지도 설명했다. 그런 다음 린다는 "신경 써 주신 것에 대해서 매우 감사드리지만 동시에 나쁜 소식이 있어요."라고 했다. '나쁜 소식'이라는 말에 데비는 흠칫 놀랐다. 그런데 린다는 웃으면서 말을 이어갔다.

"페덱스 때문에 제 결혼식을 다 망쳤지 뭐예요. 페덱스가 비행기를 전세 내서 웨딩드레스를 전해 준 사건을 친구들에게 신나게 이야기해 주었죠. 그런데 이 일이 이렇게 빨리 소문이 퍼질지는 몰랐어요. 결혼식장에서는 모두들 '소포 하나 배달하려고 비행기를 전세 내서 달려온 페덱스' 때문에 다들 난리였답니다. 결혼식의 주인공인 신부는 깡그리 잊고서요."

둘은 결국 웃음을 터트리고 말았다.

수화기를 내려놓는 데비의 마음은 기쁘기 그지없었다. '사명으로 배달한다'는 원칙대로 고객을 도와서 어려움을 해결해 주었기 때문이다. 그러나 데비를 더욱 기쁘게 하는 사건이 생긴다. 2주 후 린다의 마을에 있는 RCA 공장이 페덱스의 서비스를 이용하기 시작한 것이다. 린다의 웨딩드레스 사건 이후 RCA 공장 사람들은 운송 담당자에게 페덱스의 서비스를 한번 사용해 보자고 제안했다. 담당자는 이를 받아들여 페덱스의 서비스를 이용한 뒤 매우 만족스러워 했다. 그 결과 페덱스는 RCA공장을 신규 고객으로 유치하게 되었다.

기업이 경영에 성공하려면 '시장 전략'과 '실행력'이 하나라도 취약해서는 안 된다. 수많은 기업이 우수한 전략을 가지고 있지만 실행력이 부족해서 실패한다. 날로 치열해져 가는 시장 경쟁 속에서 살아남기 위한 기업들의 '전략'은 거의 대동소이하다. 하지만 전략이 비슷한 기업 간의 우위를 결정해 주는 것이 바로 실행력이다. 만약 경쟁상대의 실행력이 더 뛰어나다면 그 업체는 시장에서 승자가 될 수 있다. 한 조사에서는 '기업의 성공을 이끄는 요인의 20%는 기업의 전략이며, 60%는 관리층 직원들과 일반직원들의 실행력, 나머지 10%는 행운이다.'라는 결과를 발표했다. 프레드 스미스가 창립한 페덱스는 바로 뛰어난 실행력으로 성공한 기업의 전형적인 사례이다.

■ 리더의 실행력은
기업 실행력의 원천

Chapter 5

미국의 〈멤피스 데일리뉴스Memphis Daily News〉지에 '보라색의 찬란한 대지'라는 제목으로 페덱스에 관한 기사가 실렸다. 기사는 '페덱스는 꿈과 열정, 모험을 통한 성장스토리로 가득 차 있다.'라는 내용이다. 벤처투자가 데이비드 실버David Silver는 페덱스의 성공 신화에 대해서 "페덱스는 기적입니다."라고 말하기도 했다.

페덱스는 설립 초기 여러 차례 중대한 위기를 맞는다. 그러나 프레드 스미스는 위기 속에서도 절대 포기하지 않고 목표를 달성하기 전까지 쉬지 않았다. 페덱스의 기적 같은 창업스토리를 통해 우리는 페덱스의 실행력을 엿볼 수 있다. 1960년대 서비스업과 하이테크 산업이 발전하면서 기업은 점차 더 많은 기술자와 과학자, 경영인 등 우수한 인재를 필요로 했다. 기업들은 이러한 인재를 흡수할 수 있도록 문화시설, 교육 기관, 아름다운 자연환경을 갖춘 지역으로 속속 이전했다. 그 결과 공장과 본사가 분리되었고 각종 정보와 문서, 소형 부품 등을 공장과 본사 간에 빠르게 전달해 줄 운송서비스가 필요해진다.

당시에도 적지 않은 기업이 이 서비스를 제공하고 있었다. 에머리 화물항공 Emery Air Freight과 타이거 항공 Tiger Airways은 그중 최대 업체였다. 두 업체는 1969년 매출액이 1억 달러에 달했으나 고객들은 이들의 운송서비스에 불편을 느끼곤 했다. 종종 화물이 지연되고 서비스 전반에 걸쳐 신뢰가 가지 않았기 때문이다. 이런 상황에서 단시간 내에 문제없이 소포를 배달하는 회사가 있다면 고객들은 그를 위해 별도의 비용까지 지불할 준비가 되어 있었다.

당시 대부분의 항공운송 업체는 운송이 용이하지 않는 시장에 서비스를 제공하기 꺼려하고 외면했다. 소외된 시장의 고객들은 어쩔 수 없이 특정 배송회사가 지정한 장소와 시간에 맞추어 서비스를 이용할 수밖에 없었다. 하지만 놀랍게도 당시 소형 특급배송의 80%는 이 소외된 시장에서 발생했다. 게다가 당시 대부분의 항공사는 밤 10시부터 아침 8시까지 항공기를 운행하지 않았기 때문에 해당 시간대에는 공항이나 항공로가 붐비지 않았다. 따라서 역량만 된다면 심야 운송을 통해 소외된 시장에 진출해서 큰 수익을 올릴 가능성이 있었다. 당시 이 사실에 주목하는 업체는 거의 없었지만 이를 놓치지 않고 예리하게 기회를 포착한 사람이 있었다. 그는 바로 '익일 배송'의 시초이자 페덱스의 창립자인 프레드 스미스였다. 이런 시대적 배경 속에서 페덱스는 1971년 6월 28일 정식으로 설립되었다.

창업 초기에 프레드는 미국 FRS^{Federal Reserve System, 연방준비제도}*와 협력할 기회를 찾았다. 그때 FRS와 금융기관 사이에서는 수많은 어음과 수표가 전달되었다. 그 유동량만 보더라도 이는 운송업계에서 큰 시장임이 분명했다. 프레드 스미스는 익일 배송을 하면 비용과 시간이 크게 절감되기 때문에 FRS가 거절하지 않을 것이라고 믿었다. 그는 사업이 성공할 것이라고 확신했고 심지어 회사의 이름까지도 FRS의 철자를 따 페덱스^{FedEx}로 지었다. FRS와 협상을 하면서 그는 비행기를 두 대나 구입했다. 또한 그는 구입한 여객기를 35만 달러를 들여 화물운송기로 수리했다. 그러나 몇 주 후 프레드 스미스는 FRS로부터 '익일 배송 서비스를 거절한다'는 소식을 듣게 된다. 기존에 어음과 수표를 운송했던 사업자들에게서 수입의 원천을 빼앗을 수 없다는 것이 이유였다. 비행기로 FRS의 어음을 배달하려는 그의 계획은 철저하게 실패한다. 이를 위해 일부러 구입했던 두 대의 비행기도 결국 격납고에 방치되는 신세가 되었다. 설립된 지 얼마 되지도 않은 페덱스와 당시 26세에 불과했던 프레드 스미스는 사회에서 만난 첫 번째 전투에서 패배의 쓴맛을 보게 된다.

사람들은 저마다 프레드 스미스가 출시하려는 익일 배송 서비스가 미친 짓이라고 했다. 또 민간 항공위원회가 이를 절대 허락하지

---

* 미국 내 신용 및 통화의 흐름을 조절하고 상업은행 등에 대한 규제 및 재무성 등에 대한 서비스기능을 수행하기 위하여 1913년 연방준비법에 의해 창설된 제도임. 이 제도의 주요기관으로는 이사회(The Board of Governors), 연방공개시장위원회(Federal Open Market Committee), 12개지역의 연방준비은행(Federal Reserve Banks) 및 가맹은행(Member Banks) 등이 있음.

않을 것이며 믿을 만한 항공운송 요원들도 찾기 어려울 것이라고 했다. 그리고 만약 그 시장이 잠재력이 있었다면 다른 항공사가 벌써 뛰어들었을 것이라고 했다.

그러나 프레드는 시장에 대한 미련을 버리지 못했다. 결국 1972년에 그는 7만 5,000달러를 들여 시장전문가, 비행기 조종사, 엔지니어, 광고대리상 등으로 구성된 고급 자문 팀을 조직한 후 다시 한번 시장 조사에 나선다. 그 결과 소형 택배의 특급우송 사업은 확실히 시장 잠재력이 크다는 사실을 알게 된다.

프레드 스미스는 새로운 영업계획을 구상한다. 이는 이전에 비해 더욱 복잡하고 거대해졌다. 훨씬 많은 비행기와 차량이 필요하고 전국적인 서비스망을 구축해야 함은 물론이고 항공라인도 더 개통해야 했다. 프레드 스미스는 자기의 전 재산인 850만 달러를 페덱스 사업에 올인했다. 그리고 그는 월스트리트의 거대 은행, 투자가를 설득했다. 그의 통찰력 있고 남다른 시장 분석, 노력, 용기와 모험정신은 이들 투자가에게 깊은 인상을 남겼다. 그는 빠른 속도로 9천6백만 달러를 모았다. 이는 단일 프로젝트로서는 역대 최고의 투자액이었다. 투자에 참여한 수많은 벤처투자가는 "페덱스에 투자한 것은 프레드 스미스에 대한 믿음 때문입니다. 그는 반드시 성공신화를 창조해 낼 위대한 기업가입니다."라고 기대했다.

벤처투자 자본을 확보한 프레드 스미스는 즉시 다쏘^{Dassault}사의 팰콘 수송기 33대를 구입했다. 이로써 페덱스는 1973년 4월 영업을 재개한다.

그러나 실망스럽게도 영업을 개시한 날 하룻밤 동안 수송한 소포는 176건에 불과했다. 처음 2년간 페덱스는 2,930만 달러의 적자를 기록했고 부채는 4,900만 달러에 달해서 파산할 지경에 이르렀다. 당시는 페덱스에게 가장 어려웠던 시기로 프레드 스미스는 나중에 이때를 회상하면서 말했다.

"1973년에 제가 얼마나 힘들었는지 아무도 상상하지 못할 것입니다. 그 일 년간 얼마나 고통스러웠는지, 또 얼마나 큰 압박을 견뎌야 했는지, 또 어찌나 사건이 많이 발생했는지 모릅니다. 투자은행가, 제너럴 다이내믹스General Dynamics와 멤피스페덱스 본사 소재지의 인사들과 수백 번도 넘게 회의를 반복했죠. 그런 와중에 저는 회사를 경영하고 관리하는 데도 신경을 써야 했어요."

프레드 스미스는 회사를 위기에서 건지기 위해 동분서주했다. 1973년 7월, 프레드 스미스는 라스베이거스의 한 도박장에서 블랙잭 게임으로 2만 7,000달러를 땄다. 그는 도박에서 딴 돈으로 직원들에게 밀린 급여를 주었다. 이 외에도 프레드 스미스는 회사의 채무를 상환하기 위해 개인용 비행기를 매각했다. 그는 심지어 변호사 서명을 위조해서 누이들 명의의 가족 신탁기금을 인출해서 채무를 갚기도 했다. 1975년 1월, 그는 두 누이에게 소송을 당해 법정에 서게 되었지만 다행히도 무죄가 선고되었다. 그만큼 당시 프레드 스미스는 금전적으로 어려운 처지였다.

페덱스는 미국우체국US Postal Service과의 계약을 성사시키기 위해 서부지역 항공라인 6개를 추가로 개통했다. 프레드 스미스는 타사에 비해 저렴한 가격을 제시했다. 왜냐하면 그는 단기적인 이익을 얻기보다는 투자자들을 안심시키고 더 많은 고객을 확보하려고 했기 때문이다. 그는 "보십시오. 미국우체국과도 계약을 할 정도인데 어떻게 페덱스의 서비스 수준을 의심하겠습니까?"라고 말하고 싶었다.

페덱스는 이렇게 포기하지 않는 자세로 2년간 끊임없이 노력한 끝에 중대한 전환기를 맞는다. 미국 내 비즈니스 관련 운송 수요가 폭발적으로 증가한 것이다. 미국의 주요 운송 회사들은 대도시의 배송수요에 대처하는 것만으로도 이미 과부하 상태였다. 게다가 철도특급운송회사가 직원들의 장기 파업으로 도산하면서 소도시 배송시장에 공백이 생겼다. 이는 페덱스에게 커다란 사업 기회였다. 페덱스는 이 기회를 붙잡았고 그에 따라 매출이 폭발적으로 증가한다.

1975년 7월은 페덱스가 최초로 흑자를 기록한 달로 총 5만 5천 달러의 이익을 거두었다. 다음해 1976년에는 순이익만 350만 달러를 기록했으며, 1977년에는 매출액이 1억 달러, 순이익이 820만 달러에 달했다. 이로써 페덱스는 마침내 곤경에서 벗어나 세계적인 운송 회사로 거듭나기 위한 기반을 쌓게 된다.

프레드 스미스는 이렇게 말한다. "새로운 시도는 반드시 큰 난관에 부딪힙니다. 그 난관은 시장에서 비롯되기도 하고 자금 때문에 발생하기도 하며 어떨 때는 경쟁상대로부터 오기도 합니다. 성공적인 기업가가 되고 싶다면 반드시 이 난관을 통과해야 합니다. 열정적으로 일을 하면 계획을 현실화시켜 성공으로 이끌 수 있습니다."

외부 실행력을 높여 준
하드웨어 투자

Chapter 5

페덱스는 고객에게 익일 배송을 약속했다. 따라서 발신자가 저녁에 화물을 접수하면 다음 날 아침 10시 30분 전에 수신지에 배송된다. 이 약속을 지키기 위해 페덱스는 거금을 들여 사내 하드웨어 배송시스템을 업그레이드했다.

1977년 지미 카터 Jimmy Carter가 신임 미국 대통령으로 당선된 후, 그는 운송회사에 불리한 법제도를 개선하겠다고 발표했다. 그때 프레드 스미스는 운송업 시장이 확대될 것을 확신하고, 적재 중량이 4만 2천 파운드 약 1만 9천 킬로그램에 달하는 보잉727 비행기를 추가 구입했다. 그 후에도 페덱스는 비행기 대수를 늘려가 1980년대 중반에 이르자 10만 파운드 4만 6천 킬로그램를 실을 수 있는 DC-10타입 비행기를 8대나 보유하게 되었다. 이는 돈으로 환산하면 2천4백만 달러에 달하는 시설들이다.

전자소비품 시장이 커지고 상품들이 소형화되면서 소형 특급배송 수요가 늘어났다. 이에 따라 페덱스는 시장점유율을 점차 확대해 나갔고 2003년에는 전 세계 직원 수가 26만 명, 수화물 접수처가 4만 2천969곳, 보유 비행기 대수가 643대, 화물차 보유 대수가 4만 3천 대에 이르는 거대 기업이 되었다. 게다가 페덱스는 아시아 지역 일부 운송노선에 대한 독점 사용권을 확보했는데, 그중에는 유일하게 중국 수출입이 가능한 운송노선도 포함되어 있었다. 이를 통해 페덱스는 아시아 항공운송 업계에서 독보적인 시장적 입지 조건을 가지게 되었다.

페덱스는 특급배송 서비스를 위해 자체적으로 위성을 띄우고 미국에서 가장 큰 기상 관측소를 보유하게 되었다. 또한 매일 밤 화물을 싣지 않은 별도의 항공기 두 대를 띄웠다. 이 두 대의 항공기는 미국 동서 해안 사이를 왕복 비행하면서 다른 항공기에서 발생할 수 있는 의외의 사고에 대비하기 위한 것이다.

1980년대, 프레드 스미스는 '회사가 머지않아 정보화 시대의 충격에 직면할 것이며, 화물의 정보를 정확하고 빠르게 판단하는 것이 운송업체의 경쟁력이 될 것'이라고 예측했다. 그래서 그는 규정 화물량과 실제 적재량, 목적지, 도착 예정시간, 가격, 하역비용 등의 정보를 정확하게 파악하기 위해 거액의 자금을 투입했다. 그 결과 회사는 레이저 스캐너와 각종 소프트웨어, 전자통신 설비로 구성된 정보 네트워크를 구축하게 되었다. 그리고 10만여 가구에 컴퓨터 단말기를 설치하고 65만 명의 고객에게 관련 소프트웨어를 제공한다. 이렇게 해서 회사는 전자 주문을 받는 즉시 화물을 적재, 운송할 수 있도록 시스템을 정비했다.

페덱스는 그 후에도 설비 교체에 대한 투자를 아끼지 않았다. 2006년 페덱스는 화물 스캐닝 무선시스템인 페덱스 파워패드$^{FedEx Powerpad}$*를 출시해서 기존에 사용하던 슈퍼트랙커$^{Super Tracker}$**를 대신했다. 페덱스는 이를 통해 화물 정보를 자동으로 스캔하고 전송할 수 있게 되었다. 이러한 설비들은 화물접수, 운송에 소요되는 비용과 시간을 크게 단축시켜 업무 효율을 높여 주었다.

이와 같이 페덱스는 하드웨어적 인프라 구축에 힘썼고 마침내 업계 최고의 실행력을 갖추게 되었다. 강력한 실행력은 페덱스가 어떤 돌발적인 상황에서도 운송서비스를 지속할 수 있게 한다.

---

* 기존의 '페덱스 슈퍼트랙커'의 기능을 대체한 시스템. 블루투스(Bluetooth) 무선기술을 적용해 자동으로 화물 접수 정보를 전송할 수 있도록 고안됨. 배달원이 별도로 데이터 전송작업을 할 필요가 없어 화물 접수 시간이 크게 단축됨.

** 파워패드가 등장하기 전 페덱스 직원들이 화물을 접수할 때 사용했던 15센티미터의 휴대 정보 단말기. 화물 접수 시 바코드를 스캔하면 배달이 마무리될 때까지 화물의 위치가 고객에게 전송됨.

내부 실행력을 높여 준 직원 우선정책

Chapter 5

페덱스의 야간작업 현장에는 셀 수 없이 많은 화물이 컨베이어 벨트 위에서 바쁘게 운반되고 있다. 또 한쪽에서는 소포를 나르는 직원들과 화물차량이 서로 엉켜 분주하게 움직인다. 그런데 놀라운 것은 그렇게 혼잡한 상황에서도 현장의 흐름을 방해하는 특별한 실수나 잘못이 보이지 않는다는 점이다. 숨 쉴 틈 없이 빠르게 돌아가는 현장에서 직원들의 사기는 오히려 고양되어 있다. 그들은 모두 자신의 일에 즐겁게 임하고 있는 것이다. 페덱스는 어떻게 이런 분위기를 조성할 수 있을까? 정답은 바로 '직원을 최고로' 여기는 정책 때문이다.

프레드 스미스는 "고객을 만족시키려면 직원을 먼저 만족시켜야 합니다. 그래서 페덱스의 기업철학도 '직원 People, 서비스 Service, 이윤 Profit'의 순서이지요."라고 말한다.

페덱스는 직원을 최고로 여기는 정책을 통해 회사경영에 필요한 내부적인 실행력을 갖게 되었다. 실제로 프레드 스미스는 직원 복지에 굉장히 많은 공을 들인다. 그는 이에 대해서 "회사가 직원을 최고로 여기고 이에 맞게 대우해 주면 직원들은 애사심을 가지고 성실하게 일하게 되지요. 또 본인이 최고의 대우를 받았기 때문에 고객을 대하는 서비스 마인드도 세계 최고랍니다."라고 했다. 그래서 미국의 많은 젊은이들은 페덱스를 일하기 좋은 직장으로 여긴다. 1978년 8월, 〈포춘〉 지에는 페덱스의 한 직원과 나눈 인터뷰 내용이 실렸다.

"사람들이 멤피스*Memphis, 페덱스 본사 소재지*로 이사 와서 가장 먼저 하는 일은 바로 페덱스에 이력서를 제출하는 것입니다."

왜냐하면 페덱스의 직원이 되면, 대부분의 다른 회사에서 받을 수 없는 좋은 대우를 받을 수 있기 때문이다. 예를 들면 페덱스에서는 직원이 자기에게 맞는 업무를 스스로 선택할 수 있다. 에너지가 넘치고 활발한 성격의 소유자라면 배송이나 소포 추적 등의 업무를 선택할 것이다. 한편 본인이 근면 성실하고 꼼꼼한 타입이라면 등록과 서류 업무, 검사 및 검열 등의 업무를 맡을 수 있다. 프레드 스미스는 이에 대해 '직원들이 자기가 할 일을 직접 선택해야만 일에서 즐거움을 느낄 수 있다.'고 생각했다.

또한 프레드 스미스는 모든 직원을 공평하게 대우한다. 이를 위해서 페덱스의 관리자층은 혹독한 교육 과정을 수료하고 철저한 감독을 받아야만 한다. 페덱스 직원은 매년 29개 항목으로 된 설문지를 받는다. 설문지의 항목은 예를 들면 "상사는 당신을 존중해 주나요?" 등의 내용이다. 앞부분 10개의 설문항목 점수를 합하면 리더십

지표가 되는데 이 지표는 고급 관리자들의 인센티브에 영향을 준다. 인센티브는 보통 기본급의 40%로 책정이 되는데 만약 리더십 지표가 목표지수에 미치지 못한다면 인센티브를 받지 못한다. 그뿐만이 아니다. 몇 년 연속 평가치가 목표지수에 미달되면 결국 퇴출당하고 만다. 이는 페덱스가 직원들을 얼마나 중요하게 생각하는지 설명해 주는 단적인 사례다.

'직원을 최고로 여기는' 페덱스의 정책은 회사에 긍정적인 결과를 가져다주었다. 직원들은 회사를 위해 자신의 이익을 기꺼이 희생한다. 페덱스의 한 화물 배송 직원은 화물차의 기름이 떨어지자 자신의 손목시계를 담보로 휘발유를 구입했다고 한다. 또 한번은 경찰이 페덱스의 화물수송기를 압수 수색하자 직원들이 경찰 몰래 항공기를 숨기기까지 했다 하니, 직원들의 애사심이 얼마나 큰지 알 수 있다.

경쟁사인 UPS의 파업 당시 페덱스 직원들이 보여 준 태도는 더욱 놀라웠다. UPS의 파업으로 평소보다 소포 양이 80만 개나 더 늘어났을 때 직원들은 앞다투어 야근을 자청하고 나섰다. 직원들은 화물창고로 모여들어 산더미처럼 쌓인 수화물들을 정리했다. 이처럼 회사를 중심으로 하나로 뭉치는 페덱스 직원들의 결속력은 유명하다.

실행력이라는 것은 전략적인 의도를 관철시키고 목표를 달성하게 해 주는 경영능력이다. 이것은 기업 경쟁력의 핵심이며 기업전략을 성과로 연계해 주는 중요한 연결고리이다. 전략과 경영방식이 아무리 훌륭해도 실행력이 뒷받침되지 않으면 허울뿐인 탁상공론이 되고 만다.

  강력한 실행력의 원천은 회사의 목표와 이상을 현장에서 직접 실천하는 직원들이다. 페덱스는 직원을 최고로 여기는 정책을 통해 직원들이 애사심으로 무장하고 회사에 헌신하게 했다. 그 결과 페덱스는 원하는 목표를 이루었고 이것은 다른 운송회사와 차별되는 페덱스만의 경쟁력이 되었다.

외부업체와의 협력을 통한 실행력 제고

Chapter 5

현명한 기업가는 회사 밖의 자원을 이용해 사내의 결점을 보완한다. 시장 경쟁이 치열해지자 기업들은 외부업체와 경쟁하기보다는 협력하는 길을 택했다. 다른 회사의 장점을 이용해 자사의 결점을 보완하고 새로운 성장점을 발견하기 위해서다. 또한 외부 기업과 협력하게 되면 전문화된 분업 시스템이 구축되어 규모의 경제가 주는 유익을 얻을 수 있다.

코닥^{Kodak}의 컬러현상소는 중국 최대의 체인사업체 중 하나다. 2002년 코닥은 중국 전역의 750여 개 도시에 지점을 7천 개나 설치하여 강력한 네트워크를 구축한 상태였다.

코닥은 2004년 페덱스와 중국에서 협력하는 데 합의한다. 2004년 3월, 베이징 시내 코닥 컬러현상소 아홉 곳에 '페덱스 셀프택배 창구'가 설치되면서 양사의 협력관계가 시작되었다. 셀프택배 창구에는 특급배송에 필요한 서류와 봉투가 구비되어 있어서 고객들은 스스로 특급배송 서비스를 이용할 수 있게 되었다.

페덱스는 중국 전역에 분포된 코닥 컬러현상소의 사업 네트워크를 회사 전략에 이용했다. 이를 통해 회사는 중국의 핵심 시장을 확보한 후 점차 다른 도시로 진출할 수 있었다. 그 결과 2003년 '페덱스 셀프택배 창구'는 베이징에 30개, 상하이에 40개, 광저우에 20개가 설치되었다. 이 외에도 페덱스는 중국 내 모든 특급배송 시장에서 점유율을 높이는 데 성공했다.

페덱스와 코닥 간의 협력은 매우 성공적이었다. 페덱스는 코닥과 협력하면서 아주 짧은 기간 동안 판매망을 빠르게 확장할 수 있었다. 양사는 '수준 높고 신뢰할 만한 서비스를 제공한다.'는 공동의 신념을 견지하면서 양측이 모두 윈–윈Win-win하는 성과를 일궈냈다. 이는 실로 전쟁 없이 얻은 승리이다.

미국우체국과의 제휴

2005년 1월 10일, 페덱스는 미국우체국과 계약을 체결하고 서로 협력하게 되었다. 페덱스는 이번 제휴를 통해 미국우체국의 국내 익일배송을 책임지는 업체가 되었다. 또한 페덱스는 미국우체국 내에 페덱스 전용 택배서비스 창구를 설치하기로 했는데, 그 창구 수가 미국 전역에 걸쳐 약 1만 개 이상에 달했다. 이 제휴를 통해 페덱스는 약 70억 달러라는 거대한 수익을 올리게 되었다.

페덱스와 협력하기 전에 미국우체국은 에머리 항공화물^{Emery Air Freight}과 계약을 맺고 있었으나 서비스 비용이 너무 높아 낭비가 심했다. 이에 비해 페덱스는 가격, 서비스 품질, 브랜드 인지도, 원가, 운송 네트워크 측면에서 최상의 협력 파트너였다. 결국 미국우체국은 페덱스와의 제휴를 통해 연간 10억 달러를 절감하는 놀라운 효과를 거두게 된다.

페덱스는 미국우체국과 사실상 경쟁 관계였지만 오히려 이를 협력의 기회로 바꾼다. 덕분에 페덱스는 미국 전역의 우체국 네트워크를 통해 시장을 확대하게 되는데 이는 페덱스에게만 유익한 것이 아니었다. 협력 파트너인 미국우체국도 비용을 절감하게 되어 결과적으로 양사가 모두 윈-윈하는 결과를 얻게 되었다.

제6장

마원,
뜻이 바로 서면 일이 이루어진다

기업가로 성공하기 위해서는 '스스로 믿는 바를 끝까지 견지하고 실행하는 배짱'이 있어야 한다. 마윈馬雲은 남이 뭐라 해도 자신만의 독자적인 의견을 끝까지 견지하고 관철시킨다. 이러한 기업가야말로 크게 성공할 수 있다.

마윈과 함께 알리바바 설립에 동참했던 한 동료가 창업 당시를 회상하면서 다음과 같이 말한다.

"1999년 중국이 세계무역기구WTO 가입에 실패했을 때였어요. 마침 그때는 우리가 항저우杭州에서 알리바바를 창업했을 때였죠. 가입 실패소식이 전해지자 우리는 약간 낙심했어요. 알리바바의 고객들이 대부분 무역회사이기 때문에 어쨌든 좋은 소식은 아니었습니다. 그러나 마윈은 중국의 대외 무역 개방을 매우 낙관적으로 전망했어요. 개방의 문이 확대되는 것은 시간문제라고 했죠. 알리바바의 성장이 시간문제인 것과 마찬가지로요."

제6장 마윈, 뜻이 바로 서면 일이 이루어진다 **157**

과연 마윈의 전망대로 중국은 2년 뒤 WTO에 가입했고 그때부터 'Made in China'는 전 세계를 휩쓸며 세계 시장을 장악했다. 그 덕분에 알리바바도 빠르게 성장할 수 있었다. 마윈은 알리바바의 창업 과정을 회상하면서 기업 성공의 노하우를 하나로 정리했다. 그것은 바로 '자신의 신념을 고수하라'는 것이다.

위대한 기업은
위대한 사명을 지닌다

마윈은 무엇에 의해 기업이 지속 발전하는지 끊임없이 고민했다. 나중에서야 그는 깨달았다.

'위대한 기업에는 위대한 사명이 있게 마련이다.'

에디슨 회사 Edison Company 의 사명은 '전 세계를 밝게 비추는 것'이었다. 그래서 CEO에서부터 경비에 이르는 모든 직원은 자신의 전구를 밝게, 잘 켜야 한다는 사실을 알고 있었다. 디즈니 Disney 사의 사명은 '전 세계 사람들을 기쁘게 만드는 것'이므로 디즈니사의 모든 물건은 사람들을 유쾌하게 만든다. 그곳에서 제작되는 영화도 모두 유쾌한 소재여서 모이는 사람들도 다 유쾌하게 된다.

위대한 기업에는 위대한 사명이 있다. 사명은 사람들에게 일의 방향과 행동의 동기를 부여해 준다. 회사의 정책결정, 경영전략 등이 모두 사명을 중심에 놓고 추진되어야 회사가 성공한다. 이것이 바로 마윈이 터득한 성공 비결이다. 마윈은 이에 근거해 알리바바의 사명을 확립했다. 그것은 바로 '기업인들이 쉽게 사업을 할 수 있도록 돕는 것'이다. 그 후 그는 알리바바가 무슨 사업을 하든지 항상 이 사명을 염두에 두었다. 그리고 사명에 위반되는 사업은 접었다. 마윈은 이에 대해 이렇게 말한다.

"알리바바를 설립한 첫해에 우리는 주로 B2B^{기업과 기업 간에 인터넷을 통해서 제품, 서비스, 정보를 교환하는 방식} 사업에 주력했습니다. 당시에는 사내외적으로 사업에 관한 다양한 아이디어들이 쏟아질 때였어요. 실제로 괜찮은 기회들도 얼마든지 있었고요. 항상 새로운 수익창출에 대해 압박을 받았지만 저희는 회사 사명의 범위 안에서만 전진했습니다. 외부 세계가 아무리 변화하더라도 저희는 아랑곳하지 않았어요. 저희의 길을 갔죠. 전력을 다해 질주했습니다."

알리바바 인터넷 사이트는 사람들이 회사의 정보를 쉽게 찾고 인터넷에서 거래가 이루어지도록 돕는 곳이다. 그래서 기업 회원들은 중국 전역과 전 세계에 걸쳐 제품을 보다 쉽게 판매할 수 있게 되었다. 산업화 시대에는 해외사업을 시작하려면 풍부한 자본력이 뒷받침되어야 했다. 이를 기반으로 해외에 공장이나 지사, 사무소 등을 설립해야 하기 때문이다. 그나마 대형 기업은 이를 위한 전문적인 역량을 보유하고 있었지만, 소규모 기업은 가진 것이 적었다. 그러나 정보화 시대에 접어들고 인터넷이 보급되면서 상황은 바뀌었다. 기존에는 국제적인 네트워크를 가진 대형 회사만이 가능했던 여러 가지 일들을 중소기업들도 할 수 있게 되었다.

마윈은 스스로를 '가난한 사람을 대변하는 기업가'라고 칭했다. 알리바바 사이트는 '기업인들이 쉽게 사업을 할 수 있도록 돕는' 마윈의 사명을 달성할 수 있는 최상의 도구였다.

2003년 B2B 영역에 집중하던 마윈은 돌연 타오바오^{Taobao}라는 인터넷 경매 사이트를 구축한다. 이를 통해 그는 전 세계 C2C^{Customer to Customer, 일반 소비자 간에 직접 거래하는 전자상거래} 영역의 선두주자였던 이베이^{eBay}에게 도전장을 낸다. 또 알리바바는 2005년 여름, 거금을 들여 야후 차이나^{Yahoo China}를 인수한다. 검색과 포털사이트 영역의 역량을 확보하기 위해서이다. 이어서 2007년, 알리바바는 다섯 번째 자회사인 알리소프트^{Alisoft}를 설립해서 비즈니스 소프트웨어 시장에 진출할 계획을 알린다.

수많은 사람은 알리바바가 어떤 기업이며 무슨 사업을 하는지 잘 알지 못한다. 마윈은 이에 대해 "알리바바는 기업의 사명을 감당하기 위해 다음 다섯 가지의 테마로 사업을 구성합니다. 그것은 첫째 성실과 신용, 둘째 전자거래 시장, 셋째 검색, 넷째 지불시스템, 다섯째 소프트웨어입니다."라고 말한다. 그가 언급한 사업들은 모두 알리바바가 '기업인들이 쉽게 사업을 할 수 있도록 돕는다.'는 사명을 실천하기 위해 반드시 필요한 아이템이다.

마윈은 컴퓨터에는 문외한이다. 할 줄 아는 것이라고는 고작 이메일 보내기와 인터넷 서핑하기다. 심지어 그는 인터넷에서 VCD를 볼 줄도 모른다. 이런 그는 알리바바의 엔지니어들에게 항상 다음과 같이 말한다.

"기술은 사람을 위해서 존재하는 것이지, 사람이 기술 때문에 고생해서는 안 됩니다. 아무리 좋은 기술이라도 사용하기 어려우면 쓸모가 없는 법이지요."

알리바바와 타오바오가 소비자들의 환영을 받게 된 원인은 무엇일까? 마윈은 거기에 대해서 다음과 같이 결론지었다.

"저는 회사에서 일 년 정도 품질검사관 역할을 했어요. 프로세스도 제가 직접 검사했죠. 불필요한 프로세스를 발견하면 바로 없앴습니다."

마윈은 제품을 검사할 때 설명서를 보지 않는다. 그리고 엔지니어가 조작법을 알려 주는 것도 거절한다. 그는 클릭을 몇 번 한 뒤, 필요한 것들이 보이면 또 클릭해서 들어간다. 이렇게 클릭을 통해서 정보를 얻는 과정은 단순해야 한다. 만약 일반인이 조작하기에 어렵게 설계되었다고 판단되면 엔지니어들은 다시 설계해야 한다. 타오바오나 알리페이Alipay 사이트를 개통할 때에도 마윈은 자신이 직접 테스트를 했다. 사이트는 '마윈 테스트'를 거친 후에 기능과 사용법을 대폭 간소화했다. 그의 노력으로 일반인들은 사이트를 보다 쉽게 이용하고 어떤 불편도 느끼지 않게 되었다. 이것 또한 '기업인들이 쉽게 사업을 할 수 있도록 돕는다.'는 사명이 실현되는 현장이다.

알리바바에는 돈을 벌 수 있는 기회가 넘쳐난다. '문자'와 '게임'은 알리바바가 단기간 내에 큰 수익을 올릴 수 있는 콘텐츠들이다. 그러나 마윈은 오락용 체스나 카드를 제외하고는 그 어떤 인터넷 게임에도 투자하지 않았다. 만약 그가 2002년에 게임 산업에 투자했더라면 1, 2년 뒤에는 분명히 큰돈을 벌었을 것이다. 그러나 마윈은 그렇게 하지 않았다. 그 이유는 바로 친척들과 어린 아들에게서 느꼈던 안타까움 때문이다. 마윈은 어느 날 친척들과 이야기를 나누다가 그들이 '초저녁에 게임을 시작해서 새벽까지 쉬지 않고 한다.'는 사실을 알게 되었다. 또 얼마 후 마윈은 자신의 어린 아들을 보고 안타까움을 감추지 못한다. 매일 학교에서 돌아오면 이 어린 아들은 오로지 게임에 관한 이야기만 하는 것이었다. 마윈은 이런 모습들을 보고 '만약 이 세상 모든 아이들이 컴퓨터 게임만 하게 된다면 세상이 어떻게 되겠는가.'라는 생각에 정신이 번쩍 들었다. 그래서 그는 아무리 돈을 많이 벌 수 있다 하더라도 컴퓨터 게임에는 투자하지 않겠다고 결심했다. 다른 업체들이 어떤 선택을 하더라도 그는 신경 쓰지 않았다.

문자 콘텐츠 사업을 하지 않기로 한 것도 마윈의 가치관이 반영된 결정이다. 마윈이 하루는 어떤 사이트를 방문해서 무료 이메일 계정을 등록하려고 한 적이 있다. 계정을 등록하기에 앞서 그는 아주 긴 계약조항을 빠짐없이 읽어 내려갔다. 그런데 계약 조항의 중간 부분에 아주 작은 글씨로 다음과 같이 문구가 쓰여 있는 것이다.

'고객님이 본 사이트가 제공하는 무료 이메일 계정을 3개월 이후 지속적으로 사용하지 않으신다면 당사는 고객님의 휴대폰 번호를 통해 인민폐 5~8원의 금액을 청구할 수 있음을 알려 드립니다.'

일반 사람들은 계약 조항을 자세히 살펴보지 않는다. 그래서 무료 계정을 등록할 때 자신의 휴대폰 번호를 기입하고 부당하게도 매월 인민폐 5~8원의 비용을 부담하는 것이다. 마윈은 '이것은 엄연한 사기 행위'라고 생각했다. 알리바바는 고객을 기만하면서 돈을 버는 것을 원치 않았다. 그래서 그는 이러한 사업은 포기하기로 했다. 그리고 그는 자신의 가치관에 대해서 이렇게 말했다.

"회사를 운영하는 사람은 대부분 다음 세 가지 부류로 구분됩니다. 즉 사업가, 상인, 기업가가 그것이지요. 사업가는 돈이 되는 것이라면 뭐든지 다 합니다. 하지만 상인은 하는 것이 있고 안 하는 것이 있지요. 반면 기업가는 사회에 영향을 주는 존재이기 때문에 가치를 창조하는 역할을 합니다. 알리바바는 이미 사업가와 상인의 단계를 넘어섰습니다. 그래서 우리는 돈을 버는 것에 그다지 관심이 없습니다. 우리는 사회에 선한 영향을 끼치고 가치를 창조하는 그런 일을 하고 싶습니다."

2007년 알리바바가 증시에 상장되기 전날 밤, 마윈은 "알리바바의 증시 상장이 중소기업 고객들에게 작으나마 도움이 되었으면 합니다."라고 회사의 사명을 거듭 알렸다. 실제로 알리바바는 모집 자금의 60%를 B2B 사업체 인수에 투자할 계획이었다. 이를 통해 'Made in China'라는 이유로 낮은 이윤을 강요받고 어렵게 사업해야 했던 중소기업을 도우려 했다.

알리바바는 1999년 창업 당시 18명에 불과했던 직원의 수가 지금은 7천 명으로 늘어났다. 회사는 산하에 5개의 자회사를 보유하고 있으며 시장점유율이 80%에 달하는 그룹집단으로 성장했다. 마윈은 이 모든 것이 '자신의 신념을 견지하고 실행한 결과'라고 여긴다.

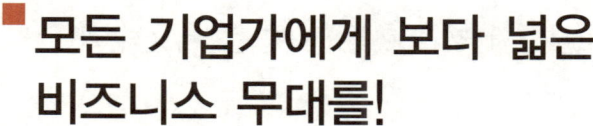

모든 기업가에게 보다 넓은 비즈니스 무대를!

중국의 전자 상거래는 신용 환경과 물류시스템이 구축되는 데 오랜 시간이 걸렸다. 이 때문에 마윈은 알리바바 창업 초기부터 '자금이 이동하고 물류가 필요한 사업'은 회피한 채 '정보'만을 아이템으로 삼아 사업을 진행해 왔다. 마윈은 알리바바의 정보 아이템 위주 사업에 대해 다음과 같이 설명했다.

"오늘날 대형 기업들이 관심을 갖는 것은 자금입니다. 누구나 사업을 하기 위해서 우선적으로 '어떻게 돈을 버느냐.'라는 문제를 고민하기 때문입니다. 미국 기업들은 지금, 자금의 흐름을 통제하는 것이 가장 중요한 과제일 것입니다. 그들은 이미 정보를 확보할 수 있는 루트가 잘 구축되어 있습니다. 단지 대량의 정보 속에서 가치 있는 정보를 정제해 내는 것이 관건이 되었죠. 그러나 중국의 대형 기업들에게는 '시장 정보를 확보'하는 것이 가장 큰 과제입니다. 이

때 인터넷은 우리에게 훌륭한 도구가 될 것입니다. 오늘날의 중국 기업가에게는 더 많은 정보가 더 필요합니다. 이런 상황에서 알리바바의 존재 의미는 '전 세계의 상인들을 직접 연결해 준다.'라는 데 있습니다."

알리바바는 국제적인 인터넷 사이트이다. 그 목적은 중국 기업의 수출업무를 돕는 것이다. 따라서 바이어를 반드시 해외에서 모집해야 했다. 1999년에서 2000년에 이르는 기간 동안 알리바바 회원들의 무역 활동은 주로 유럽과 미국에서 이루어졌다. 마윈은 유럽과 미국에서 여러 차례 바이어의 관심을 끌기 위한 강연을 했다. 가장 처참했던 적은 2000년 독일에서의 강연이었다. 1,500명 좌석에 고작 세 사람이 앉아 있었고 마윈은 창피하기는 하지만 별 수 없이 강연을 마무리했다. 알리바바는 미국에서도 대대적인 광고활동을 했다. 그 결과 중국은행Bank of China을 제외하고 중국 업체로서는 미국에서 광고를 가장 많이 한 업체가 되었다. 끊임없는 노력 끝에 알리바바는 해외에서 상당히 높은 인지도를 구축하게 된다.

바이어들을 흡수한 뒤 알리바바는 업체들이 쉽게 사이트에 가입하는 방법에 대해 고민했다. 결국 무료 회원제를 통해 중소기업의 등록을 유도했다. 회원 수가 늘어나면서 사이트에는 비즈니스 거래가 활성화되는 등 상업적인 흐름이 형성되었다. 중소기업은 인터넷을 통해 더욱 많은 비즈니스 기회를 얻기 원했기 때문에 이것은 분명 원가 절감을 위한 좋은 기회가 되었다. 그 결과 알리바바는 설립 2년 만에 회원 수가 73만 명에 이르고 하루 회원 등록 건수가 천오백 건을 넘어서게 된다. 메이커와 바이어가 한 사이트에 몰려들어 정보가 끊임없이 교환되었고 이는 무한한 사업기회를 창출했다.

중국의 중소기업들은 인터넷이라는 도구가 출현하기 전에는 주로 업체 및 상품 카탈로그, 무역전시회 등에만 의존해서 해외사업기회를 모색했다. 중국 광저우에서 매년 두 차례 개최되는 '칸톤 페어Canton Fair, 수출상품교역회'에도 중소기업은 참석할 수 없었다. 그래서 중소기업은 사업기회를 찾기 위해 대기업에 비해서 훨씬 높은 원가를 부담해야만 했다. 인터넷이 보급된 이후 일부 중소기업들은 인터넷을 통해 수천 리 밖의 바이어들과 편하게 정보를 주고받을 수 있게 되었다. 그래서 불과 몇 년 만에 인터넷 정보는 범람하기 시작했고 알리바바와 같이 정보를 정리하고 거래를 중개해 주는 사이트들의 수도 빠르게 늘어났다.

2001년 알리바바는 '중궈궁잉상中國供應商, exporter.alibaba.com' 사이트를 개통한다. 이로써 자신의 정보를 눈에 띄게 알리고 싶어 하는 수출업체들의 요구가 충족되었다. 알리바바는 그들에게 연회비로 인민폐 4만 원 정도를 받았다.

'중궈궁잉상'의 일반 회원은 알리바바가 제공하는 인터넷 공간에서 제품 정보 및 10장의 제품 사진을 등록할 수 있다. 알리바바는 그 내용을 디스크에 저장해서 전시회를 통해 해외 바이어들에게 나누어 준다. '중궈궁잉상'의 고급회원은 이러한 서비스 외에도 알리바바 내부의 정보검색 순위배열 서비스도 받을 수 있다. 회원들은 회사를 표현하는 8개의 키워드를 등록하고 제품에는 각각 3개의 키워드를 정할 수 있다. 그렇게 하면 바이어가 사이트에서 키워드 정보 검색을 할 때 해당 정보가 우선적으로 출력된다. 이와 같이 '중궈궁잉상'은 업체들에게 수준 높은 정보서비스를 제공했다.

알리바바는 설문조사를 통해 기업이 거래 과정에서 느끼는 걱정거리의 87%가 '성실과 신용' 문제라는 사실을 알게 된다. 대형 기업들은 매일 수없이 많은 정보를 얻고 있지만, 그 정보의 흐름 속에서 가장 적합한 것만을 정확하게 추려내기 어려웠다. 그 이유는 기업의 신용도를 확신할 방법이 없었기 때문이다. 그래서 알리바바는 2002년 3월부터 '청신통誠信通' 서비스를 개시한다.

'청신통'은 기업의 신용도를 검증해 주는 '기업 인증서비스'와 '기업 제품 전시'라는 두 가지 측면을 결합한 형태의 사이트이다. 이 사이트는 기존의 복잡한 제삼자 인증방식_{알리바바와 공상은행, 그리고 몇몇 비즈니스 조사기구와 협력해서 회원의 신용도를 조사하는 방식}에서 한층 진화한 형태의 인증 서비스를 제공한다. 즉 업체에 대한 피드백 및 평가, 사이트 내 활동내용 등을 기록하는 등 기업의 신용도 측정방식을 다각화했다. 만약 다른 회원이 업체에 대해 부정적인 피드백을 하면 그 내용은 사이트에 공개되고 삭제되지 않는다. 이런 기록들은 누구든지 열람할 수 있어서 사람들은 '청신통' 사이트를 통해 상대 업체의 신용도를 쉽게 알 수 있다. 그만큼 거래에서 피해를 볼 가능성은 낮아진다. 그래서 '청신통'이 인증한 회원은 일반 회원에 비해 그 거래량이 열 배에 달한다.

우수한 정보를 제공하기 위한 알리바바의 노력은 큰 보답으로 돌아왔다. 2003년 말 알리바바의 매출은 하루에 인민폐 100만 원에 달했다. 총 수입 가운데 '중궈궁잉샹' 회원 서비스 비용이 70%를 차지했고 '청신통' 회원서비스 비용이 20%, 나머지가 10%를 차지했다.

2007년 6월 9일 마윈은 또 한 차례 역사적인 사건을 이루어 낸다. 바로 알리바바가 중국건설은행과 함께 'e휘통 e貸通' 서비스를 개시하고 인터넷 업체로서는 최초로 대출활동을 개시한 것이다. 알리바바의 다른 인터넷사이트 네 곳도 건설은행 'e휘통'을 통해 인민폐 120만 원에 달하는 무담보 대출금을 얻게 되었다.

중소기업의 융자문제는 줄곧 중국 경제발전을 가로막는 최대의 난제로 인식되어 왔다. 알리바바의 펑이제 彭翼捷 부총재는 이에 대해 다음과 같이 말했다. "알리바바는 4년 이상 연속적으로 '청신통' 회원 기업의 신용도를 기록하고 감독해 왔습니다. 그래서 대출과정에서 기업의 신용도를 검증하기 위해 소요되는 은행의 원가를 절감해 주었습니다." 알리바바는 이어서 '인터넷 연대보증' 대출을 출시해서 업계의 여러 기업이 연합하여 대출을 받을 수 있게 했다. 기업의 상호 보증을 통해 소규모 기업의 대출업무는 보다 수월하게 진행되었다.

펑이제는 "가장 이상적인 목표는 '청신통'과 '중궈궁잉샹' 회원의 80~90%가 대출 서비스를 받을 수 있게 하는 것입니다. 업체 수로 하면 수십만 개가 될 수도 있죠. 틀림없이 이들 기업은 규모나 품질수준에서 은행에 매력적인 대출 대상이 될 것입니다."고 했다. 상황이 이러하니 중국공상은행 中國工商銀行, 초상은행 招商銀行, HSBC은행 등 중국 내외의 유명한 은행들이 알리바바와 협력하기 위해 속속 찾아왔다. 알리바바는 이러한 일련의 활동을 통해 중국 비즈니스 신용 구축 역사에 중요한 한 획을 그었다.

바닷가의 모래알처럼 많은 비즈니스 정보들은 알리바바를 업계에서 선두적인 입지를 갖게 했지만 때로는 고객에게 불편을 끼치기도 했다. 그래서 '많은 정보 속에서 가장 적합한 정보를 찾아내는 것'이 고객들에게 가장 절박한 문제가 되었다. 이를 위해서는 필요에 따라 정보를 검색하고 걸러 내는 작업이 필요했다. 알리바바는 이를 위해 2005년 8월 야후 차이나Yahoo China를 인수했다. 야후 차이나를 인수하면서 회사는 전문적인 검색 역량을 보유하게 되었다. 이로써 전자상거래와 관련된 제품, 기업, 물류, 지불 정보에 대한 조건검색이 가능해졌다. 따라서 알리바바의 전자상거래는 더욱 완비되었다.

인수 후 2년간 알리바바는 야후 차이나를 성공적으로 경영했다. 그 결과 2007년 11월 야후 차이나는 기업이념, 기술과 성능, 서비스, 고객평가 등의 측면에서 업계로부터 우수한 평가를 받았다. '제6차 인터넷 검색대회'에서 야후 차이나는 '검색결과가 가장 인성화된 검색엔진', '가장 혁신적 정신을 가진 검색기업', '네티즌이 가장 주목하는 검색기업'의 세 가지 영역의 상을 휩쓰는 기염을 토했다. 야후 차이나의 검색기능은 알리바바의 정보를 더욱 가치 있게 정리해 주었다. 실로 호랑이에게 날개를 달아 준 격이었다.

안전한 자금거래와
막힘없는 물류시스템

알리페이, 소비자가 근심 없이 결제하도록!

WTO가 전 세계 개발도상국 수백 곳을 상대로 진행한 연구결과에 따르면, 산업화 과정에서 일인당 평균 국민생산총액GDP이 천 달러에서 3천 달러로 상승하는 시점이 바로 '국가의 신용이 구축되는 시기'라고 한다.

2003년 중국의 일인당 GDP는 이미 천 달러를 돌파했다. 당시 마윈과 창업파트너들은 중국의 비즈니스 환경이 이미 '자금과 물류' 영역을 감당할 만한 시기'에 이르렀다고 판단했다.

2003년 7월, 알리바바는 이미 이베이eBay에 의해 90%의 시장이 잠식된 C2C 시장에 진입한다. 알리바바는 이를 위해 '무료'라는 장점을 지닌 '타오바오' 사이트를 내세웠다. 기존의 B2B 사업은 줄곧

'정보'를 아이템으로 한 거래에 한정되었다. 하지만 이에 반해 C2C 사업은 알리바바가 관심 갖기 시작한 '자금' 관련 사업을 추진하기에 더욱 효과적인 방식이었다.

사람들은 인터넷에서 자금 거래를 할 때 반드시 '안전한 지불시스템'에 대해 고민하게 된다. 따라서 마윈은 '자금' 관련 사업이 '안전 지불 시스템'을 기반으로 하지 않는다면 전자상거래의 전망은 밝지 않다고 생각했다. 이런 고민을 바탕으로 알리바바는 2003년, 중국 4대 은행과 협력해서 알리페이Alipay를 출시한다.

알리페이의 시스템은 다음과 같다. 소비자는 인터넷에서 상품을 구입한 후 대금을 우선 알리페이 계좌에 맡겨 둔다. 그 사이 판매자는 소비자에게 제품을 발송한다. 그 후에는 소비자가 제품에 대해 만족한다는 사실을 알리페이에 전달해야만 비로소 알리페이는 판매자의 은행계좌에 물품대금을 지급하게 된다. 이 과정을 통해 전자상거래에서 가장 큰 고민거리였던 판매자의 신용도 문제와 안전 지불 문제가 말끔히 해결되었다. 이로써 2004년 알리페이의 거래량은 월 평균 64%의 속도로 성장한다.

2005년 2월, 알리페이는 중국 최초로 '전액 배상' 제도를 실시한다. 이는 알리페이를 사용하다가 손실을 입은 고객에 대해서 알리페이가 손실액 전부를 배상하는 시스템이다. 알리페이는 또 '전액 배상' 제도를 알리바바의 B2B 시장에까지 확대했다. 알리페이는 이로 인해 시장에서 많은 사랑을 받았고 2007년 알리페이 사용자는 이미 3천6백만 곳을 넘어섰다.

중국 최대 물류회사 '우편총국'과의 제휴

'기업인들이 쉽게 사업을 할 수 있도록 돕는다.'는 사명을 감당하기 위해 마윈이 물류 사업에 뛰어드는 것은 당연한 결과이다. 알리바바는 중국 최대의 물류회사인 중국우편총국^{中國郵政總局}과 제휴하여 물류 방면의 단점을 보완했다.

2006년 11월, 알리바바와 중국우편총국은 협력을 위한 계약을 체결했다. 이로써 중국우편총국의 EMS^{중국우편 특급배송회사}는 알리페이가 추천하는 배송서비스 브랜드가 되었다. 알리바바와 타오바오 등의 회원들은 EMS 및 e요우바오^{e郵寶}를 배송수단으로 선택할 수 있다. e요우바오*는 EMS가 개인 전자상거래 고객을 겨냥해 출시한 경제형 배송 서비스이다. 이를 통해 인터넷 판매자의 원가가 절감되고 고객들이 전자상거래로 더욱 많이 몰리게 되었다.

전자상거래가 물류 영역까지 다루게 되면서 거래의 안전성은 더욱 잘 보장되었다. 배송업체가 소비자에게 배달되는 화물을 직접 검사하기로 한 것이다. 이로써 소비자가 가짜 상품을 수령하지 않도록 물류회사가 전자상거래 사이트와 함께 증명했다. 물류시스템은 알리바바와 타오바오의 구조를 더욱 완비해 주었다.

---

* e요우바오의 수송비용은 화물중량 500그램에 인민폐 15원으로 이는 EMS보다 인민폐 5원이 저렴한 가격임.

알리소프트, 회사를 보다 쉽게 관리하게 한다

Chapter 6

2006년 말, 중국에서 전자상거래를 이용하는 업체는 2천만 개에 달했다. 그러나 관리 소프트웨어를 이용해 관리하는 기업은 그중의 20%에 불과했다. 그 이유는 기존의 관리 소프트웨어는 조작방법이 복잡하고 비용이 높아 중소기업에서 폭넓게 보급, 사용되기 어려웠기 때문이다.

2005년 말 알리바바의 다섯 번째 자회사인 알리소프트가 설립된다. 마윈은 알리소프트의 설립 배경에 대해 이렇게 설명한다.

"전자상거래에서 기업의 '신용도'가 확인되어야 할 필요성이 대두되었을 때 저희는 '청신통' 서비스를 시작했습니다. 거래가 이루어질 무대, 즉 보다 넓은 시장이 필요할 때는 '알리바바'와 '타오바오' 사이트를 개설했죠. 안전 지불시스템이 필요할 때 우리는 '알리페이'를 출시했습니다. 정보검색의 용이성을 위해 또 야후 차이나를 인수했어요. 지금 우리가 소프트웨어 사업을 시작하는 이유는 현재 시장에서 이 영역에 대한 수요를 시장에서 충족시켜 주지 못하고 있기 때문입니다. 많은 중소기업이 사업이 확대되면서 회사를 관리하는 데 필요한 전문적인 소프트웨어를 원하고 있습니다."

알리소프트의 구호는 '기업인들이 쉽게 사업을 관리할 수 있도록 돕는다.'는 것이다. 마윈은 지금이 '일찍 나는 새가 먹이를 더 많이 찾는' 시대인 만큼, 기업이 정보관리 시스템을 강화해야 경쟁력을 높일 수 있다고 생각했다. 그래서 알리바바는 중소기업의 내부 관리 소프트웨어 시장에 진출했다. 이로써 알리바바는 초창기에 '중소기업에게 온라인 거래공간을 제공'해 주었던 초급 서비스 수준에서 벗어났다. 그리고 이제는 '중소기업을 전반적으로 관리'해 주는 고차원적인 방향으로 진화했다. 일부 고객들은 알리소프트에 대해 다음과 같이 말한다.

"알리소프트는 소프트웨어가 아니라 가상의 기업 관리인이라고 볼 수 있습니다."

알리소프트는 크게 다음과 같은 두 가지 장점을 지닌다. 첫째는 온라인으로 소프트웨어를 제공하는 방식을 채택했다는 점이다. 이러한 제품은 기존의 관리 소프트웨어와는 확실히 구분된다. 그것은 신뢰할 만한 네트워크에 기반해서 고객의 데이터를 위탁관리해 주기 때문이다. 데이터가 회사 컴퓨터에 보관되지는 않지만, 회사 직원들은 네트워크를 통해 정상적으로 업무를 할 수 있다. 이로써 바이러스로 인한 피해를 줄일 수 있고 사내에 별도의 소프트웨어를 구축하는 데 소요되는 원가를 절감할 수 있다. 두 번째는 비용이 저렴하다는 점이다. 알리소프트의 왕타오王濤 사장은 "알리소프트는 시장을 탈환하거나 누구와 경쟁하고자 탄생한 것이 아닙니다. 오히려 기업의 관리 소프트웨어의 사용률을 빠르게 높이고 싶어서 존재하는 서비스인 셈이죠."라고 했다. 그래서 알리소프트는 향후에 사용요금을 대폭 낮추어 대부분의 중소기업이 서비스를 이용할 수 있게 할 방침이라고 한다.

알리바바는 그 자체만으로 매우 거대한 회원 규모를 자랑하고 있다. 또한 사용요금이 저렴하다는 장점 때문에 설립 이래 2007년 1월 23일까지 총 회원 수가 2천만 명이며, 동시 접속자 수는 200만 명에 달한다. 이러한 든든한 회원 규모는 동종업계 타사의 소프트웨어 업체가 도저히 따라잡을 수 없는 수준이다. 기업 내부관리 서비스 사업에 진출한 후 알리바바는 전 세계 전자상거래 업체 중 승자의 자리를 점할 수 있었다.

돈보다는 큰 뜻을 품어라

Chapter 6

전 야후 차이나 쩡밍曾鳴 사장은 일찍이 "잘못된 정책은 쉽게 결정될 수 있지만 좋은 정책은 한순간에 결정되기 힘들다. 어느 것이 옳고 그른 것인지 결정하기 어렵기 때문이다."라고 했다.

  사실 지도자는 정책을 결정하는 과정에서 하나를 얻은 만큼 다른 것을 버리는 취사선택의 기로에 서기 마련이다. 따라서 알리바바와 같은 기업도 기존의 정책이 모두 옳은 결정이었다고 장담할 수는 없다. 단지 여러 가지 정책 중에서 하나를 선택했던 것뿐이다. 마윈은 알리바바를 세계 최고의 전자상거래 플랫폼으로 성장시키기 위해 '버리고 얻는' 작업을 무수히 반복했다. 그래서 가끔은 새로 뛰어든 사업에서 손실을 입기도 했다. 수많은 사람이 알리바바의 타오바오 사이트의 사용요금 문제를 우려했다. 사용요금이 지나치게 낮거나 아예 없었기 때문이다. 2007년 연례 총회에서 마윈은 이에 대한 자신의 관점을 밝혔다.

"알리바바가 지금 주력해야 하는 일은 회사의 규모를 확대하는 것이지, 돈을 버는 것이 아닙니다. 타오바오와 알리페이는 더욱 그러하죠. 돈을 버는 것에 집착하지 마십시오. 그리고 알리바바에 대해 외부에서 부정적으로 평가하는 것들을 마음에 두지 마세요. 타오바오를 통해 돈을 벌려는 생각이 있었다면 타오바오의 존재 목적부터 먼저 바꾸었을 것입니다. 타오바오처럼 남을 돕는 일만 해서는 큰 돈을 벌 수 없기 때문이죠. 타오바오는 지금 사용요금을 받아야 할 시기가 아니에요. 아직은 시장 확대에 주력해야 하기 때문입니다."

사실 타오바오는 설립 이래 매년 거래액이 열 배 이상의 속도로 성장했다. 2007년 상반기 거래액만 157억 달러에 달했다. 또한 사이트 등록 회원 수는 4천만 명을 넘어서 중국 C2C시장에서 점유율이 80%에 달했다. 탁월한 성과를 거두었지만, 마윈은 여전히 냉정한 잣대를 들이대며 무료 전략을 철회하지 않았다.

"타오바오의 현재 규모는 걸음마 수준입니다. 타오바오의 거래액이 월마트Wall Mart 등 전통 마켓의 선두주자와 맞설 수 있어야 합니다."

이처럼 마윈은 작은 이익을 포기하고 사회를 위해 더욱 높은 가치를 창조했다.

그는 전자상거래에 대한 확고한 신념을 바탕으로 빠른 시일 내에 알리바바를 세계 10대 사이트로 성장시킨다는 포부를 밝혔다. 이를 통해 '상인이라면 반드시 알리바바를 이용해야 한다.'는 말이 성취되도록 할 것이다.

사실 마윈보다 더 총명하고 노력하는 사람들은 무수히 많다. 하지만 마윈은 그들보다 한발 앞서서 성공했다. 이것은 왜일까? 마윈이 자신의 뜻을 끝까지 견지해서 밀고 나갔기 때문이다. 마윈은 다음과 같이 말한다. "일관된 가치관과 사명감, 그리고 공동의 목표를 견지하는 것이 알리바바가 지금의 성과를 이룩하게 된 중요한 원인입니다."

제7장

마이클 델,
직접판매의 위력

Michael Dell

중간 판매상 없이 컴퓨터를 직접판매^{이하 '직판'}하는 방식은 예전부터 있었지만 그다지 큰 효과를 발휘하지는 못했다. 하지만 마이클 델^{Michael Dell}은 이 방식을 통해서 컴퓨터 사업에 성공했다. 직판의 효율을 높이기 위해서는 거기에 맞는 시장의 기반을 구축해야 하는데 마이클은 바로 그 능력이 뛰어났기에 성공할 수 있었다. 그래서 델^{Dell}의 부사장 카트 토플은 그에 대해 "마이클이 성공할 수 있었던 이유가 그의 천부적인 재능 때문이라고 생각하지 않습니다. 그 사람은 시장에 대한 통찰력을 가지고 있어요. 그래서 직판이라는 경영모델을 시장의 상황에 따라 변형했고 그게 고객의 필요에 들어맞은 거지요."라고 평가한다. 델은 직판이라는 시스템을 통해 고객과 직접 대면하기 때문에 누구보다도 가까이서 그들의 필요를 파악할 수 있다. 이는 곧 고객별 맞춤형 서비스로 이어졌고 델은 고객이 필요로 하는 최적의 제품과 서비스를 제공하는 업체가 되었다.

델은 1984년 설립된 이래, 2004년에는 매출액이 414억 달러에 달하는 거대기업으로 성장했다. 지칠 줄 모르고 성장을 거듭하던 델을 2007년 드디어 〈포춘Fortune〉지가 선정한 '세계 500대 기업' 중 102위를 차지하게 된다. 현대의 기업들이 성공을 위한 최고의 신조로 꼽는 것이 바로 '고객 만족'이다. 마이클 델이 직판이라는 새로운 사업 모델을 만들어 낼 수 있었던 것은 '고객에게 가장 필요한 것이 무엇일까?'라고 끊임없이 고민한 결과이다. 그리고 직판은 지금의 델이 있게 한 성장의 원동력이 되었다.

직판, 품질은 높이고 가격은 낮추고!

마이클 델은 그의 저서 《다이렉트 경영 Direct from Dell》을 통해 직판의 장점에 대해 다음과 같이 언급했다. "간접판매 방식은 두 단계로 이루어진다. 우선 제조사가 제품을 대리점에 판매한 후 대리점이 다시 고객에게 판매하는 식이다. 그러나 직판은 이렇게 복잡한 과정 없이, 생산자와 소비자가 직접 연계된다는 데 장점이 있다."

고등학교 때부터 컴퓨터를 분해하거나 조립하는 것은 마이클 델의 유일한 취미였다. 그는 PC나 부품을 찾으러 다니는 과정에서 컴퓨터 업계의 속사정을 파악하게 되었고 유통과정에서 결점을 발견하게 된다. 그것은 첫째, 대부분의 컴퓨터 업체가 소비자에게 직접 PC를 판매하지 않고 중간 상인을 거친다는 사실이다. 중간 상인은 터무니없이 높은 마진을 요구했고 결국 최종 소비자는 도매가보다 훨씬 비싸게 PC를 구입할 수밖에 없었다. 둘째, 시장에 나와 있는

PC는 대부분 기업이 일방적으로 대량 생산한 표준화된 컴퓨터라는 점이다. 이는 엄밀히 말해서 고객이 원하는 구성대로 만들어진 PC가 아니다. 그래서 마이클 델은 PC를 싸게 구입해서 기능을 업그레이드한 후 다시 팔면 사람들에게 환영을 받겠다고 생각했다. 그래서 그는 도매상을 찾아가 한쪽 구석에 쌓여 있는 PC를 도매가로 구입했다. 그리고 부품을 추가해서 성능을 업그레이드한 후 소매가격보다 10~15% 낮은 가격에 판매했다. 이런 과정은 금세 입소문을 탔고 그의 조립PC를 찾는 고객들이 늘어나기 시작했다.

예상치 못한 호황 속에서 마이클 델은 1984년 초, 델 컴퓨터Dell Computer사를 정식으로 설립한다. 그러고 나서 현지 신문에 회사를 홍보하는 광고를 실었다. 그러자 광고를 본 고객들이 찾아왔으며, 그들에게 델은 자신의 이름을 건 완성품 PC를 판매했다. 이를 통해 마이클 델은 한 달에 5~8만 달러의 수입을 거두었으며 사업은 날로 번창해서 1986년에는 연 매출액이 자그마치 6천만 달러에 달했다. 괄목할 만한 델의 성장세를 보여 준 그는 미국 비즈니스 업계에서 그 능력을 인정받았다. 1987년 3월, 22세에 불과했던 마이클 델은 미국 기업가 협회로부터 '청년 기업가 상'을 받았다.

고객의 주문에 따라 컴퓨터 구성품을 조립하여 납품하는 것은 그때 당시에 가장 필요하고도 획기적인 일이었다. 기존 컴퓨터 업체의 표준화된 생산 프로세스는 대량 생산을 가능하게 했지만, 제품의 기능과 디자인에는 개성이 사라졌다. 그러나 경제가 발전하고 생활수준이 높아지면서 사람들은 점차 개개인의 취향에 맞는 특화된 제품을 선호하기 시작했다. 그때 고객의 요구에 가장 귀 기울였던 업체가 바로 델이다. 고객은 델에게 PC를 주문하면서 여러 가지를 요구한다. "17인치 모니터에 초고속 중앙처리장치CPU가 탑재되었으면 좋겠고요, 운영체제는 설치하실 필요 없어요."라는 경우가 그 예이다. 항공업계의 고객은 또 다른 요구사항이 있다. 대부분의 고객이 성능 좋고 빠른 컴퓨터를 원하는 데 반해 그들은 오히려 "컴퓨터 속도가 몇 초 더 빠른 것은 큰 의미가 없어요. 중요한 것은 성능이 안정적이냐 하는 것이죠. 또 너무 자주 업그레이드할 필요도 없어요."라고 요청한다. 그래서 델은 그들을 위해 내구성이 강한 PC를 별도로 설계해서 납품한다. 델은 이렇게 해서 보잉Boeing사와 같은 거물급 회사를 고객으로 끌어들이는 데 성공한다. 하지만 기존의 IBM과 같은 대형 기업은 이러한 서비스와 거리가 멀었다. IBM은 그저 시장의 요구를 미리 예측한 표준품을 대량생산할 뿐이고, 고객은 그 가운데 하나를 선택할 수밖에 없었다.

델의 컴퓨터는 왜 저렴할까? 델의 맞춤형 주문과정을 살펴보면 그 이유를 알 수 있다. 고객들은 델의 웹 사이트를 통해 컴퓨터 하드웨어 및 소프트웨어에 관한 다양한 정보를 사전에 검색한다. 그리고 웹상에서 컴퓨터 정보들을 전자적으로 조합해 본 후 가장 적합한 사양의 제품을 구성하고 주문까지 한다. 그러면 델은 이들 고객의 주문을 하나로 모은다. 그 후 필요한 부품을 한꺼번에 주문하고 배달된 부품을 가지고 완성품 PC를 조립한다. 이러한 과정을 거친 PC를 운송업체가 고객 주소지로 배송하면, 델의 저렴한 맞춤형 PC 주문이 마무리된다.

　이와 같이 중간 판매업체 없이 고객과 직접 거래하는 판매 방식은 델에게 많은 유익을 가져다준다. 중간 상인이 없기 때문에 이익의 폭이 커지고, 고객에게는 저렴한 가격으로 판매할 수 있다. 또한 델은 재고로 골치 썩을 필요가 없다. 델의 생산라인은 예측치가 아닌 고객의 실제 수요를 기반으로 가동되기 때문이다. 재고를 없애니 보관비용과 같은 원가가 절감되고 철 지난 모델을 염가 판매해야 할 필요도 없어졌다. 직판으로 인한 유익은 그것뿐만이 아니다. 델은 고객의 주문을 취합한 후 부품을 대량으로 구입하기 때문에 규모의 경제로 인한 효과도 볼 수 있다. 델의 컴퓨터 판매량은 매년 5천만 대 정도이다. 다시 말해서 5천만 개의 모니터, 5천만 개의 하드 드라이버, 5천만 개의 랜 어댑터가 필요하다는 말이다. 이 정도의 주문량이면 델과의 협력에 욕심내지 않을 부품업체는 없을 것이다. 부품업체와의 관계에서 주도권을 쥐게 된 델은 업체에게 가격과 품질개선에 관해 목소리를 높일 수 있다. 공급업체는 델의 '無 재고' 노선에 발맞추기 위해 기꺼이 델 컴퓨터 근처에 창고를 지어 민첩하게 대응한다. 물류를 맡은 운송업체도 델의 판매 전략에 부응하기 위해 2일 내에 안전하고 신속한 제품수송을 위해 노력하고 있다.

　이처럼 델은 직판을 통해 원가를 낮추고 이익의 폭을 확대했다. 이 덕분에 고객에게 저렴하고 수준 높은 제품과 서비스를 제공하게 되었다.

인터넷, 직판에 날개를
달아 주다

Chapter 7

델이 직판에 성공할 수 있었던 데에는 인터넷이라는 전자상거래 플랫폼이 큰 역할을 했다. 고객은 델의 웹사이트에 접속한 뒤 클릭 몇 번만 하면 컴퓨터의 부품과 사양을 선택해서 조합하고 결제까지 할 수 있다. 이러한 인터넷 직거래는 상상을 초월하는 원가 절감 효과를 가져다준다. 오프라인 점포 등의 판매망 구축비용을 많이 절감한 것이다. 델은 심지어 해외 진출을 하기 위해 별도로 막대한 자원을 투입할 필요도 없다. 현지 웹사이트만 개설한 후 고객이 주문한 컴퓨터를 국제 배송업체인 페덱스를 통해 배송하기만 하면 되기 때문이다. 이러한 결정적인 원가 혜택 덕분에 델은 IBM이나 휴렛팩커드 HP, Hewlett Packard도 당해 내기 어려운 막강한 업체가 되었다. 상황이 이렇게 되자 HP는 어쩔 수 없이 컴팩Compaq을 인수하여 경쟁력을 강화하고 IBM은 PC사업을 매각할 수밖에 없었다. 2005년, IBM은 중국 렌상聯想,

제7장 마이클 델, 직접 판매의 위력 **189**

Lenovo에 PC사업부를 매각했다.

　　델은 회사 웹사이트의 인터넷, 인트라넷Intranet, 엑스트라넷Extranet, 컴퓨터 하드웨어, 통신, 인공지능 등 전반적인 기능을 업그레이드했다. 이로써 델의 웹사이트는 정보를 인식하고 수집하며 활용, 전송하기 위한 강력한 도구로 바뀌었다. 델은 인터넷을 통해 접수되는 전 세계 수만 명 고객의 주문 수요를 매일 두 시간 간격으로 파악한다. 그러면 고객의 주문 패턴이라든지 부품 수요를 신속하게 부품 업체에 전달할 수 있다. 이런 식으로 전 세계 4백여 개 공급업체와 긴밀하게 연락하여 부품을 적기에 생산한다. 그래서 델은 재고 관리에 필요한 자금과 공간을 최저수준으로 유지하게 된 것이다.

　　마이클 델은 회사 웹사이트가 성공한 것은 '비포 서비스Before Service 전략이 주효한 것'이라고 말한다. 델 웹사이트의 '온라인 쇼핑' 코너는 '개인용&홈오피스', '업무용', '교육용', '정부 기관용', '특수용도'의 카테고리를 통해 각종 구매정보를 제공하고 있다. 따라서 소비자들은 자신이 원하는 컴퓨터 사양CPU나 메모리 용량 등을 조합해 보고 맞춤주문을 할 수 있다. 이와 같은 인터넷 주문이 활성화되면서 델의 직판은 더욱 활기를 띠게 된다. 2000년에는 인터넷 매출액이 160억 달러에 달했고 지금은 그 금액이 총 매출액의 50%를 차지한다. 그 외에도 전화나 직접 대면과 같은 고객서비스 비용이 줄어들게 되면서 회사의 운전비용이 절감되고 이익이 크게 늘었다.

직판과 고객서비스,
뗄 수 없는 관계

마이클 델은 직판시스템의 효과를 극대화하기 위해서 서비스지원 체제를 한층 더 완비했다. 그래서 그는 "앞으로 델은 IT 서비스에 아낌없이 투자하여 고객에게 더 좋은 가격과 서비스를 제공하겠습니다. 고객서비스는 델을 지속 발전하게 하는 기반이 될 것입니다."라고 발표하여 그 의지를 밝힌다. 그의 말대로 직판 방식을 유지하려면 철저한 고객서비스가 뒷받침되어야 한다. 일찍이 몇몇 기업들이 델의 직판 방식을 모방하려고 했지만 하나같이 실패한 이유가 여기에 있다. 판매 방식만 답습하려 했지, 정작 중요한 고객서비스에 소홀했기 때문이다.

 델의 서비스 정신이 얼마나 철저한지, 그리고 고객서비스와 직판시스템 간에 상호 보완성이 얼마나 높은지 잘 보여 주는 사례가 있다. 2000년, 델이 신모델의 노트북 컴퓨터를 시장에 내 놓았을 때의 일이다. 출시 후 얼마 되지 않아 노트북의 뚜껑에 연결된 개폐장치에서 결함이 발견되었다. 캐나다의 한 대학교에서 항의가 들어왔다. 대학 내 사용자들은 강의실과 사무실을 오가며 하루에도 수차례씩 노트북 뚜껑을 여닫는다. 그런데 델의 신기종 컴퓨터를 몇 번 사용하지도 않고 고장 나고 만 것이다. 기술진은 즉시 원인 분석에 들어갔고 결국, 델은 시중 제품의 30%에 달하는 제품을 리콜해야 했다. 리콜에 소요되는 운송비, 인건비, 부품 원가 때문에 제품 하나당 리콜비용은 무려 2~3백 달러에 달했다. 하지만 델은 직판시스템을 역이용해서 리콜비용을 대폭 절감하는 데 성공했다. 델은 중간 유통과정 없이 고객과 직거래를 하기 때문에 리콜 대상 고객의 정보주소 및 구입 모델, 수량 등를 쉽게 파악할 수 있다. 그래서 델은 곧바로 기술자를 리콜 대상 고객에게 파견해서 부품을 교체했다. 이러한 델의 직접적이고도 심층적인 고객서비스는 회사의 수리비용을 많이 낮추어 주었고 고객의 만족도를 끌어올렸다.

　마이클 델은 고객서비스의 중요성을 직원들도 공감하기를 원한다. 그래서 그는 고객 만족도와 보너스 제도를 연계해서 직원을 격려한다. 고객이 델의 서비스 부서에 문의를 하고 그 문제가 해결되었다면 델은 고객에게 서비스 만족도에 관한 설문조사를 한다. 이때 고객의 피드백은 직원 평가 시 참고할 만한 기록이 되며 만족도가 높을수록 보너스 금액이 높아진다. 마이클 델이 중국 칭화대학교에서 강연을 했을 때 한 학생이 이렇게 물었다. "저는 이제 막 사업을 시작한 청년 창업가입니다. 저에게 해 주실 만한 충고가 있으십니까?" 그는 주저하지 않고 곧장 대답했다. "우선 사업을 하려면 아이디어나 사업구상이 철저해야겠죠. 하지만 무엇보다도 중요한 것은 고객의 소리에 귀를 기울이는 것입니다." 마이클 델은 고객과의 직접적인 커뮤니케이션을 통해 특색 있고 혁신적인 기술과 서비스를 제공해야 한다고 강조한다. 델의 특색 있는 서비스는 다음과 같다.

1. **고객별 맞춤형 웹페이지**: 기업고객은 델의 홈페이지에서 회사에 적합한 맞춤형 웹페이지를 구성할 수 있다. 이것이 바로 '델 프리미어 페이지 Dell Premier Pages'이다. 고객들은 이 페이지를 통해 각종 정보를 열람하고 PC를 조합해 보거나 주문하며, 주문현황을 직접 추적한다. 자유롭게 제품을 선택, 주문해서 구매 비용을 절감하며 온라인 고장 진단과 해결 서비스를 받을 수 있다는 것이 장점이다.

2. **강력한 기술지원**: 고객은 웹사이트를 통해 기술적인 부분을 질문한 후 답변받을 수 있다. 질문의 90% 이상은 한 시간 이내에 답변이 마무리된다. 이곳에는 전문 기술자가 항시 대기하여 제품과 관련된 최신 자료, 사용기술, 최신 업그레이드 정보를 고객과 공유한다.

3. **온라인 메신저 지원**: 델의 전문 기술자는 온라인 메신저를 통해 고객이 제기하는 기술문제를 해결해 준다. 만약 온라인상

에서 해결하지 못한 문제가 있다면 직접 방문해서 해결한다.

4. **문자 서비스**: 델은 고객과 가장 가깝게 커뮤니케이션하기 위해 다양한 방식을 시도한다. 그중 하나가 문자서비스. 휴대폰 보급이 일반화되고 나서, 델은 문자를 통해 애프터서비스를 제공해 왔다. 고객이 델의 엔지니어에게 문자를 보내면 엔지니어는 두 시간 내에 고객에게 수리시간을 통지하고, 약속된 시간에 방문하여 고객의 문제를 해결한다.

5. **서비스시간 연장**: 이는 방문 수리 시간을 연장하는 서비스이다. 특수한 사정이 있는 가정이나 중소기업 고객을 위해서 서비스 시간을 밤 9시까지 연장하고 토요일, 일요일에도 방문한다.

6. **델 커넥트** Dell Connect **원격진단 서비스**: 고객이 온라인 상태일 경우 원격으로 고객의 컴퓨터를 조종하여 수리하는 서비스이다. 델은 '델 커넥트'라고 불리는 원격도구를 사용하여 고객의 컴퓨터를 직접 진단하고 수리한다. 이때 고객은 수리 과정을 끝까지 지켜볼 수 있다. 그리고 언제든지 원격 접속을 차단할 수 있기 때문에 개인정보 유출을 염려하지 않아도 된다.

7. **원격감시 도구**: 고객의 컴퓨터 운전 상황을 실시간으로 관리할 수 있는 시스템이다. 이 시스템은 고객의 컴퓨터에 문제가

발생하는 즉시 전문 기술자에게 경고메시지를 전달한다. 그러면 델의 기술자 및 서비스 담당자가 즉시 그 위험요소를 제거한다.

8. **ARS* 서비스**: 고객은 컴퓨터 하드웨어, 소프트웨어 상에 발생한 문제에 대해서 언제든지 델의 기술지원 ARS에 전화할 수 있다. 그러면 기술자의 지원을 받아 빠르게 문제를 해결할 수 있다.

9. **헬프데스크**Help desk: 바이러스 및 스파이웨어** 제거, 운영체제 설치, 소프트웨어 문제 해결 등을 고객이 직접 할 수 있도록 기술적인 도움을 준다.

10. **전반적인 보호서비스**: 컴퓨터 내부에 액체가 유입되거나, 액정 모니터가 파손되었을 때, 시스템이 다운되었을 때 부품이나 제품 전체를 교체해 준다. 이때 고객은 어떠한 비용도 지불하지 않는다.

---

* Automatic Response System(자동응답시스템). 음성으로 된 각종 정보를 기억장치에 저장하여 사용자가 원하는 정보를 자동으로 전달하는 시스템.

** Spyware. PC 사용자의 동의 없이 또는 사용자를 속이고 PC에 설치된 후 광고나 마케팅용 정보를 수집하거나 중요한 개인 정보를 빼내는 악의적 프로그램.

11. 고급 교환 서비스: 제품이 고장 나면 고객에게 예비품을 대여해서 수리기간 동안 고객이 불편하지 않도록 돕는다.

2006년 이래 델은 중국 시장 기술자를 2배로 늘리고 고객서비스 부서 인원을 기존 대비 70% 증원했다. 이 외에도 델은 2백여 개의 서비스 관련 업무를 개선해서 업무 효율과 수준을 높였다.

고객을 가까이 이끈 시장 세분화

거대한 시장을 공략하는 델의 방법은 단 하나다. 거대한 시장을 잘게 쪼갠 다음 그 세부 시장을 하나하나 공략하는 것이다. 델은 시장을 세분화하여 회사 자체의 성장을 이끌었을 뿐만 아니라 고객서비스 수준까지 높였다는 평가를 받는다. 이러한 시장 전략은 훗날 델의 조직 철학을 지탱하는 기반이 된다.

보다 효율적인 판매 전략을 위해서는 앞서 말한 시장 세분화가 선행되어야 한다. 현재 대부분의 기업은 오로지 자사의 제품 아이템만을 기준으로 하여 시장을 세분화한다. 그러나 델은 아이템을 기준으로 시장을 세분화한 다음에 고객을 기준으로 하여 한 차례 더 시장을 세분화한다. 그런 다음 각각의 고객층이 갖고 있는 수요와 소비패턴을 파악하고 어떤 제품과 서비스를 제공해야 할지 전략을 세운다. 델은 고객과 직접 대면하는 업체이기 때문에 누구보다도 더 구체적이고 정교하게 고객의 수요를 파악할 수 있다. 그래서 델의 고객 서비스 수준은 갈수록 높아졌다. 그리고 마이클 델은 가까이에 있는 고객뿐만 아니라 멀리 전 세계 고객의 상황까지도 세심하게 다 파악해야 한다고 강조한다. 그러나 이는 델의 장기적인 목표일 뿐 지금은 특정 지역과 특정 유형의 고객을 폭넓게 이해하는 것이 급선무이다.

델은 다양한 고객군의 필요를 충족시키기 위해서 판매 조직과 판매 루트를 달리 적용한다. 고객 유형별로, 즉 대기업, 중소기업, 교육기관, 정부기관, 소규모 기업 및 일반 소비자에게 판매 방식과 서비스의 종류를 달리한 것이다. 대기업 고객과는 직접 대면이나 전화, 인터넷을 통해 접촉하지만 소규모 기업이나 일반 소비자에게는 주로 전화나 인터넷을 통해 연락한다. 이와 같은 방법으로 델은 기업의 규모나 고객의 구매 패턴 등의 차이를 고려해서 고객별로 맞춤형 서비스를 제공한다.

사실 델은 1990년대 초반에 이미, 시장 세분화 전략의 위력을 실감했다. 그때는 델이 '맞춤형 PC'라는 서비스의 초기 형태를 갖추어 가던 시기였다. 당시 맞춤형 PC는 총 다섯 가지 모델로 구성되었는데 이는 요구 사항이 각기 다른 다양한 고객들에 의해 개별적으로 주문 제작된 것이다. 예를 들면 과학 기관에서 일하는 고객들은 네트워크 기반에 강한 컴퓨터를 원했다. 대부분 네트워크를 통해 작업해야 하는 업무 환경 때문이다.

델은 고객서비스에 거액의 자금을 쏟아 부었고 그 결과, 델의 고객서비스는 시장 세분화를 통해서 더욱 구체화된다. 이와 같은 시장 세분화 전략이 적중했음은 델의 현재 실적이 증명해 준다. 하지만 시장 세분화의 길은 그리 간단하지만은 않다. 마이클 델은 "델은 시장 세분화를 통해서 탁월한 실적을 거두었습니다. 그것은 우리가 고객별로 전략과 서비스를 달리했기 때문입니다."라고 말하면서 시장 세분화의 중요성을 강조한다.

공급업체와의 강력한 유대관계

Chapter 7

델이 줄곧 중시한 것은 '관계'이다. 그것은 회사와 직원 간의 관계, 회사와 고객 간의 관계, 직원과 직원 간의 관계를 의미할 수도 있다. 그러나 그 외에도 델이 특히 중시하는 것이 있다. 그것은 바로 '델과 공급업체와의 협력 관계'다. 협력업체와 강력한 유대관계를 구축하면 양측이 이익을 공유하고 각자의 경쟁력을 한층 더 높일 수 있다고 믿기 때문이다.

델이 공급업체와의 협력을 고민한 것은 고객에게서 얻은 아이디어 때문이다. 고객들은 델의 제품을 구매하면서 종종 "저는 컴퓨터 사업을 하지 않을 거예요. 그건 당신들이 할 일이죠. 그 대신 제가 컴퓨터를 산 다음에는 델이 기술 지원을 꾸준히 해 줬으면 좋겠어요."라고 말했다. 컴퓨터에 관해서는 전문가에게 맡기고 고객 자신은 복잡한 일에 간여하고 싶지 않다는 말이다. 델도 부품을 구입할 때는 마찬가지 심정이다. 부품은 전문성이 뛰어난 업체가 생산하도록 맡기고 델은 나중에 기술 지원만 꾸준히 받으면 된다. 그래서 델은 공급업체와 협력해서 고객에게 높은 수준의 서비스를 계속하기로 한다. 그러려면 먼저 하드 드라이버, 메모리, 모니터 공급 업체를 선정한 후 그들과 제품 가격, 품질 등에 관해 협의한다. 특히 공급업체와 협력하기 전에 그들에게 델의 직판시스템을 이해시키는 데 꽤 많은 시간을 할애한다.

이러한 협력은 공급업체에도 유익하다. 공급업체가 제품과 기술, 서비스를 가장 빨리 시장에 선보이는 데 델의 직판 모델만큼 효과적인 수단이 또 있을까? 예를 들면 부품업체들은 델의 판매상황을 옆에서 모니터링하면서 현재 '고객의 구매동향이 어떠한가?', '얼마나 많은 고객이 액정 모니터를 선호하는가?'에 관한 수요를 간접적으로 파악할 수 있다. 이로써 공급업체는 제품 생산, 원재료 구입 시점, 구입량 등을 정확하게 예측한다. 이렇게 귀한 정보는 델 이외의 컴퓨터 회사와 협력해서는 얻을 수 없는 것이다. 그래서 갈수록 많은 공급업체가 델과의 협력을 원하고 있다.

또한 델은 다른 업체보다 앞선 기술을 남보다 빨리 시장에 내 놓기 원한다. 왜냐하면 시장을 선점하기 위해서다. 그래서 델은 공급업체에 늘 최신 기술을 요구한다. 이는 결과적으로 볼 때 델뿐만 아니라 공급업체도 동반 성장하는 계기가 된다. 소니Sony와의 협력이 그 대표적인 사례다. 소니는 델의 노트북 컴퓨터에 장착할 리튬 이온Lithium-ion 배터리를 납품했다. 델은 전력 손실이 적은 리튬이온 배터리 기술을 이용해서 노트북 컴퓨터 시장에서 새롭고 강력한 입지를 구축할 수 있었다. 소니도 덩달아 좋은 성과를 올렸다. 소니는 델과 협력하기 전만 해도 리튬 이온 배터리를 노트북 용도로 연구한 것이 아니었기 때문에 노트북에 필요한 전지 구성에 대해서도 잘 몰랐다. 마침 델이 이 방면에 전문적인 기술을 보유하고 있었고 델과의 협력은 델뿐만 아니라 소니에게도 '노트북'이라는 신시장을 장악할 기회를 얻게 했다. 이렇게 델은 공급업체가 혁신적인 기술을 일찌감치 개발하도록 격려한다.

인텔Intel이 최신 마이크로프로세서Micro-processor를 출시하던 날, 델도 이를 탑재한 신제품 컴퓨터를 거의 동시에 출시했다. 훗날 인텔의 회장은 "이 업계에서는 편집광적으로 일을 해야만 살아남을 수 있어요."라는 말을 남기기도 했는데, 델의 입장에서도 편집광적인 협력 파트너가 필요한 것은 마찬가지다. 어떻게 보면 델은 컴퓨터 업계의 효율성을 높인 공로자다. 델은 협력 업체에게 끊임없이 부품의 기술 수준 향상과 품질 개선을 요청하기 때문에 공급업체들은 거기에 발맞춰야만 한다.

그리고 델은 고객의 각종 요구사항을 즉시 공급업체에게 전달한다. 만약 그 요구사항이 미래의 시장추세를 이끄는 것이라면 더욱 강하게 공급업체를 몰아붙인다. 더군다나 델은 대량 주문을 하기 때문에 이런 신기술을 업계 표준으로 자리 잡게 할 만한 힘도 있다. 그렇게 되면 고객들은 보다 저렴한 가격으로 제품을 구입하게 될 것이다. 델과 공급업체 간의 협력을 통해 양측은 서로의 단점을 보완하고 장점을 극대화한다. 그들은 이를 통해 지금도 컴퓨터 산업의 효율과 생산성을 높이고 있다.

제8장

마쓰시타 고노스케,
비즈니스계의 인도주의자

the GREAT

松下幸之助

마쓰시타 고노스케松下幸之助는 세계적인 전기설비 회사 마쓰시타松下 전기의 창업주다. 그는 특별히 일본 경영계의 정신적 기반을 구축했다고 하여 '경영의 신'이라고 불린다. 많은 사람 중에 특히 구직자들이 마쓰시타 전기와 같은 대기업을 대할 때 '가까이 하기 힘든 대상'으로 느낀다. 하지만 사실 마쓰시타만큼 인정 넘치고 대중 편에 가까이 선 기업도 드물다. 마쓰시타는 회사에 지원하는 모든 구직자에게 두루 잘 대해 준다. 그리고 그중에서도 특히 스펙이 변변찮거나 채용기준에 미달되는 사람들에게 더 따뜻하게 대해 준다. 행여나 직원들이 이런 사람들을 무시하거나 냉정하게 대하지는 않을까 하여 직원에게 각별히 주의를 주기도 한다. 왜냐하면 마쓰시타에 구직 신청을 한다는 것은 평소에 관심을 가지고 마쓰시타를 신뢰한다는 말이기 때문이다.

자신의 회사에 관심을 갖는 사람들에게 감격하지 않을 경영자는 없다. 매년 거액을 투자해서 회사를 홍보하는 것보다 훨씬 효과적인 광고방법이다. 돈 한 푼 들이지 않고 회사의 이미지를 좋게 만들 수 있는 절호의 기회인 셈이다.

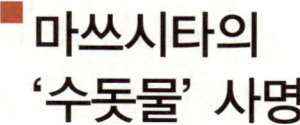

마쓰시타의 '수돗물' 사명

위대한 기업은 위대한 사명을 품고 있기 마련이다. 마쓰시타 그룹의 사명은 그 유명한 '수돗물 철학'과 연관이 깊다. 즉, '사람들이 필요로 하는 물건을 되도록 많이 만들어서 수돗물처럼 싸게 팔자.'라는 말이다. 창업 초기에는 보통 단순히 돈 버는 일에만 관심을 갖게 된다. 그러나 사업이 성장하면서 돈 버는 단계에서 벗어나 회사의 '지속경영'이라는 과제를 고민하게 된다. 회사에 생기를 불어넣는 '사명'을 정립하는 일도 그때 하는 것이다. 이런 측면에서 마쓰시타 고노스케가 걸어간 길은 많은 기업가가 본보기로 삼을 만하다.

1918년, 24세였던 마쓰시타 고노스케는 수중에 있던 1백 엔을 가지고 일본 오사카^{大阪}에서 부인, 남동생과 함께 '마쓰시타 전기제작소'를 설립한다. 마쓰시타 전기는 당시로써는 획기적인 기술이었던 접속 플러그와 자전거용 전지램프, 전기다리미, 무고장 라디오, 진공관 등을 연이어 출시하며 시장에서 좋은 반응을 얻는다. 그로부터 7년 후, 마쓰시타 고노스케는 일본 최고의 부자리스트에 자신의 이름을 올리게 된다. 재산이 늘어나면서 마쓰시타는 회사가 앞으로 나아가야 할 전략적인 방향에 대해 깊이 고민하기 시작했다.

그러던 중 1932년 3월, 마쓰시타 고노스케는 친구의 초청으로 모 종교단체의 본부를 방문했다. 정문에 들어서자마자 하나같이 거대한 시설들과 마주하게 되었다. 그는 그 엄청난 규모에 압도당했다. 친구와 함께 마지막으로 들른 곳은 교단 내에 있는 제재소였다. 그곳은 건축자재로 쓸 목재를 가공하는 곳이었다. 여느 시설들과 마찬가지로 그곳도 부지가 넓었고 한쪽 구석에는 전국 각지에서 봉헌된 목재가 산더미처럼 쌓여 있었다. 또한 제재소 안에는 족히 백 명은 됨직한 사람들이 톱을 켜고 망치를 두드리며 기둥과 천정, 들보를 만드는 작업에 한창이었다. 한 가지 놀라운 것은 그들이 무료 봉사자라는 사실이었다. 그들은 보수를 받지 않지만, 누구보다도 헌신적인 태도로 행복하게 일했다. 다른 제재소의 분위기와는 전혀 다른 느낌이었다. 그 모습에 깊은 인상을 받은 고노시케는 깊은 생각에 잠겼. '여기 신자들은 아무 대가도 받지 않는데, 우리 회사 직원들보다도 더 열심히 일하는군. 도대체 그 힘이 어디에서 나오는 걸까?' 집으로 돌아오는 길에도 여전히 생각을 멈추지 않던 그는, 집에 도착해서도 자정까지 잠을 이루지 못했다. 그러다가 문득 이런 생각이 들었다. '종교는 사람들에게 행복을 가져다주는 신성한 사업이야. 기업도 사람들에게 물질적인 풍요로움을 준다는 측면에서 신성한 사업이지.

이 둘 중 하나라도 없으면 행복한 삶을 누릴 수 없어. 그래서 기업이 하는 일도 종교와 마찬가지로 더할 나위 없이 신성하고 위대한 사업이라 할 수 있어. 이 말은 기업도 종교처럼 사명을 품으면 직원들이 헌신적인 태도로 바뀐다는 의미야!' 마쓰시타는 이 원리를 깨달았다는 사실에 흥분했다. 그러고는 '마쓰시타의 사명을 정해서 직원들에게 업무 동기를 부여해야겠어!'라는 결심을 한다.

마쓰시타 고노스케는 '사회에서 가난을 없애는 것'을 모든 기업가의 기본적인 의무라고 생각한다. 장사를 하든지 공장을 운영하든지 간에 그 목적이 단순히 소매상과 중간상인의 이득만을 위한 것이어서는 안 된다. 그는 사회 구성원 모두 '부'를 누리게 하고 싶었다. 어떻게 하면 될까? 유일한 방법은 '수돗물처럼 넘치도록 생산해서 누구나 쉽게 이용할 수 있도록 하는 것'이다. 수돗물은 가공을 거쳐 탄생한 가치 높은 자원이다. 하지만 생산량이 풍부하기 때문에 설사 누군가 그 물을 훔친다고 해도 큰 문제가 되진 않는다. 마찬가지로 아무리 귀한 재화라도 수돗물처럼 많아지면 판매가격은 떨어지게 된다. 그러면 대부분의 사람은 그것을 쉽게 구입할 수 있다. 그렇게 해서 마쓰시타 전기만의 진정한 기업 사명이 정해졌다. 즉, '전기설비를 넘치도록 풍족하게 생산해서 수돗물처럼 저렴해지게 한 다음 사람들이 부담 없이 사게 하는 것'이다.

마쓰시타 고노스케는 전 직원 앞에서 자신이 깨달은 바를 설명하고 기업의 새로운 사명을 발표했다. 마쓰시타 전기의 직원들은 이전에도 성실했지만, 그 후 새로운 사명으로 인해 더 힘을 내어 업무에 임하게 되었다. 마쓰시타 고노스케는 이 일을 통해서 '어떤 일이든 성공하려면 먼저 목표를 높게 설정한 다음, 천천히 하나씩 실천해 나가면 된다.'는 사실도 깨달았다.

　마쓰시타 고노스케는 지금껏 수많은 위기에 봉착했다. 하지만 그때마다 민중에게 봉사하는 수돗물 사명을 잃지 않았고 회사는 더욱 강력하게 단결해서 위기를 평온하게 넘길 수 있었다. 1990년대 초, 일본에서 최대 발행 부수를 자랑하는 한 신문이 설문 투표를 통해 기업 경영인을 평가했다. 그 결과 '가장 환영받는 경영인'에서 마쓰시타 고노스케가 1위를 차지했다. 이로써 민중들은 마쓰시타를 인정했고 그는 '경영의 신'이라고 불리게 된다.

완벽한 고객서비스는 비즈니스의 기본

고객들은 제품을 구입할 때 자기 마음에 쏙 드는 상품을 사고 싶어 한다. 이때 제품 자체뿐만 아니라 판매자의 서비스 수준에 의해서도 구입 여부가 결정된다. 마쓰시타 고노스케는 수돗물 사명을 통해 '생산'적인 측면을 강조하기는 했지만, 이와 동시에 제품에 대한 애프터서비스도 중시한다. 이는 마쓰시타 전기의 '고객 지상주의' 신념을 실현하기 위해서라도 반드시 필요한 조치이다.

'도매가 판매', '저리 판매', '증정 판매', '배송 판매', '염가 판매' 등 판촉방법도 각양각색이다. 하지만 마쓰시타 고노스케는 이러한 것들을 단순하고 지엽적인 방법이라 여겼다. 고객의 관심을 끌기 위한 근본적인 방법은 바로 '서비스'에 있다고 생각했다. 고객은 좋은 제품을 사는 것도 중요하지만, 그와 동시에 판매자에게 세심한 배려와 서비스를 받기 원한다. 이 점이 바로 기업 경영에서 주목해야 하는 부분이다. "판매활동은 반드시 고객서비스의 범주 내에서 이루어져야 합니다. 만약 제품에 관해서 고객에게 완벽한 서비스를 제공할 수 없다면, 그때는 판매범위를 축소시키는 방법밖에 없어요."라는 마쓰시타 고노스케의 말에서 그가 얼마나 고객서비스를 중시했는지를 알 수 있다.

마쓰시타 고노스케는 70년 경영 역사를 통해 얻은 노하우를 30개의 경영비법으로 압축했다. 그중에서 무려 16개가 고객서비스에 관한 것이며 그 구체적인 내용은 다음과 같다.

1. **친절은 필수이나 집착은 금물**: 고객이 편한 마음으로 매장을 돌아보도록 해야 한다. 지나친 열정으로 대하면 고객은 가까이 다가오지 않고 오히려 도망가고 만다.

2. **고객을 가족처럼 대하라**: 이는 매장의 흥망을 결정하는 중요한 요소이다. 고객을 친 가족처럼 여기고 역지사지易地思之의 정신으로 처지를 바꾸어 배려할 줄 알아야 호감을 얻을 수 있다. 그러기 위해서는 먼저 고객의 필요를 파악하기 위해 부단히 노력하라.

3. **판매할 때 아무리 잘해도 애프터서비스만 못하다**: 사업의 성패는 신규고객을 단골손님으로 유치하는 데 달렸다. 이를 위해서는 완벽한 애프터서비스로 고객을 관리해야 한다.

4. **고객의 질책을 달게 받고 즉시 개선하라**: 고객의 질책을 귀하게 여기고 지적받은 부분을 즉시 개선하면 성공하지 못할 사업이 없다.

5. **작은 고객이 더 중요하다**: 어떤 경우에는 1엔을 지출한 고객이 100엔을 쓴 고객보다 사업의 성공에 더 큰 영향을 미친다. 그들은 소액으로 구입하기는 하지만 수적으로 볼 때 전체 고객수의 대부분을 차지한다. 그렇기 때문에 그들을 정성껏 대하면 회사에는 손님의 발길이 끊이지 않는다.

6. **도움되는 물건을 팔아라**: 고객이 '좋아하는' 물건을 파는 것이 아니라 고객에게 '유용한' 물건을 팔아야 한다. 이것이 진정으로 고객을 위하는 길이다. 물론 고객의 취향을 고려하는 것은 기본적인 일이다.

7. **반품을 요청하는 고객에게는 더욱 상냥히 대하라**: 어떤 상황에서도 고객에게 기분 나쁜 표정을 보여서는 안 된다. 이것은 상인으로서 지켜야 할 기본적인 자세이다.

8. **고객이 보는 앞에서 점원을 질책해서는 안 된다**: 이는 고객에게 예의 없는 행동이다.

9. '좋은 상품'을 광고하라: 광고는 상품 정보를 고객에게 빠르고 정확하게 전달하기 위한 수단이다. 따라서 좋은 상품을 판매한다는 기업의 신념을 지키기 위해서는 광고 대상도 '좋은 상품'이 되어야 한다. 이것은 사회적으로 큰 영향력을 지닌 기업으로서 지켜야 할 마땅한 의무이다.

10. 증정품을 준비하라: 고객은 공짜로 받은 바가지 하나에도 기뻐한다. 만약 증정품이 없다면 '미소 띤 얼굴'을 증정하라.

11. 부지런한 모습을 보여라: 상품의 진열상태를 자주 바꾸고 수시로 매장을 정리하는 것은 고객의 관심을 매장으로 이끌게 하는 비결이다.

12. 상품을 가득 채워라: 상품이 품절되어 진열대가 비어 있으면 즉시 제품을 보충하고 고객에게 정중히 사과한다. 그리고 고객의 주소를 물은 후 "저희가 최대한 빨리, 제품을 확보하여 고객님 댁으로 배송해 드리겠습니다."라고 말해야 한다. 그러나 바쁘다는 이유로 이러한 충고를 무시하는 매장이 많다. 주말에 바쁘다면 평일에 집중해서 훈련하라. 그러면 크게 개선된 경영 효과를 볼 수 있을 것이다.

13. 원가를 절감하라: 원가를 절감해서 판매가를 낮추어야 한다.

값을 깎아 달라는 고객에게는 할인해 주고 가격을 묻지 않는 고객에게는 높은 가격으로 판매하는 것은 불공평하다. 모든 고객이 같은 가격으로 상품을 구입해야 한다.

14. **어린이 고객은 보배다**: 고객이 데리고 온 어린이 고객들을 잘만 돌보면, 어느새 고객은 마음을 열고 마음껏 쇼핑을 하게 된다. 이 방법은 언제나 효과적이다.

15. **다시 오고 싶은 매장 분위기를 만들어라**: 상점의 정문을 활짝 열고 마음을 모아 고객을 맞으면 매장에 생기와 활력이 넘친다. 그러면 자연히 고객이 물밀듯 밀려든다.

16. **고객의 신임을 얻어라**: 고객이 "이 상점에서 파는 물건은 무엇이든지 다 좋다."라는 칭찬을 하도록 만들어야 한다. 고객은 상점이나 판매원에 대한 신뢰가 쌓여야 다시 방문한다.

마쓰시타 전기는
인재 제작소

Chapter 8

    마쓰시타 전기는 사회에는 물질적인 부를, 고객에게는 세계 최고의 서비스를 제공하는 것을 신념으로 삼고 있다. 이를 위해서는 우수한 인재가 많이 필요하다. 마쓰시타 고노스케는 "마쓰시타 전기는 인재를 만드는 곳입니다. 전기설비는 여기에 곁들여서 만드는 제품일 뿐이에요!"라고 말할 정도로 인재를 중시한다.

    그는 한 사람의 능력은 유한적이지만 여러 사람이 모이면 폭발적인 능력을 발휘할 수 있다고 믿었다. 그래서 그는 "마쓰시타 전기는 사장 혼자서 경영하는 곳이 아니라 전 직원들의 지혜를 모아서 움직이는 곳입니다."라고 말한다. 이를 위해서는 인재를 육성하고 그들의 지혜를 개발해 내는 것이 우선 과제이다. 그래서 마쓰시타 전기는 장기적인 인재 육성계획을 세웠다. 이를 위해서 간사이^{關西}, 나라^{奈良}, 도쿄^{東京}, 우쯔노미야^{宇都官}를 비롯해 해외 지역에까지 총 여덟 곳에 직원 연수원을 설립하고 직업 고등학교도 설립해서 전 직원이 연수를 받을 수 있게 배려했다. 현재 마쓰시타의 과장, 주임급 이상의 간부들 대다수는 회사의 인재 육성 정책을 통해 배출된 인재들이다. 그래서 마쓰시타 각 사업부의 1급 간부들 대부분은 높은 학력이어서 현대 기업경영의 원리를 잘 이해하고 있다. 또한 외국어를 한 개 이상 구사할 줄 아는 직원도 적지 않다. 마쓰시타의 직원들은 이렇게 높은 지적 수준을 자랑한다. 마쓰시타 고노스케의 인재 양육 및 배치 기준은 다음으로 요약된다.

1. **직원의 인품을 길러라**: 사람으로서 마땅히 지녀야 할 인품이 보이지 않는 직원은 비즈니스의 도의도 지키지 않을 가능성이 있다.

2. **정신 교육에 힘써라**: 직원들에게 회사의 창업 동기와 전통, 사명과 비전을 이해시켜서 직원들이 회사를 중심으로 한 구심점을 갖도록 해라.

3. **전문지식과 가치판단 능력을 키워라**: 전문지식이 충분하지 않은 직원은 효율적으로 업무를 수행할 수 없다. 사람은 지식을 통해 강력한 힘을 발휘하기 마련이다. 그렇지 않을 경우 회사는 오합지졸의 모임이 될 뿐 발전을 도모할 수 없다.

4. **세심함을 가르쳐라:** 세심함은 큰일에까지 영향을 미친다. 직원의 작은 실수 하나가 회사에 돌이킬 수 없는 위기를 초래할 수도 있다. 직원의 세심함을 키우는 것이야말로 큰일을 이루기 전에 반드시 필요한 작업이라고 할 수 있다.

5. **경쟁의식을 심어 줘라:** 정치든 비즈니스든 남과 비교하는 것을 통해 자신의 실력을 기를 수 있다. 경쟁의식은 잠재력을 드러나게 하는 긍정적인 효과가 있다.

6. **교육의 핵심은 인격 배양이다:** 훌륭한 인격을 가진 직원은 끊임없이 자기 자신을 격려하며 발전적인 방향으로 진보한다. 이런 사람은 난관에 부딪혀도 적극적인 태도로 이길 힘을 지니고 있다.

7. **적재적소에 배치하라:** 인원 배치는 직원 간의 관계를 고려해서 조화를 이루는 방향으로 이뤄져야 한다. 이렇게 해야 개개인의 역량이 최대한 발휘될 수 있다. 이는 인사관리의 중요한 원칙이다. 마쓰시타 고노스케는 종종 다음의 이야기를 예로 들어 인사관리의 중요성을 설명하곤 했다.

"능력이 출중한 기업가 세 명이 합심해서 신규회사를 창업했습니다. 그 세 사람은 신규회사에서 각각 회장, 사장, 상무이사 직을 나누어 맡았죠. 그런데 이상한 일이었어요. 세 사람의 뛰어난 인재들이 모였는데도 회사는 적자 신세를 면치 못했죠. 본사에서는 원인을 분석하고 결국 사장을 내보내기로 결정합니다. 그런데 그 뒤로 상황이 반전되었어요. 회사에 남은 회장과 상무이사 두 사람은 합심하여 경영에 매진했고 마침내 회사는 생산력을 회복하여 매출액이 기존의 두 배에 이르게 되었죠. 한편 회사를 떠났던 사장도 다른 회사의 회장직을 맡은 뒤 자신의 경영능력을 충분히 발휘하여 꽤 높은 성과를 거두었답니다."

이것은 '회사에 있는 모든 직원이 다 똑똑하고 유능할 필요는 없다.'는 말이다. 만약 자신이 최고라고 자만하는 직원 열 사람이 모여 함께 일을 한다고 하면, 그들은 서로 자신의 의견만 옳다고 주장할 것이고, 그렇게 되면 일이 제대로 추진되지 않는다. 그러나 만약 그 열 사람 중에서 한두 사람만 탁월하고 나머지는 평범하다고 치면, 탁월한 사람이 정책을 결정하고 나머지가 그를 따르게 되는데, 이럴 때 오히려 일이 더 순조롭게 이루어진다.

8. **한 번 맡겼으면 믿어라**: 신임하지 않을 것이면 애초에 고용하지도 말아야 한다. 아랫사람은 상사의 믿음을 확신해야 비로소 맡은 일에 최선을 다한다. 사람을 다루는 가장 중요한 기술은 바로 '신뢰'다. 그를 신뢰하고 과감하게 일을 맡기는 것이다. 상사가 아랫사람을 믿고 그에게 전적으로 일을 맡기면 그

는 더욱 큰 책임감을 느끼고 주동적으로 업무에 임하게 된다. 반면 아랫사람을 '지시를 받아야만 행동하는 기계'로 치부해 버리면, 그 사람은 그나마 맡은 일조차도 최선을 다해 처리하지 않을 것이다. 리더가 직원들을 신임했을 때 업무 효율이 높아지고 사내에 조화로운 분위기를 조성할 수 있다.

9. **각자의 장점이 발휘되도록 분위기를 조성하라**: 재능을 발휘할 수 없는 분위기에서는 '열심히 일하거나 대충하거나 똑같기는 매한가지'라는 생각을 하게 된다. 조직이 커질수록 관료주의 병폐가 생길 수 있다는 사실에 주의하라.

10. **적절한 보상은 직원의 사기를 높인다**: 적절한 시기에 승진 기회를 주고 높은 직책을 맡기면 직원들이 발전할 수 있는 계기가 된다. 이뿐만 아니라 다른 직원들도 덩달아 노력하는 분위기를 만들 수 있다. 승진을 결정할 때는 반드시 업무 능력을 기준으로 하되, 자격과 경력을 증명하는 자료도 참고해야 한다. 만약 직원이 어떤 일을 하기 위한 능력이 60%밖에 되지 않는다고 해도 과감하게 한번 맡겨 보라. 물론 그가 직책을 잘 수행할지는 장담할 수 없다. 하지만 직원들은 회사의 신임을 얻었다는 사실에 힘을 얻고 일에 더욱 매진할 것이다. 여기서 우리는 '직원에게 승진의 기회를 줄 때 부족함을 보완하고 리스크를 이겨 낼 용기를 얻게 된다.'라는 사실을 알게

된다. 마쓰시타 고노스케는 이러한 장기적인 인재 육성정책을 통해 업무 효율을 크게 높였다. 또한 제품을 개선하여 수준을 높이고 회사는 더욱 빠르게 성장하게 되었다.

■ 종신고용과 투명경영

Chapter 8

마쓰시타 전기에는 직원을 해고하지 않는 전통이 있다. 마쓰시타 고노스케가 직원의 종신고용을 보장했기 때문이다. 이는 회사가 직원을 존중하고 배려한다는 사실을 의미한다. 그래서인지 그 파급 효과는 대단했다. 직원들은 회사로부터 최고의 대우를 받으므로 당연히 회사를 아끼게 되고 이는 곧장 회사의 '성장'이라는 결과로 이어졌다. 마쓰시타 고노스케는 고객서비스 수준을 높이기 전에 직원들에게 최고의 서비스를 제공하겠다고 결심했다. 직원들이 최고의 대우를 받아야 고객에게도 일류의 서비스를 제공할 수 있지 않겠는가? 그래서 마쓰시타 전기는 직원들이 물질적, 정신적인 만족을 얻을 수 있도록 다양한 제도적 장치를 마련하고 있다. 마쓰시타는 이를 위해 '유리 경영법', 즉 '투명경영'을 실시하는데 그 구체적인 내용은 다음과 같다.

1. **경영목표 공개:** 마쓰시타는 매년, 매월 직원들에게 회사의 경영목표를 제시한다. 이렇게 경영목표를 공개하는 것은 직원들의 책임감과 열정을 회복하는 데 매우 효과적이다.

2. **경영상황 공개:** 마쓰시타는 회사의 경영과 관련된 기쁜 소식을 직원과 공유해서 기쁨을 나눈다. 그리고 나쁜 소식도 공유해서 난관을 함께 극복하자고 호소한다.

3. **재무현황 공개:** 회사가 재무 현황을 공개하면 직원은 업무에 열정을 보이게 될 것이다. 직원들은 회사의 손익 상황을 보고서 '아, 이번 달은 이렇구나, 다음 달은 이 점을 더 보완해야지.' 하고 마음을 다잡기 때문이다.

4. **기술 공개:** 마쓰시타 고노스케는 오래전 합성 재료의 배합방법을 찾기 위해 어려움을 겪었던 적이 있다. 그래서 누구보다도 기업 기밀에 관해서는 보수적일 것 같지만 오히려 그는 직원들과 배합기술과 같은 '최고의 기밀'을 공유했다. 그 이유에 대해서 그는 이렇게 말한다. "같은 회사의 직원들끼리는 '상호 신뢰'가 무엇보다도 중요한 가치입니다. 소심하게 기밀을 지키는 데만 전전긍긍하면 경영에 마음을 다 쏟지 못하고 쓸데없이 힘만 낭비해서 좋은 성과를 얻을 수 없어요. 이것은 인재를 양성하는 데도 결코 좋지 않은 영향을 미치지요."

이런 식으로 회사의 경영 목표, 경영현황, 재무현황, 기술을 공개하는 마쓰시타 고노스케의 '유리 경영'은 그가 직원들을 존중하기 때문에 가능한 일이다. 직원들은 이를 통해 '나는 확실히 회사의 일원이구나.'라는 마음을 갖고 회사의 사업을 자신의 사업으로 여기게 된다. 이런 사람들이 많아지면 회사는 생기 넘치는 곳이 된다. 마쓰시타 고노스케는 "직원들이 활기찬 마음으로 즐겁게 일하도록 하기 위해서 개방적인 경영방식을 채택했습니다."라고 말한다.

여러 사람의 지혜를 모으면 못할 일이 없다. 그래서 마쓰시타 전기는 '전 직원 경영 참여'라는 일관된 원칙을 지킨다. 직원들은 회사에 친밀감을 가지고 회사와 운명을 같이 하며 회사의 발전을 위해 적극적으로 건의한다. 마쓰시타 고노스케는 회사 전체에 상하차별이 없는 분위기를 만들어서 직원들이 좋은 아이디어를 낼 수 있도록 격려한다. 이러한 자유로운 분위기에 대해서 마쓰시타 전기의 한 관리자는 "우리 직원들은 언제 어디서든, 집에서든, 열차에서든, 심지어 화장실에서까지 새로운 방안을 고민하고 제안합니다."라고 말한다.

회사는 직원들이 제출한 건의에 대해서 보너스와 같은 보상제도로 보답하기도 한다. 또한 의견이 채택되지 않은 직원에게도 채택되지 않은 원인을 충분히 설명한다. 마쓰시타 전기는 이러한 과정에서 인재를 발견하고 선발한다. 야마시타 토시히코 山下俊彦도 이런 제도를 통해 중직에 임용된 사례이다. 야마시타 토시히코는 회사 내부에서 공공연하게 행해지는 관료주의적인 폐단을 바로잡기 위해 다양한 혁신적 제안을 했다. 마쓰시타 고노스케는 이런 사람이야말로 마쓰시타 전기에서 보기 드문 탁월한 인재라고 생각했다. 이 때문에 많은 반대를 무릅쓰고 출신과 학력을 따지지 않은 채 그를 사장직에 중용했다. 과연 마쓰시타의 안목은 적중했다. 야마시타 토시히코는 재임 6년 만에 회사의 이익을 두 배 가까이 성장시켰다.

마쓰시타 고노스케는 금전적으로도 아낌없이 직원을 격려한다. 1951년, 그가 미국에서 경영 공부를 할 때였다. GE의 높은 급여 수준을 알게 된 그는 적지 않게 놀랐다. 그때는 GE가 생산하는 표준 라디오가 시장에서 24달러에 판매되던 시기였는데 당시로서는 고가품이었다. GE 직원의 급여는 이틀만 일하면 이런 라디오를 한 대 살 수 있을 정도의 수준이었다. 이 사실에 충격을 받은 마쓰시타 고노스케는 회사의 생산효율을 올리기 위해서라도 직원의 급여 수준을 높여야겠다고 결심한다. 1971년, 마쓰시타 전기의 직원 급여 수준은 유럽에서 가장 급여가 높다고 알려진 독일의 수준을 따라잡고 미국과의 격차도 크게 줄였다. 마쓰시타 고노스케는 여기에 대해서 "직원을 한 번 고용한 이상, 잘 대우해 주고 복지 혜택을 제공해야죠. 이것은 직원을 고용할 때 당연한 원리예요."라고 말했다. 그가 제정한 '직원 주택보유 제도'는 '마쓰시타 직원들은 35세가 되면 자신의 집을 마련한다.'라고 규정하고 있다. 또한 그는 사재 2억 엔을 들여서 직원을 위한 복지기금을 마련했다. 특히 사망한 직원 가족에게 연금을 지급하기 위한 '유족 육영 제도'가 대표적이다.

마쓰시타 전기의 매출액은 2차 세계대전 이후 지금까지 4천 배 넘게 성장했다. 이는 금전적, 정신적으로 직원들을 세심하게 배려하고 격려한 마쓰시타 고노스케의 경영이념 때문에 가능한 일이다. 그의 이러한 배려는 마쓰시타 전기가 '상상할 수 없는 위대한 힘'을 갖게 했다.

제9장

손정의,
악착같은 의지의 사나이

the GREAT

손정의

그는 마이크로소프트의 빌 게이츠나 야후의 제리 양^{Jerry Yang} 만큼 유명한 인물이 아닐 수도 있다. 하지만 컴퓨터에 관한 한 누구보다도 각별한 애정을 가진 사람임은 분명하다. 리스크가 큰 시장에도 거침없이 베팅하는 그의 투자방식은 조지 소로스^{George Soros}* 를 방불케 한다. 또한 투자대상을 정교하게 선별해 내는 안목은 투자천재 워런 버핏^{Warren Buffett}과도 맞먹는다. 그는 바로 '21세기 사이버 시대의 지배자'라고 불리는 손정의^{孫正義}이다.

손정의는 재일교포 3세로 태어났다. 그의 가족은, 할아버지가 일본에 건너오면서부터 내내 일본에 정착해서 살아왔다. 어릴 때는 '조센진'이라는 놀림과 갖가지 불이익도 많이 당했다. 하지만 이런 어려움은 그에게 큰 문제가 되지 않았다. 그는 모든 일에 의지 하나로

---

* 1930년 헝가리 부다페스트에서 출생했으며 20세기 최고의 펀드 매니저라고 불림.

악착같이 매달렸다. 그 결과 지금 손정의는 지금 소프트뱅크Softbank*의 창업주가 되어 전 세계 IT시장을 활보하고 있다. 그는 20년이 채 안 되는 이 짧은 기간에 거대한 인터넷 제국을 설립해서 수십억 달러의 재산가로 성장한다. 하지만 그는 아직도 만족할 줄 모른다. 아직 전 세계를 장악해야 하는 과제가 남아 있기 때문이다. 그 꿈이 과연 언제 실현될지는 알 수 없다. 하지만 지칠 줄 모르는 그의 용기와 의지는, 성공을 꿈꾸는 젊은이들에게 '진정한 도전정신이 무엇인가?'를 일깨워 준다.

* 1981년 9월 3일, 일본 도쿄에서 설립된 기업. 고속 인터넷, 전자상거래, 파이낸스, 기술 관련 분야에서 활동하고 있다.

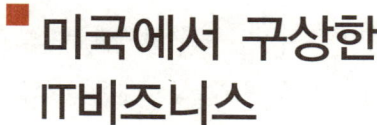

미국에서 구상한 IT비즈니스

Chapter 9

손정의는 기회를 포착하면 그 일을 성취할 때까지 고집스럽게 노력하는 스타일이다. 그러므로 그의 앞에 놓인 장애물은 그다지 문제 되지 않는다. 이것이 바로 그의 성공 비결이다. 이러한 그의 태도는 평범하지 않은 어린 시절의 모습을 통해서도 알 수 있다.

손정의는 어릴 때부터 일본 맥도날드의 전 회장 후지타 덴藤田田을 존경했다. 후지타 덴은 일본에 맥도날드 진출을 성공시켰던 주인공이다. 손정의는 자신의 우상을 한 번만이라도 만나보고 싶어서 특별히 비행기를 타고 도쿄까지 건너가기도 했다. 이런 그에게 후지타 덴은 이렇게 조언했다. "너에게 훗날 어떤 일을 하라고 직접적으로 알려 줄 수가 없구나. 하지만 미국에 유학을 가는 건 괜찮다고 생각한다. 아마도 그곳에서는 네가 꿈을 구체화할 방법이 있을 거야. 또 영어와 컴퓨터를 배워 두면 반드시 유용하게 사용할 때가 온단다." 손정의는 후지타의 식견을 절대적으로 믿었기 때문에 조금의 망설임도 없이 그의 말을 따른다. 그래서 16세가 되던 해 그는 고등학교 1학년 여름방학을 이용해 미국 캘리포니아로 어학연수를 떠난다. 빠르게 발전하는 미국의 모습을 보고 강한 인상을 받은 그는 '짧은 인생, 일본에서 한가롭게 학교만 다닐 수는 없다.'라고 생각했다. 일본으로 돌아온 후 다니던 학교를 그만두고 다시 미국으로 돌아갔다. 그의 갑작스러운 결정에 어머니는 눈물로 막아섰고 무모한 일이라며 모두 비웃었다. 하지만 그의 굳은 결심은 바뀌지 않았고 1974년 2월, 16세에 불과했던 손정의는 멀고 먼 미국 유학길을 떠났다.

손정의는 미국에 도착한 지 얼마 되지 않아 '운명적인 만남'을 갖게 된다. 그 대상은 바로 '칩Chip 기반 컴퓨터'. 1974년 가을, 그는 우연히 〈파퓰러 일렉트로닉스Popular Electronics〉라는 잡지를 보다가 세계 최초의 PC, 마이크로컴퓨터의 탄생을 알리는 기사를 읽었다. 기사 옆에는 인텔사가 만든 컴퓨터 칩의 확대사진도 같이 실려 있었다. 그는 당시를 회상하며 이렇게 말한다.

"기사를 읽은 순간 저는 무엇엔가 얻어맞은 것 같은 충격을 느꼈어요. 그리고 '바로 이거다!'라는 생각에 흥분했죠. 부피가 확 줄어든 컴퓨터를 보자마자 '회로 판이 대량 생산된다면 1인 PC시대를 열 날도 머지않았구나.' 싶었죠. 심지어 이러다가는 인공지능 센서가 장착된 컴퓨터까지 출시되겠다는 생각도 들었죠. 그때는 정말 주체할 수 없는 저의 상상력 때문에 김칫국 많이 마셨어요. 그래도 흥분을 가라앉힐 수 없어서 기어이 눈물까지 흘리고 말았답니다. 그때부터 '사업을 하려면 컴퓨터 업계로 뛰어들어야겠다!'라는 결심을 굳혔습니다." 손정의는 컴퓨터 칩 확대사진을 오려 두었다가 밤에도 곁에 두고 잘 정도로 애지중지했다.

캘리포니아 버클리 대학$^{UC Berkeley}$ 재학시절, 손정의는 부모님에게 의존하지 않고 스스로 생활비를 벌기로 결심했다. 그러려면 아르바이트를 해야 하는데, 당장 돈을 벌 수는 있지만 공부할 시간이 줄어들었다. 그래서 그는 앞으로 1년간 매일 무언가를 하나씩 발명해 내기로 자신과 약속을 했다. 하루에 5분만 투자하면 한 달에 1백만 엔 이상의 특허 수입을 올릴 수 있다고 계산했기 때문이다. 물론 그것들이 모두 상품화된다는 전제하에 말이다. 손정의는 이러한 계획을 목표 달성을 위해 행동으로 옮기기 시작한다. 과연 1년 후 그의 '발명 연구 노트'는 250여 개에 달하는 아이디어로 빼곡하게 채워졌다.

19세가 되자 손정의는 발명 노트에 있던 아이템 중의 하나였던 다국어 번역기를 상품화하기로 한다. 그가 구상한 다국어 번역기는 음성 신시사이저^{Synthesizer}, 사전, 액정화면이 조합된 형태로 키보드에 일본어를 입력하면 기계가 자동으로 영문 변환한 후 발음까지 들려주는 기계였다. 250여 개의 발명 중에서 그는 왜 하필 다국어 번역기를 선택했을까? 이는 컴퓨터를 향한 그의 꿈과 무관하지 않다. 손정의는 여기에 대해서 이렇게 말했다. "당시에는 이런 형태의 번역기가 전혀 없었어요. 그래서 저는 그것을 꼭 개발하고 싶었어요. 시장에 출시할 능력도 자신감도 없었지만, 개발을 통해 마이크로컴퓨터 영역에서 기술과 노하우를 한번 쌓아 보고 싶었어요."

손정의는 기술자가 아니었기 때문에 그것을 혼자서 만들기는 어려웠다. 그래서 그는 마이크로컴퓨터 분야의 저명한 교수들을 찾아다니며 자신의 아이디어를 설명하고 시제품 제작에 협조를 구했다. 그러나 대부분의 교수는 손정의의 제안에 퇴짜를 놓았다. 그러던 중 한 교수가 놀랍게도 손정의의 제안을 수락했다. 그는 바로 음성 신시사이저 기술 분야의 권위자인 포레스트 모저 Forrest Mozer 교수였다. 모저 교수를 필두로 한 다국어 번역기 개발팀이 꾸려졌다. 하지만 그때 손정의의 수중에는 여윳돈이 없었기 때문에 특허 수입을 얻은 다음에 개발팀의 보수를 주기로 했다.

1977년 여름, 손정의는 여름방학을 이용해서 모저 교수와 함께 다국어 번역기 시제품을 들고 일본을 방문했다. 다국어 번역기가 성공할 것이라고 확신하는 그에 반해 일본 기업들의 반응은 신통치 않았다. 손정의는 당시를 회상하며 이렇게 말한다.

"저는 미리 50여 곳의 업체 사장에게 서신을 보냈죠. 그리고 캐논 Canon, 오므론 Omron, YHP Yokogawa-Hp, 카시오 Casio, 마쓰시타 Matsushita, 샤프 Sharp 등 10곳의 회사를 직접 방문했어요. 캐논과 오므론은 상당한 관심을 보였지만 마쓰시타를 포함한 대부분의 회사에서는 저를 대수롭지 않게 여기더라고요. 저는 속으로 샤프를 1순위, 카시오를 2순위로 정했어요. 당시 샤프의 담당자가 저에게 상당히 날카로운 질문을 했는데 이는 우리 제품에 대해 관심이 있다는 증거라고 생각했어요." 비록 손정의의 마음속에는 샤프가 1순위였고 예감 또한 나쁘지 않았지만, 한편으로는 '이런 속도로 가다가는 계약으로 곧장 연결되지는 않겠다.'라는 느낌이 들었다. 그래서 그는 고민 끝에 오사카의 한 변리사 협회에 전화를 걸어서 샤프를 잘 아는 변리사를 소개해 달라고 부탁했다. 그래서 손정의는 샤프의 특허부서와 업무한 경험이 있는 니시다西田 변리사의 협조를 얻을 수 있었다. 니시다는 샤프 기술본부장 사사키 타다시佐佐木正와 아사다 아츠시淺田篤 부부장에게 손정의의 발명품을 소개했다. 이틀 후 손정의는 샤프사에 즉시 전화를 걸어 미팅 약속을 잡았다. 그런 다음 규슈九州에 계신 아버지께 연락해서 자기와 함께 미팅에 동행해 줄 것을 부탁드렸다. 손정의는 당시에 대해 이렇게 회상한다.

"그 당시 일본에서는 대학도 졸업하지 않은 19살짜리 학생을 만나 줄 분위기가 아니었어요. 거액이 오가는 특허계약 체결 시에는 더욱 그랬죠. 그래서 저는 어린 마음에 아버지를 앞세우기로 했던 것 같아요. 다행히도 아버지는 저를 도와 이 사업을 성사시키셨어요. 그래도 협상의 전 과정은 제가 주도했답니다."

'일본 전자산업의 아버지'라고 불리는 사사키 타다시를 만나게 된다는 생각은 손정의를 들뜨게 했다. 손정의는 미팅을 통해 두 사람에게 자신의 다국어 번역기를 당당하게 소개했다. 사사키 타다시가 던지는 질문에도 거침없이 대답했다. 이 과정에서 사사키 타다시는 손정의가 지닌 천부적인 재능에 강렬한 인상을 받았다. 그는 손정의와의 만남을 이렇게 기억하고 있다.

"손정의는 마쓰시타를 설득하는 데 실패하고 우리 샤프사에 연락을 취해 왔어요. 그래서인지 처음 만났을 때 약간 의기소침해져 있었죠. 하지만 가방에서 다국어 번역기를 꺼내서 시연하자 그의 표정이 금세 되살아났어요. 그는 열정적으로 제품을 프레젠테이션 했습니다. 우리에게 제품을 이해시키고 그의 신념을 전달하려는 것이지, 단순히 돈만 벌려고 온 사람은 아니었죠. 아무튼 그의 열정은 대단했습니다. 이런 젊은이가 흔치 않은 세상이어서 저는 그를 격려해주고 싶었답니다."

사사키 타다시는 4천만 엔에 그의 다국어 번역기 프로그램을 구입하기로 결정했다. 그뿐만 아니라 그는 손정의에게 독일어와 프랑스어 기반 제품도 개발할 것을 제안했다. 그때 샤프가 지원한 총 금액은 1억 엔[1백만 달러]. 이는 손정의가 생애 최초로 직접 번 돈이었다. 그때부터 손정의는 비즈니스 전쟁터로 출정하기 위한 본격적인 작업에 착수하기 시작한다.

소프트뱅크, 이보다 더 쉽게 경영할 수는 없다

손정의는 남은 학기를 미국에서 보내면서 '인생 50년 계획'을 세웠다. 그는 창업에서부터 퇴직까지의 전 과정에 대한 인생 계획을 하나하나 자세하게 구상했다. 1980년 버클리 대학을 졸업한 후 손정의는 일본으로 돌아왔다. 그러나 그는 귀국한 지 한참이 지나도 섣불리 창업할 생각은 하지 않고 오로지 사업 검토하는 데만 열중했다. 각계의 지인들을 만나서 의견을 묻고 수많은 서적과 자료를 훑어본 후에야 겨우 40개의 비즈니스 아이템을 선정했다. 그러고는 그 사업 아이템에 대해서 일일이 시장조사를 했다. 그 후 이를 기초로 향후 10년간의 손익계산서, 대차대조표, 현금흐름표, 조직도까지 철저하게 준비했다. 그가 사업 아이템을 선별할 때 적용한 기준은 이런 것들이었다. '앞으로 50년간 집중할 만한 가치가 있는가?', '다른 업체와 차별되는 독특한 구상인가?', '앞으로 10년 내 일본시장을 장악할 만한 사업인가?' 손정의는 마땅히 별다른 돈벌이도 없이 오로지 사업 구상하는 데만 1년 6개월을 보냈다. 그런 다음 그가 최종적으로 결정한 아이템은 바로 'PC용 소프트웨어 유통 사업'이었다.

　1981년 9월, 손정의는 자본금 1천만 엔으로 도쿄에 일본 소프트뱅크사를 정식 설립했다. 창업 초기에는 어려움이 많았다. 다른 회사에서 빌린 사무실 한쪽에 책상만 덩그러니 갖다 놓고, 직원이라고는 자신을 제외하고 고작 두 명뿐이다. 손정의는 사무실 한쪽에 있는 사과박스 위에 올라가 취임 연설을 했다. "저는 5년 내에 회사의 매출규모를 1백억 엔, 10년 내에 5백억 엔대로 끌어올리겠습니다. 우리 회사는 수만 명의 직원을 두고 수조 엔의 매출을 거두는 거대기업이 될 것입니다." 손정의의 거창한 사업계획을 들은 직원들은 당혹해했다. 그리고 그것이 부담됐는지 직원들은 며칠 안 가 회사를 그만두고 말았다.

　소프트뱅크가 설립된 지 1개월 후, 손정의는 그해 10월 오사카에서 개최되는 전자 전시회에 참석할 기회를 얻었다. 그는 전시장 입구에서 가장 가깝고 규모가 가장 큰 부스를 8백만 엔에 예약했다. 자본금이 1천만 엔에 불과한 소규모 회사가 8백만 엔짜리 부스를 예약한 것은 상당한 모험이었다. 게다가 소프트뱅크에는 그 큰 부스를 채울 만한 상품도 마땅치 않았다. 손정의는 '상품이 없으면 판매루트를 개척할 수 없고, 루트가 없으면 상품을 팔 수 없게 된다. 이것이야말로 닭이 알을 낳고 알이 닭을 낳는 순환적인 문제구나. 하지만 어차피 사업을 추진하는 것이라면 시발점이 있어야 하지 않겠는가? 8백만 엔을 들여서 지명도라도 높여야겠다.'라고 생각했다.

그는 또한 당시 영향력 있는 소프트웨어 업체들에 연락해서 전시장을 무료로 공유한다고 제안했다. 임대료나 인테리어 비용, 기타 부대비용은 일절 받지 않는 조건으로 전시회에 참석만 해 달라고 초청한 것이다. 그 제안에 가장 먼저 응한 사람은 시미즈 요조淸水洋三. 그는 PC용 급여 계산 소프트웨어를 제작하는 회사의 영업부 부장이었다. 시미즈 요조는 이 소식을 듣자마자 처음에는 '무슨 꿍꿍이속이야?'라고 생각했다. 하지만 소프트뱅크 직원의 설명을 들은 후 제안을 수락했다. 얼마 후 그는 미국에서 막 돌아온 손정의를 만났는데 그때를 회상하며 이렇게 말한다.

"매우 더웠던 날로 기억해요. 당시 손정의 사장의 사무실에는 에어컨도 없어서 후덥지근했죠. 전시회에 관해 상의하러 갔는데 손 사장이 저를 무척 반기더군요. 두 시간 동안을 쉬지 않고 연속으로 미국 PC시장의 현황과 일본 PC 시장의 미래에 대해서 설명하더라고요. 자기가 무슨 사업을 하고 있으며 또 향후 사업방향은 어떻게 될지에 대해서 말이죠. 그때 손 사장은 확신에 가득 찬 모습이었어요. 그는 미래에 PC가 자가용처럼, 혹은 자가용보다 더 폭넓게 우리 삶 곳곳에 보급될 것이라고 말했습니다. 저는 그를 통해서 새로운 세계를 보았습니다. 손 사장은 미팅을 마치고 차 타는 곳까지 배웅해 주었습니다. 그때의 만남 이후로 손 사장은 저의 우상이 되었죠. 그리고 나중에 저는 놀라운 사실을 알게 되었어요. 그때 손 사장이 B형 간염을 심하게 앓고 있었다는 사실을요. 많이 고통스러웠을 텐데 그

더운 날씨에 뜨거운 태양빛 아래서 절 배웅해 준 것을 생각하면 많이 미안합니다."

　무료로 전시장 부스를 공유한 것은 의외로 좋은 반응을 불러일으켰다. 소프트뱅크는 총 13개의 소프트웨어 업체와 부스를 공유했는데 전시 기간 내내 사람들의 발걸음이 끊이지 않았다. 손정의는 8백만 엔이라는 적지 않은 금액을 투자했지만 거기서 소프트뱅크라는 이름을 업계에 널리 알리는 데 성공한 것이다. 놀라운 일은 그때부터 일어났다. 여기저기에서 손정의를 돕겠다고 나서는 회사들이 나타나기 시작한 것.

　조신^{Joshin}전기는 1981년 10월 24일, 오사카에 일본 최대의 PC전문 매장인 'J&P 테크노랜드'를 세웠다. J&P는 총 8층짜리 빌딩으로, PC매장으로는 일본 최대의 규모였고 매장에 납품하는 소프트웨어, 하드웨어 업체 수도 일본 최대였다. J&P의 인기는 지칠 줄 모르고 확산되어 간사이 외에 도쿄에서도 고객들이 몰려왔다. 덕분에 매출액은 계획 대비 세 배를 넘어섰다. 그러나 이러한 호황 속에서도 J&P에게는 풀리지 않는 고민거리가 하나 있었다. 매장에서 고객들을 줄곧 상대해 온 영업팀 부장 후지와라 무쓰로^{藤原睦郎} 씨는 이렇게 말했다. "우리 매장은 일본에서 가장 완벽한 소프트웨어 제품라인을 갖췄다고 자부합니다. 실제로도 그렇고요. 점포에 진열된 소프트웨어 종류는 3백 가지가 넘어요. 그런데도 고객들은 더 많은 소프트웨어 제품을 원하네요. 이런 경우가 정말 부지기수입니다. 고객에게 찾으시는 제품이 없다고 대답할 때마다 저는 얼마나 면목없는지 몰라요."

일본 최고의 PC전문 매장이 되려면 제품 종류를 다양하게 구비하고 고객의 요구에 대응해야 한다. 그러나 1980년대의 일본 소프트웨어 유통망은 지금처럼 체계적이지 않았다. 소프트웨어 업체는 거의 소형 영세기업이었고 그나마도 대부분 우편 주문방식으로 판매가 이루어졌다. 따라서 매장에 더 많은 제품을 구비하려면 막대한 비용과 인력이 필요했다. 그래서 후지와라는 이런 제품군을 하나로 모아 줄 유통업체를 물색하기로 했다. 그때 후지와라의 친구 하나가 중요한 정보 하나를 알려 주면서 이렇게 말했다.

"오사카에서 개최된 전자 전시회에 한 젊은 사장이 제일 큰 부스를 예약했는데, 거기에 수십 개의 업체가 소프트웨어 제품을 전시하고 있었다네. 그 사장 이름이 '손정의'라고 하더군. 내 친구 놈 회사도 손 사장 부스를 빌려서 전시를 했다는구먼."

1981년 12월 초순, 후지와라는 손정의에게 연락을 취해서 현재 회사가 유통에서 겪는 어려움을 설명하면서 협력을 제안했다. 후지와라는 손정의에게 언제 한 번 J&P 매장을 들러 달라고 부탁했다. 하지만 손정의는 그의 제안에 "말씀은 감사하지만 제가 지금은 그쪽으로 갈 수 없는 상황입니다."라고 대답할 수밖에 없었다. 손정의는 당시 오사카 전시회에 돈을 거의 써버려서 오사카행 기차표조차 살 형편이 안 되었던 것이다. 그런데 다행히 후지와라로부터 손정의를 소개받은 조신 전기의 사장 조구 히로미쓰淨弘博光가 도쿄로 출장을 가게 되어, 만남이 가까스로 성사되었다. 손정의는 조구 사장을 만난 자리에서 솔직한 심정을 밝혔다.

"이미 후지와라 씨께도 말씀드렸지만 저는 이 방면에서 경험도, 자금도 부족합니다. 단지 이 일에 대한 열정 하나는 누구보다도 뒤지지 않는다는 점만 말씀드리겠습니다. 저는 반드시 일본 안의 모든 소프트웨어 제품을 하나로 모아 J&P에 납품하겠습니다. 저와 독점 대리상 계약을 체결하시죠." 조구 사장은 당시 손정의에게 받은 인상에 대해서 "열의가 가득하고 생기 넘치는 젊은이였죠. 꼭 저의 젊은 시절 모습을 보는 것 같았습니다."라고 표현했다. 조구 사장의 칭찬과 지원을 등에 업고 손정의는 마침내 조신 전기와 독점대리상 계약을 체결했다.

조신 전기와 협력이 결정된 후 오래지 않아 손정의는 일본 최대의 소프트웨어 업체인 허드슨Hudson과 추가적인 독점대리상 계약을 체결했다. 당시 허드슨의 구도 유지工藤裕司 사장과 손정의가 만날 수 있었던 계기도 오사카 전시회. 원래 손정의는 처음 구도 사장을 만났을 때 "제가 전자 전시회에서 큰 부스를 하나 얻었는데, 저희 부스에서 선생님 회사의 제품을 전시하시지 않겠습니까?"라고 질문했지만, 당시 구도 사장은 그 질문에 응하지 않았다. 하지만 이내 손정의라는 청년에 대해서 흥미가 생기기 시작했다. 그래서 그는 회사 경영을 실질적으로 담당하고 있는 아우인 구도 히로시工藤浩에게 손정의를 소개하면서 이렇게 말했다. "손정의라는 이 사람, 흥미롭고 믿을 만한 친구야. 네가 한번 만나서 사업을 논의해 보려무나."

초창기 허드슨은 전파신문사의 〈마이컴MY COM〉이라는 잡지에 광고를 싣고 잡지를 통해 우편판매 서비스를 개시했다. 그러자 판매실적은 의외로 좋았다. 이를 본 전파신문사는 지사의 네트워크를 활용해서 허드슨의 소프트웨어를 판매하면 유통 분야에서 새로운 수익을 창출할 수 있을 것으로 생각했다. 그래서 전파신문사는 허드슨 제품의 독점 판매권을 노리고 있었다. 전자 도소매를 전문으로 하는 업체 니데코NIDECO도 허드슨과 소프트웨어 유통계약을 맺고 싶어 하는 또 다른 업체였다. 손정의의 소프트뱅크도 여기에 도전장을 내밀었다. 이렇게 해서 전파신문사와 니데코, 소프트뱅크까지 허드슨의 유통을 담당하기 위한 세 업체 간의 경쟁이 시작되었다. 하지만 전파신문사와 니데코에 비해서 소프트뱅크는 실적이나 신용 기록이 거의 없었고 자금도 부족해서 많이 불리한 상황이었다. 유일한 장점이 있다면 손정의 사장의 열정과 꿈이라고나 할까? 모든 상황이 소프트뱅크에게는 불리했지만 손정의는 구도 히로시에게 적극적으로 매달렸다. "허드슨과 독점 계약을 체결하고 싶습니다!" 구도 히로시는 만난 지 얼마 되지도 않아 독점계약을 운운하는 당찬 청년을 회상하면서 이렇게 말한다.

"손정의 사장을 만나자마자 그의 매력에 완전히 빠져버렸습니다. 두 번째 만났을 때는 손정의라는 그 친구가 정말 대단한 사람이라는 생각마저 들었어요. 손 사장의 말을 다 듣고 나니 그가 사기꾼이 아니라 진실 된 친구라는 사실을 알게 되었어요. 그래서 사람 하나만 보고 일을 맡기기로 했습니다. 그런데 사업은 사업이기에 조건을 하나 내걸었죠. 허드슨의 독점 대리권을 얻으려면 12월 말이 되기 전에 3천만 엔을 준비해 오라고 말이죠. 일본 제일을 꿈꾸는 사람이 만약 3천만 엔도 구해 오지 못한다면 그 나중 일은 논할 가치조차 없겠지요. 손 사장이 조금은 놀라는 것 같았지만, 역시나 요구한 기한 내에 돈을 마련해 오더군요. 그래서 곧장 그와 독점 계약을 체결했습니다."

손정의는 이 일을 회상하면서 자신의 비즈니스 관점에 대해 이렇게 설명한다.

"다른 업체와 협력을 할 거면 이왕이면 가장 큰 회사와 해야 합니다. 사전에 철저하게 준비를 해서 말이죠. 저는 이것을 성사시키기 위해서 사력을 다했습니다. 일단 가장 큰 회사와 협력하는 것에 성공하면, 나머지 일은 말하지 않아도 저절로 다 해결되는 법입니다. 일단 일본 최고의 회사가 되기로 했으면 이 목표를 향해 매진해야죠. 이것은 제 신조예요. 정신을 집중해서 일본 최고가 되는 데 성공하면 그다음에는 어떤 일이라도 다 할 수 있게 돼요. 사업도 지속적으로 발전하게 되고요. 이를테면 이런 거죠. 제가 조신 전기, 허드슨과 독점 대리상 계약을 체결하고 나니 수많은 소프트웨어 회사들이 저희 회사에 전화를 걸어왔어요. 서로 소프트뱅크의 가맹점이 되겠다는 겁니다. 그래서 가맹점 수는 빠른 속도로 불어났습니다. 그중 90% 이상이 자발적으로 우리 회사에 전화를 걸어온 경우예요. 큰 힘을 들이지 않고 목표를 이룬 셈입니다. 이보다 더 쉽게 경영할 수는 없었죠."

이렇게 해서 소프트뱅크는 불과 몇 개월 만에 일본 최대의 소프트웨어 판매상으로 성장했고 점유율은 40%에 달했다. 초창기에는 손정의가 최고의 전시장 부스를 마련하기 위해 8백만 엔을 몽땅 투자하는 바람에, 오사카행 기차표조차 구입하지 못할 정도로 어려운 처지가 되기도 했다. 하지만 이것은 그의 '인생 50년 계획'에서 첫 관문을 통과하게 해 준 가장 지혜로운 결정이다. 사람들은 손정의의 혜안에 혀를 내두르지 않을 수 없다.

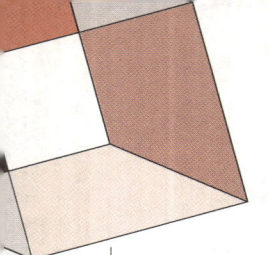

인터넷은 가장 안전한 투자처

인류는 역사를 통틀어 총 세 번의 혁명, 즉 농업혁명, 산업혁명, 정보혁명을 거쳐 왔다. 이 중에서 정보 혁명은 아직도 현재진행형이다. 손정의가 젊었을 때부터 수도 없이 되뇐 말이 있다. 그것은 바로 "정보화 사회는 4단계로 이루어진다."는 말이다. 이 말은 손정의가 입만 열면 내뱉는 말버릇이 되었는데 소프트뱅크가 설립된 이후에도 변함이 없다. 손정의가 말하는 정보화 사회의 제3단계에서는 디지털 정보 기술을 제공한 마이크로소프트, 인텔, 오라클Oracle 등의 유명 회사들이 주요 역할을 담당했다. 그러나 정보화 사회의 제4단계가 도래하면서 주요한 역할 담당자가 바뀌게 된다. 그 주인공은 바로 디지털정보 서비스를 제공하는 '인터넷 네트워크' 회사들이다. 그때는 정보 산업의 성장 폭도 지금의 PC산업에 비해 훨씬 커지게 될 것이다. 이는 손정의에게 신앙과도 같은 믿음이다. 손정의는 그의 꿈에 대해서 "정보화 사회가 제4단계에 접어들 때, 소프트뱅크가 세계 10대 기업의 대열에 들어섰으면 좋겠습니다. 솔직히 말해서 제 꿈은 1등이 되는 것입니다. 제 마음속에는 1등만 있지, 2등은 없습니다."라고 말했다. 이 목표를 이루기 위해 손정의는 거대한 계획을 차근차근 실행해 나갔다.

그는 다른 사람에게 비웃음을 받아도 자신이 한 번 옳다고 여기면 아랑곳하지 않고 그 뜻을 추진했다. 20세기의 마지막 6년간 그가 투자한 IT 회사는 그 수가 6백여 곳에 달할 정도였다. 그중에는 인터넷 검색시장의 야생마, 야후도 포함되어 있었다. 그는 여기에 대해서 이렇게 말한다.

"당시 미국 최대의 전자 관련 신문매체인 지디넷ZD Net은 IT산업에 대해서 탁월한 통찰력을 지닌 업체였습니다. 새로운 발명품이나 신기술이라면 모르는 것이 없을 정도로 다 꿰고 있었죠. 인터넷과 관련해서는 가장 상세한 정보를 가지고 있었어요. 그래서 우리는 50억 달러를 들여 지디넷과 컴덱스Comdex, 기타 연관회사의 지분을 사들였습니다. 인터넷시장의 보물지도를 사들인 셈이죠. 그러고 나서 지디넷의 회장에게 이런 질문을 했어요. '제가 인터넷 시장에 투자하려고 하는데 어떤 회사부터 만나 보아야 할까요?'라고요. 그러자 그는 바로 야후를 추천하더군요. 그러더니 '야후는 회사 규모가 작고 젊은 학생들이 설립한 회사라 지금은 적자만 기록할 뿐 별다른 수입도 없습니다.'라고 덧붙였습니다. 그래도 저는 상관없다고 말했죠. 건설적인 생각을 가지고 뭉친 학생들을 저 개인적으로도 한번 만나

보고 싶었습니다. 처음 그들을 만났을 때 야후의 직원 수는 다섯 명 뿐이었죠. 제리 양은 27~28세 정도로 보였고 다른 친구들도 모두 젊어 보였어요. 한 가지 생각에 미쳐서 하나로 똘똘 뭉친 젊은이들이었죠. 먹는 것도 잊고 열정적으로 일하는 그들의 태도를 저는 무척 좋아했습니다." 훗날 손정의는 3억 5천5백만 달러를 들여 야후의 지분 37%를 확보했다. 손정의가 처음에 투자한 야후의 주당 원가는 2.5달러였지만 이는 훗날 250달러가 되어 100배나 성장했다.

2000년 10월, 손정의는 알리바바의 CEO 마윈馬云과 고작 6분간 미팅을 한 후, 2천만 달러를 알리바바에 투자하기로 결정했다. 이어서 2004년 2월에는 알리바바에 대한 투자금을 6천만 달러 추가하기로 했다. 그는 이에 대해서 "처음 마윈을 대면했던 6분간 그는 매우 진실 된 이미지를 보여 주었습니다. 저는 마윈과 함께 알리바바에서 더 큰 일을 이루고 싶었습니다."라고 말했다. 협력 계약을 체결한 후 손정의는 "알리바바는 중국에서 가장 획기적인 인터넷 성공사례입니다. 알리바바의 우수한 경영진은 효율적인 경영모델을 통해 인터넷 기업간B2B 거래에서 탁월한 성과를 거두고 있습니다. 알리바바와의 협력은 전략적인 의미가 큽니다. 저는 알리바바가 갖춘 세계적인 자원과 현지 시장에서의 노하우를 살려 B2B 전자 상거래 시장에서 그 잠재력을 발휘할 것을 믿어요."라고 말하면서 알리바바와 CEO 마윈에 대한 변함없는 믿음을 드러냈다.

1999년에서 2000년에 이르는 기간에 알리바바는 놀라운 속도로 성장했다. 불과 6개월이라는 짧은 시간에 그들은 세계 일류의 웹페이지를 구축했으며, 12개월 만에 전 세계 최대, 최고의 B2B 사이트를 개설했다. 사이트의 회원 수는 역사가 20년이 넘는 회사의 회원수보다 더 많아졌다. 급속도의 인기몰이 끝에 알리바바는 하룻밤 만에 중국 내외 수십여 곳에 달하는 언론매체의 스포트라이트를 받았다. 손정의는 마윈과 그 경영진을 믿었고 알리바바의 전자상거래 모델의 발전 잠재력을 보았기 때문에 투자를 감행했다. 그래서 큰 성공을 이끌어 낼 수 있었다.

손정의는 인터넷 기반의 가상공간에서 세계 최고가 되려면 '사람들의 주목과 관심을 끌 수 있는가?', '돈의 흐름을 주도할 수 있는가?'를 살펴야 한다고 강조한다. 그런 점에서 인터넷 포털사이트 '야후'와 전자상거래 사이트 '알리바바'는 최적의 투자조건을 갖춘 셈이다.

인터넷 공간의 '관심거리'와 '돈의 흐름'에 대한 주도권을 확보하기 위해서 소프트뱅크는 추가적인 조치를 취한다. 상장사 10곳, 비 상장업체 100곳(미국 지역 인터넷 관련 업체)에 투자하기로 한 것. 그러나 2001년, 닷컴기업의 거품이 사라지면서 소프트뱅크의 손실액은 자산의 95%에 달하게 되었다. 회사는 창사 이래 최대의 위기에 직면했다. 그러나 손정의에게 잠시 잠깐의 어려움은 문제가 되지 않았기 때문에 그는 곧 재기의 기회를 맞을 수 있었다.

야후가 증시에 상장되자 손정의는 보유 주식 중 5%를 매각해서 4억 5천만 달러의 현금을 거두어들이고도 여전히 야후의 최대주주로 남았다. 이와 같이 야후에 대한 투자과정은 손정의만의 전형적인 투자 방식을 잘 보여 주는 사례이다. 그의 투자는 리스크적인 요소도 있지만, 한편으로는 전략적이다. 손정의는 투자회사가 상장하면 일부 주식을 매각하여 시세차익을 얻어 현금흐름을 원활하게 하고, 나머지 주식은 장기적으로 보유하여 리스크를 분산시키는 치밀함을 보인다. 2000년 말 기준으로 그가 IT회사에 투자한 금액은 총 25억 달러였지만 증시상장을 통해 총 30억 달러를 회수했다. 리스크가 많은 대규모 투자였지만 오히려 신중하게 처리해서 놀라운 성과를 거둔 것이다. 리스크가 많은 손정의는 "인터넷은 가장 안전한 투자처입니다."라고 고집한다. 그래서 소프트뱅크는 다양한 투자펀드를 운영하면서 숨겨진 닷컴기업을 찾는 데 주력했다. 2003년, 아시아 인프라스트럭처 펀드*는 중국 온라인 게임업체 샨다Shanda에 4천만 달러를 투자했다. 나스닥의 증시 폭락으로 인한 피해가 물러갈 때즈음, 인터넷주는 다시 활기를 되찾았다. 이로써 2004년 가을, 소프트뱅크가 1년 전 샨다에 투자한 4천만 달러는 5억 5천만 달러로 되돌아왔다.

    손정의는 또 한 번 투자 안목을 다부지게 발휘했다. 그 결과, 세계 최고의 벤처캐피털 업체, 소프트뱅크는 현재 중국 인터넷업계의 최대 주주가 되었다. 회사는 유티스타콤UT斯達康, UTStarcom**을 비롯해서 시나닷컴新浪, Sina***, 넷이즈닷컴網易, Net Ease****, 시트립攜

---

* Softbank Asia Infrastructure Fund
** 미국계 인터넷 통신업체. 본사는 미국 캘리포니아에 위치.
*** 중국 인터넷 포털사이트
**** 중국 인터넷 포털사이트로, 163.com이라는 유명 메일계정을 운영함.

程, Ctrip*, 샨다, 포커스미디어 分衆傳媒, FocusMedia**, 알리바바, 당당 當當, Dangdang***, 타오바오, 블로그차이나 博客中國, Blogchina**** 등 중국 내 유수의 닷컴기업에 아낌없이 투자했다.

2005년 8월, 알리바바와 야후 차이나의 인수합병 소식이 전해졌다. 알리바바가 야후 차이나의 모든 자산을 인수한다는 내용이었다. 야후 본사는 그 대가로 알리바바의 주식 일부를 양도받아 알리바바에 전략적 투자자로 참여하게 되었다. 이를 위해서 소프트뱅크는 보유하고 있던 타오바오 알리바바의 자회사 주식을 야후 본사에 양도하고 그 대가로 3.6억 달러를 받았다. 그리고 프랑스, 독일, 영국, 한국의 야후 지분을 모두 야후 본사에 매각했다. 이러한 일련의 활동 끝에 소프트뱅크는 2005년 한 해에만 야후로부터 총 8억 달러의 자금을 확보하게 되었다.

알리바바는 손정의가 가장 중시하는 투자 업체이다. 알리바바의 CEO 마윈은 손정의와 비슷한 사고방식의 소유자이다. 그는 손정의 투자방식을 두둔하며 이렇게 말한다.

"저는 손정의 투자방식이 잘못되지 않다고 생각합니다. 그의 투자방식은 '사람'을 보는 것이고, 그가 사람을 보는 기준은 '이 사람이 과연 큰 일을 할 수 있는 인물인가?' 하는 것입니다. 지금은 비

---

* 중국 최대의 온라인 여행 전문 업체
** 디지털 광고미디어 업체
*** 인터넷 서점을 주축으로 한 중국의 쇼핑사이트
**** 중국의 블로그 사이트로, 2002년 개통되면서 중국에 처음으로 블로그를 소개함.

록 성장 기회가 없어 보이는 회사라도 괜찮은 사람을 지도자로 세워 놓으면 문제없습니다. 손정의는 자금으로 우수한 인재들을 확보해 놓고 있어요. 그래서 지금 기회가 없더라도 훗날에는 기회가 꼭 생길 겁니다."

크게 베팅하라 – 휴대폰사업 공략기

Chapter 9

손정의는 일본의 최대 온라인 게임업체, 방문횟수 최대 사이트, 최대 전자상거래 사이트, 최대 인터넷 경매 사이트의 지분을 보유하고 있다. 그는 여기에 대해서 "일본에서 저희는 야후에 구글, 이베이까지 합친 대단한 업체로 인정받고 있습니다."라고 하면서 자랑스럽게 생각한다. 그가 이렇게 탁월한 투자성과를 거둔 것은 탁월한 투자 안목과 굳은 의지 때문이다.

2001년, 손정의는 머지않아 초고속 인터넷 시대가 도래할 것으로 예측했다. 그래서 그는 일본 정부에 관련 규정을 재정비해 달라고 끊임없이 요구한 끝에 자신이 원하는 목적을 달성했다. 그 결과, 소프트뱅크는 브로드밴드 Broad Band* 사업을 할 수 있는 기회를 얻게

---

* 광대역 통신이라는 말로, 하나의 전송매체에 여러 개의 데이터 채널을 제공하는 정보통신 관련 용어. 초고속 인터넷 인프라를 말하기도 함.

되었다.

원래 소프트뱅크가 일본의 브로드밴드 사업에 뛰어들기 전에는 NTT^{일본 전신전화}라는 회사가 기존의 사업망을 장악하고 있었다. 그래서 후발 주자인 소프트뱅크로서는 NTT의 각종 방해와 높은 진입 장벽을 뛰어넘어야 했다. 소프트뱅크는 자본액이 NTT의 10분의 1밖에 되지 않았지만, 손정의는 사력을 다해 사업의 문을 노크했다. 당시 NTT의 인터넷 속도는 소프트뱅크에 비교도 되지 않을 정도로 훨씬 느렸으며 국내 장거리 전화요금도 지나치게 비쌌다. 손정의는 소프트뱅크의 브로드밴드를 기반으로 고객들에게 무료 장거리 전화 서비스를 제공했다. 이로써 브로드밴드 고객이 많이 늘어났고 경쟁사의 수익도 크게 낮아졌다. 브로드밴드 사업을 위해서 손정의는 어떠한 희생도 치를 각오가 되어 있었다. 시작한 지 4년 만에 매년 10억 달러의 적자를 기록했지만, 그는 아랑곳하지 않았다. 오히려 적을 향해 배수진을 치고, 타고 온 나룻배조차 찍어 강에 버렸다. NTT에는 손정의와 같은 필사적인 용기와 의지가 없었는지 소프트뱅크에 필적할 만한 브로드밴드 서비스를 출시하지 못했다. 6년 후, 소프트뱅크는 수많은 고객 수를 확보하고 2007년에 드디어 575억 엔에 달하는 순이익을 기록하기에 이른다.

손정의는 여기서 멈추지 않았다. 그는 가정용 전화에서 한발 더 나아가 휴대폰 브로드밴드 사업에도 눈을 돌렸다. 지금은 전 세계 연간 PC 판매대수는 2억 대에 달하는데, 휴대폰 판매대수는 PC의 5배인 10억 대를 넘어섰다. 이제는 누구나 휴대폰으로 인터넷에 접속할 수 있는 시대가 되었다. 시장을 보는 안목이 뛰어난 손정의는 또 다른 사업 기회를 포착했다. 그래서 2007년 4월, 그는 155억 달러를 들여 일본에서 세 번째로 큰 이동전화 회사인 보다폰Vodafone을 인수했다. 그는 우선 휴대폰 네트워크 환경을 고속 3G로 전환하는 동시에 휴대폰 기능도 개선했다. 그래서 휴대폰의 특수 버튼만 누르면 3G망을 통해 소프트뱅크 산하의 사이트인 야후 재팬Yahoo Japan 사이트에 접속할 수 있게 되었다. 컴퓨터의 인터넷 기능이 휴대폰으로 이전되는 순간이었다. 이제 휴대폰은 통화만 하는 기기가 아니라 인터넷까지 가능한 도구로 진화한 것이다. 2007년 소프트뱅크가 판매한 휴대폰 중 99%가 3G 환경이었다. 그해 하반기까지 소프트뱅크가 인수한 이동전화 회사 보다폰은 이미 일본 이동전화 회사 중에서 가장 빠른 속도로 신규 고객을 유치한 회사가 되었다.

휴대폰 인터넷 기능으로 주도권을 확보한 후 손정의는 다음 작업으로 금광을 캐는 일에 착수했다. 그것은 바로 휴대폰 쇼핑이었다. 손정의는 컴퓨터로 인터넷 쇼핑을 하게 되면 결제과정이 번거롭고 안전성이 보장되지 않는다는 단점이 있다고 생각했다. 그래서 그는 소비자가 휴대폰으로 제품을 구입하면 다음 달 전화 이용요금에 물품대금이 같이 청구되는 시스템을 만들었다. 휴대폰은 인터넷만 하는 수준에서 더 나아가 쇼핑, 결제까지 하는 도구로 성장했다. 이에 대해 손정의는 이렇게 한마디 던졌다. "이제야 시작입니다."

손정의의 정책결정 방식 – 실사구시 實事求是

손정의의 오랜 친구인 아사히솔라 日太陽能 의 하야시 다케시 林武志 사장은 손정의의 업무 처리스타일에 대해서 이렇게 말한다.

"한번은 손정의가 저를 찾아와서 1천6백억 엔의 인수 사안을 고민 중이라고 말하더군요. 금액이 160억 정도였다면 해 보라고 말하겠지만, 1천6백억 엔이라고 하니 엄두가 안 났어요. 솔직히 말해서 그때 저는 이 친구 머리가 어떻게 되었나 하고 의심이 들기도 했죠. 그래서 저는 그에게 좀 더 구체적으로 따져 보라고 했어요. 우선 '왜 인수를 하려고 하는가?', '절차는 어떻게 되는가?'에 대해서 세 시간 넘게 그 친구 설명을 들었죠. 끝까지 들은 후에는 '그래, 해도 되겠다.'라는 생각이 들었습니다. 자금 확보 방안을 비롯한 기타 내용들이 모두 치밀하게 준비되었더군요. 그가 말하는 것들은 이미 확실하게 분석을 거친 것이었기 때문에 아무런 문제가 없었어요."

손정의는 투자 전에 철저하게 정보를 수집, 분석하기로 유명하다. 이는 지디넷을 인수할 때를 예를 들면 알 수 있다. 당시 손정의는 지디넷 인수를 위해 노무라 野村 증권의 리서치 부서와 모건스탠리 Morgan Stanley에서 근무했던 투자은행 전문가 등 열 명을 모아 조사팀을 만들어 정보를 조사하고 정밀 분석했다. 그들은 매주 손정의에게 10센티미터가량의 두꺼운 보고서를 제출했다. 손정의는 보고서를 자세하게 읽은 뒤 질문을 하고 또다시 새로운 방향을 제시했다. 이러한 질문들이나 지시사항은 항상 정곡을 찌르는 날카로운 것들이었다. 그래서 유능한 조사 팀원들조차도 그의 능력에 감탄하지 않을 수 없었다. 이러한 작업은 3개월간 반복되었다. 그동안 쌓인 보고서만 해도 십여 권에 달했다. 거의 모든 항목이 빠짐없이 추론, 증명되었고 이때서야 손정의는 지디넷을 인수하기로 최종 결정했다.

소프트뱅크의 미야우치 겐 官內謙 상무는 그의 이런 태도에 대해서 이렇게 말한다. "사람들은 손 사장 성격이 털털할 것으로 생각합니다. 그런데 이것은 한참 잘못된 생각이에요. 그는 어떤 업무를 하기 전에 항상 철저하게 정보를 수집하고 분석하는 과정을 거칩니다. 그때 소요되는 돈이나 시간도 아까워하지 않죠. 그가 만족할 때까지 그런 작업은 계속됩니다. 한마디로 그의 일거수일투족이 사실, 치밀한 계산에 의해서 이루어지는 거죠. 처음 아이디어는 다소 과장된 면이 있다 해도 그것은 이런 과정을 통해 굉장히 치밀해지고 현실적으로 가공된답니다."

손정의의 정책결정 방식에는 또 다른 독특한 면이 있다. 일반적으로 돈을 벌려면 고객을 먼저 만나야 하고, 그러다 보면 회사에 현금이 돌고, 그다음에야 비로소 회사에 성장이 있는 법이다. 그런데 손정의의 사고방식은 이와 완전히 다르다. 그는 사업을 시작하기 전에 먼저 거시적인 관점에서 사업을 둘러싼 산업의 관계를 따진다. 그다음에 전 세계적인 관점에서 사업을 바라본다. 그다음에야 비로소 이 구상을 실천하여 마무리 지을 구체적인 방안들을 고민한다. 이런 손정의와 비슷한 사유방식을 가진 사람이 바로 알리바바의 CEO 마윈이다. 그는 사업을 바라볼 때 매출액이나 성장률 등은 입에 올리지도 않는다. 오히려 끊임없이 산업 관계를 바라보고 세계적인 관점에서 문제를 바라본다. 그다음에야 그것을 실행할 구체적인 사항^{인원, 자금 등}들을 의논한다.

초기에는 단순한 전략에 불과했던 손정의의 투자구상은 이런 과정을 통해 70%의 실행능력을 갖춘다. 그는 이렇게 말한다.

"저는 절대 50%의 비율이 아닌 7대 3의 승산을 가지고 사업을 진행합니다. 만약 90%나 99%로 승산 날 때까지 기다려야 행동을 개시할 수 있게 된다면 제 사업은 절대 지금처럼 성공하지 못했을 거예요. 지나치게 신중하면 좋은 기회를 많이 놓칠 수 있기 때문이죠. 제가 목표로 삼는다는 것은 다른 사람도 욕심을 낸다는 말입니다. 따라서 90%의 승률을 확신해야 행동하는 사람은 70% 승률에도 움직이는 사람에게 패하고 맙니다. 비율로 따지자면 90% 승산은 70% 승산에 비해 훨씬 더 이상적이지만 실전에서는 오히려 전자가 힘을 발휘하지 못해요. 경주용 말을 예로 들어 보죠. 승률이 몇 퍼센트 더 높은 말에게 돈을 걸면 어떻게 될까요. 그만큼 자기에게 돌아올 수 있는 상금의 크기가 줄어들게 되는 거죠. 마찬가지로 90%의 승산을 목표로 하는 사람은 성공을 독차지할 확률도 그만큼 낮다는 말입니다. 정반대의 입장에서 보면 70%의 승률을 목표로 하는 사람은 지게 될 확률도 30%를 넘지 않는다는 말이 됩니다. 도마뱀의 꼬리를 10분의 3정도 잘라도 그것은 다시 자라서 생명에 지장이 없습니다. 그런데 만약 도마뱀의 꼬리가 50% 잘려 나간다면 도마뱀은 분명히 죽고 말 것입니다. 여기서 알 수 있듯이 도마뱀이 생존, 또는 몸을 재생하기 위해 필요한 최소한의 꼬리만 남겨 놓고 잘라 버리면 됩니다. 바꾸어 말하면 실패해도 살 수 있는 범위에서만 리스크를 관리하면 된다는 말이죠. 따라서 실패의 최대 임계치는 바로 30%입니다."

제10장

하워드 슐츠,
모두를 만족시켜라

the GREAT

Howard Schultz

하워드 슐츠 Howard Schultz 는 스타벅스 Starbucks 라는 커피 제국을 전 세계로 확대시킨 인물이다. 그 성장속도가 어찌나 빨랐는지 〈포춘〉, 〈포브스 Forbes〉지에 '동네의 한 작은 커피숍에 불과했던 스타벅스가 불과 20여 년 만에 37개 국가에 1만 1천 개의 체인을 둔, 거대 기업으로 성장했다.'라고 소개되기도 했다. 세계적인 거부, 빌 게이츠의 부친인 윌리엄 게이츠 시니어 William H. Gates Sr. 는 일찍이 하워드 슐츠의 변호사직을 맡았다. 윌리엄 게이츠는 커피사업에 대한 열정으로 충만한 청년에 불과했던 당시의 하워드 슐츠를 회상하며 이렇게 말한다.

"그 당시 저는 변호사였어요. 스타벅스의 사업 계획서를 가져온 슐츠의 두 눈은 매우 반짝거렸습니다. 그는 사업을 할 때 의지가 굳고 바르며 진취적이었습니다. 아주 보기 드문 인재였죠. 그의 성공은 어찌 보면 당연한 결과예요."

월스트리트에서 스타벅스의 주가는 10년 만에 22배나 반등한다. 매출 규모에서도 GE, 펩시콜라 Pepsi, 코카콜라 Coca-Cola, 마이크로소프트, IBM 등 유수의 대기업을 초월한 대기업으로 성장한다. 하워드 슐츠는 스타벅스의 기적을 어떻게 만들어 낸 것인가?

스타벅스, 분위기를 팝니다

Chapter 10

하워드 슐츠는 1975년 대학을 졸업한 후 제록스^{Xerox}에 취직해서 한동안 세일즈맨으로 일했다. 그 후 그는 스위스 주방 기구를 수입 회사인 해마플라스트^{Hammarplast}로 직장을 옮겨 미국 지부의 부사장이 되었다. 그 과정에서 그는 시애틀에 있는 '스타벅스'라는 작은 커피 회사가 드립^{Drip}식 커피추출기를 대량으로 구입한다는 사실을 알게 되었다. 그 수량이 메이시^{Macy}와 같은 대형 회사보다 훨씬 더 많았던지라, 호기심이 발동한 그는 도대체 무슨 일인지 알아보기 위해 직접 시애틀로 갔다. 슐츠는 처음 스타벅스에 도착했을 때의 느낌에 대해 이렇게 회상한다.

"그곳에 도착했을 때 사방에서 향기로운 커피 향이 코를 찔렀습니다. 그것은 가공되지 않은 커피 본연의 진한 향기였죠. 마치 세공되지 않은 다이아몬드처럼 신선한 느낌이었어요. 그 순간 저는 그것을 빛나는 보석으로 다듬고 싶다는 생각이 들었습니다." 그때의 감동은 얼마 후 슐츠가 커피사업을 하기로 결심하게 한 결정적인 계기가 되었다. 그리고 1982년, 슐츠는 연봉이 7만 5천 달러나 하는 일자리를 버려 두고 스타벅스의 마케팅 책임자가 되었다.

1년 후, 슐츠는 밀라노로 출장을 갔다. 그곳에서 커피사업의 성장을 위한 결정적인 전환점을 맞았다. 길가의 한 커피숍에서 커피를 마시면서 그는 이탈리아의 독특한 커피 문화를 경험했다. 이탈리아 사람들은 커피숍에서 커피만 마시는 것이 아니었다. 그들에게 커피숍은 친구와 가족들끼리 모두 함께 모여 떠들썩하게 이야기도 나누고 휴식도 즐기는 문화의 장소였다. 그 순간 그는 무릎을 탁 쳤다. '이곳 사람들은 커피숍에서 커피만 마시는 것이 아니다. 커피를 마시는 그 순간을 즐기고 있어! 편안한 분위기에서 커피도 마시고 서로 어울리며 기분 전환하는 곳을 만들면 사람들이 모여들 거야!'

당시 미국에는 그러한 형태의 커피숍이 없었다. 그래서인지 슐츠의 마음은 사업에 대한 구상으로 들떴다. 그는 스타벅스가 충분히 이 일을 감당할 만한 능력이 있다고 믿었기에 곧장 스타벅스의 창업주에게 사업 구상을 제안했다. 하지만 그것은 비웃음거리가 되고 말았다. 그래도 슐츠는 포기하지 않고 2년 후에는 벤처캐피털을 모집해서 스타벅스의 전체 지분을 사들였다. 이때 슐츠를 도와 이 거래를 진행했던 변호사가 바로 윌리엄 게이츠 시니어 William Gates Sr.이다.

마케팅의 첫째 원리는 바로 '고객의 필요를 만족시키는 것'이었다. 슐츠가 보기에 스타벅스의 상품은 커피뿐만이 아니었다. 고객이 매장에서 체험하는 모든 것이 스타벅스의 상품이 되는 것이다. 슐츠는 미국에는 없던, 아주 새로운 커피 문화를 창조하면서 이렇게 말했다. "스타벅스는 사람들에게 제3의 장소가 될 것입니다. 첫 번째는 집이고 두 번째는 회사인데 스타벅스는 그 둘 사이에 존재하는 셈이죠. 이곳에 온 사람들은 편안하고 안전하며 마치 집에 있는 듯한 느낌이 들 것입니다."

'집에 있는 것과 같은 편안하고 즐거운 느낌'은 대부분 커피숍의 파트너_{스타벅스는 직원을 '파트너'라고 부른다.}와 고객 간의 관계에서 형성되기 마련이다. 특히 매장에서 고객을 직접 대면하는 직원들은 고객서비스, 기본적인 영업 노하우, 커피 지식, 커피 제작 기술 등에 대해 엄격한 훈련을 받게 된다. 그들은 고객이 원하는 것을 파악하기 위해 커피의 맛, 향을 설명하는 과정에서 고객과 한층 더 가까워진다. 처음에 직원들은 일대일 방식으로 몇몇 고객을 가르쳤다. 고객들은 각종 커피의 차이점을 구분한 후, 커피를 그라인딩_{Grinding, 분쇄하는 방식}하고 추출하는 과정을 배운다. 이렇게 고객과 커피 노하우를 공유함으로써 스타벅스의 지명도는 점차 높아졌다.

또한 스타벅스가 고객과의 친밀함을 유지할 수 있는 데는 매장의 분위기와 하드웨어적인 요소도 중요한 역할을 한다. 그러나 스타벅스는 점포가 확장되는 과정에서 이러한 분위기가 제대로 유지되지 못한다는 사실을 깨달았다. 그래서 소형 매장을 여러 곳에 개점하는 사업전략을 지금까지 고수하고 있다. 따라서 스타벅스의 각 점포에는 훈련이 잘된 친밀한 느낌의 직원들과 향기가 그윽하게 풍기는 멋스러운 분위기가 있다. 시대의 유행을 이끄는 인테리어는 격조가 있고 호화로우면서도 편안한 느낌이 든다. 또한 재즈와 미국의 컨트리 음악, 피아노 독주곡 위주의 감미로운 음악 소리가 매장 가득 울려 퍼진다. 이 음악들은 새로움과 유행을 추구하는 화이트칼라 고객으로부터 좋은 반응을 얻는다. 그들은 업무에서 부딪히는 각종 생존의 압박과 긴장감을 스타벅스에서 풀고 간다. 이 외에도 커피를 추출하거나 여과할 때 이따금 들리는 기계음, 커피를 섞을 때 잔과 스푼이 부딪히는 금속음이 고객의 마음을 편안하게 해 준다. 이런 모든 것이 모여서 '스타벅스의 분위기'를 만들어 낸다.

이처럼 스타벅스에는 청각으로 누리는 분위기뿐만 아니라 후각으로 즐기는 기쁨도 있다. 차별화된 로스팅 기법으로 탄생한 커피 원두는 스타벅스 커피 맛의 근원이다. 그러므로 스타벅스는 직원들에게 네 가지 금지사항담배 피우지 말고, 향수를 뿌리지도 말며, 화학 향료를 커피 원두에 첨가하지 말고, 스프 등의 식품을 판매하지 않음을 지키게 해서, 매장에서 오로지 커피 향기만 그윽하게 퍼지도록 한다. 또한 시각적인 분위기를 조성하기 위해서 스타벅스는 커피가 되기까지의 네 가지 단계를 상징하는 컬러와 디자인으로 매장을 인테리어한다. 첫째는 커피작물을 재배하는 환경을 묘사한 녹색 위주의 인테리어다. 둘째는 선홍색과 갈색 위주로 이루어진 로스팅 디자인, 세 번째는 푸른색을 물, 갈색을 커피로 삼아 진한 커피의 맛을 우려내는 추출과정을 묘사한다. 넷째, 디자인은 담황색과 흰색, 녹색 계열이 어우러져 커피의 진한 향기를 묘사한다. 조명과 벽, 탁자의 색깔은 녹색에서 시작해서 짙고 옅은 각종 커피색을 담아내어 커피의 색조를 최대한 표현하고자 한다. 포장과 컵도 기쁨을 비롯한 다양한 정서를 잘 디자인해 내고 있다. 계절이 바뀔 때마다 매장은 새로운 포스터와 현수막으로 내·외부를 새롭게 단장한다.

제품에만 머물러 있던 초창기 소비자들의 관심은 일찍이 서비스 분야로 무게중심을 한 번 옮긴 바 있다. 그러나 이제는 서비스보다 개별적인 체험을 통한 만족을 중시하는 시대가 되었다. 스타벅스는 '스타벅스 경험 Starbucks Experience'을 핵심으로 하는 일종의 '커피 종교'를 창조해 냈다. 사람들은 바쁜 업무에서 탈출해서 휴식을 즐기거나 누군가를 만나기 위해 스타벅스를 찾는다. 커피숍에서는 정신적인 위안과 기쁨을 느낄 수 있기 때문이다. 상당수의 고객이 1개월 동안 커피숍을 평균 10여 차례 정도 방문하는데 이는 스타벅스가 고객에 대한 흡인력이 강함을 증명해 주는 지표이다.

스타벅스는 어떻게 해서 지금과 같이 높은 브랜드 인지도를 갖게 되었을까? 기존의 전통적인 광고방식을 택하거나 거액을 들여 마케팅하지 않는다. 스타벅스는 오히려 사람들의 평판을 마케팅 전략에 적극적으로 활용한다. 소비자들의 입에서 입으로 소문이 전달되는 방식으로 목표 고객군에 접근하는 방법이다. 스타벅스의 매년 광고비 지출은 3천만 달러에 불과한 사실이 이를 증명한다. 이 금액은 총 매출액의 1%에도 미치지 않는 금액이며 그나마도 신제품 반응 조사 및 무선 인터넷 서비스 등과 같은 매장 내 고객서비스 수준을 높이는 데 사용된다. 일반 소비재 회사의 광고비 지출금액이 통상 3억 달러인데 비하면 상당히 대조적이다. 슐츠는 서비스업에서 가장 중요한 판매 전략은 지점을 관리하는 것이지, 광고가 아니라고 말한다. 만약 매장의 제품이나 서비스가 좋지 않다면 광고를 통해 고객을 유치한들 아무 소용이 없기 때문이다. 처음에는 광고를 본 고객들이 찾아올지는 몰라도 매장의 수준 낮은 제품, 서비스를 보고 실망하여 돌아가고 말 것이다. 그러므로 스타벅스는 광고나 판촉활동에 거액을 투자하기보다는 오히려 각각의 직원들이 가장 전문적인 지식과 열정을 가지고 서비스하도록 정책을 유지하고 있다. 그중 일대일 방식은 고객에 대한 신임을 확보하고 스타벅스의 평판을 높여 브랜드 이미지를 높여 준 일등 공신이다.

하워드 슐츠의 전략은 순차적이고 점진적으로 진행, 발전하고 있다. '한 번에 고객 한 명, 한 번에 매장 한 곳, 한 번에 시장 한 곳'이라는 전략 말이다. 스타벅스는 '한 잔의 커피를 만들기 위한 모든 과정에서 정성을 다해 임한다.'는 기준을 가지고 있다. 100번째 손님을 맞아도 처음 커피를 만드는 것처럼 정성을 쏟아야 한다는 말이다. 따라서 스타벅스의 서비스는 커피 한 잔에서 시작된다. 현재 스타벅스를 찾는 고객 수는 매주 2천5백만 명에 달한다. 거액의 자금이 투입되는 광고, 풍부한 자금력은 스타벅스라는 세계적인 브랜드를 창조하기 위한 필수조건이 아니라는 사실을 알려 주고 있다.

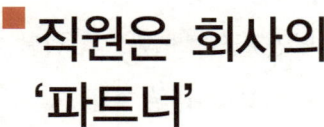

■ 직원은 회사의 '파트너'

스타벅스는 모든 사람을 만족시키도록 하는 경영목표를 가지고 있다. 즉, '직원을 최우선으로 대우하면 직원들도 자원하여 고객에게 최고의 서비스를 제공하게 된다. 그러면 회사는 자연히 돈을 벌게 되며 주가는 지속적으로 상승해 직원들 역시 이로 인한 간접적인 혜택을 누리게 된다.'는 것. 직원을 최우선으로 여기고 그들에게 투자하는 하워드 슐츠 회장의 가치관이자 신념이다.

하워드 슐츠는 한 유태인의 가정에서 태어나 뉴욕의 빈민촌에서 성장했다. 그는 가족들과 함께 좁은 아파트에서 같이 살면서 형제, 자매들과 작은 침대를 나눠 써야 했다. 집 밖의 길바닥은 불결했고 케네디 공항으로 향하는 비행기의 굉음은 어수선함을 더했다. 그의 아버지는 잡다한 노동으로 가족의 생계를 이어나갔다. 어느 날 슐츠가 학교수업을 마치고 집으로 돌아와 보니 아버지가 침대에 누워 있었다. 공사장에 있어야 할 아버지였기에 놀란 마음에 가까이서 가서 보니 아버지의 다리가 절단되어 있었다. 공사장에서 사고를 당한 것이다. 이때부터 아버지는 실업자 신세가 되었고 의료보험도 없었던 탓에 가족은 경제적으로 매우 어려운 처지에 놓였다. 슐츠는 그 사건에 대해서 이렇게 회상한다. "저는 그때의 일을 영원히 잊지 못할 것입니다. 아버지는 허풍이 심한 블루칼라 노동자였어요. 자신의 뜻이 세상에 잘 받아들여지지 않고 존중받지 못하는 것에 분노하셨죠. 그래서 저는 사업을 하면서 직원들의 가정에 이런 일이 절대 생기지 않도록 하겠다고 각오했어요."

이러한 슐츠의 사상은 스타벅스의 지분구조^{직원들에게 스톡옵션을 부여함}와 기업문화에 직접적인 영향을 미쳤고 결과적으로 회사를 성공으로 이끄는 원동력이 되었다. 그는 직원의 이익을 최고의 우선순위에 두었고 그들의 공헌을 존중한다. 이를 통해 그들이 초일류의 고객서비스 수준을 갖추도록 했고, 자연히 회사의 매출실적도 올라갔다. 슐츠의 직원 복지 내용은 다음과 같다.

1. **급여, 복지**: 스타벅스 직원의 급여 및 복지 수준은 동종 업체들보다 훨씬 높다. 1988년부터 슐츠는 매주 근무 시간이 20시간을 초과하는 직원에 대해서는 의료보험과 직원보조 방안, 상해보험을 제공했다. 회사가 보험료의 75%를 지불하기 때문에 직원들은 보험료의 25%만 납부하면 된다. 이러한 건강 복지 혜택은 동종 기업에서는 보기 드물었으므로 스타벅스는 당시

클린턴 대통령으로부터 칭찬을 듣기도 했다. 스타벅스는 또한 직원의 가정을 최대한 세심하게 보살핀다. 직원 가족의 어른에서부터 어린 아이에 이르기까지 다양한 상황에 보조할 수 있는 지원방안을 마련했다. 이로써 직원들은 자신이 대우받고 있음을 확신했고 더욱 열심히 일하게 된다. 한 매체에서는 이러한 현상에 대해서 "만약 슐츠가 스타벅스 제국의 왕이라면 직원들은 충성스러운 신하다."라고 표현하기도 했다.

2. **스톡옵션**: 스타벅스는 1991년부터 주식 투자방안을 세워서 직원들이 할인된 가격으로 주식을 매입할 수 있도록 했다. 이로써 모든 직원은 회사의 주인이 될 수 있는 길이 열렸다. 스타벅스에서는 직원을 직원이라고 부르지 않고 '파트너'로 칭한다. 이는 직원들 스스로가 회사의 주주라는 인식을 가지게 한다. 스타벅스는 스톡옵션을 통해 직원과 기업을 하나로 연결한다. 그래서 기업이 이익을 창출하면 회사의 주가는 상승하고 직원의 수중에 있는 스톡옵션은 많은 차익을 남기게 된다. 케냐에서 미국으로 이민을 온 직원 오몰로 가야라는, 근무한 지 6년 만에 스톡옵션을 행사해서 자그마치 2만 5천 달러의 수익을 올리고, 그것으로 자신을 위해 평생 홀로 힘겹게 살아온 어머니에게 집을 한 채 지어 주었다.

3. **비상 훈련**: 2001년, 스타벅스는 직원 훈련에 190만 시간을 소

요했다. 이는 전 세계 직원이 매일 평균 1시간씩 훈련을 했음을 의미한다. 스타벅스는 광고보다 직원 훈련에 더 많은 비용을 쏟는다. 스타벅스의 직원들은 입사 후 1개월 이내에 최소한 24시간에 달하는 훈련과정을 마쳐야 한다. 여기에는 회사 적응방법, 고객서비스 노하우, 매장 내 잡무에 대한 교육이 포함된다. 이로써 신입 직원에게는 고객을 어떻게 대해야 그들이 '스타벅스 경험'을 하게 되는지 이해하게 된다. 이 외에도 스타벅스는 경영진에 대한 폭넓은 교육을 실시한다. 훈련 지도자의 자질과 고객서비스 및 직업 개발도 중시한다.

4. **경영 참여:** 스타벅스의 직원 수는 초창기 100명도 되지 않던 것에서 2000년에는 10만 명에 달하게 되었다. 대기업의 직원은 종종 자신이 회사를 위해 노력한 것들이 결과적으로 회사의 성공에 어떤 공헌을 했는지 확인할 수 없다. 그래서 회사의 성공이 자신과 어떤 상관관계를 갖는지 그 연결점을 찾기 어렵다. 슐츠는 직원들이 '회사가 자신과는 별개'라고 생각하게 된 것이 '경영진이 아랫사람들에게 모범을 보이지 않기 때문'이라고 생각한다. 따라서 슐츠는 별도의 스타벅스 감찰위원회를 설립해서 각 매장의 관리자들이 회사의 직원 우선 정책을 철저하게 따르는지 감독하기로 했다.

슐츠는 아래 직원들에게 권한을 적절히 이양한다. 이를 통해서 각 지점이 중대한 결정을 자체적으로 할 수 있게 한다. 예를 들면 새로 오픈하는 매장이 있을 때 직원들은 매장의 입지 선정에서부터 안정화에 이르기까지 전 과정에 적극적으로 참여할 수 있다. 이러한 방식은 신규 매장이 현지의 문화나 소비환경을 이해하고 적응하는 데 큰 도움이 된다. 그리고 스타벅스의 본사는 '스타벅스 지원센터'로 불린다. 이곳은 지점에 명령을 하는 곳이 아니라 지원을 하는 기구가 되고 있다. 이렇게 직원을 우대하는 일련의 정책 때문에 1990년대 중반, 스타벅스의 직원 이직률은 동종업계 평균의 절반 수준에도 미치지 않게 되었다. 이는 슐츠가 구축한 직원 관리시스템이 크게 성공했음을 반증하는 사례이다.

■ 협력업체와의 유대관계

슐츠는 공급업체, 가맹점과 구매거래를 할 때 '상호 신뢰' 분위기가 정착되도록 제도화한다. 그는 강력한 브랜드는 공급업체와의 협력을 통해서 탄생할 수 있다고 생각한다. 스타벅스의 구매부 매니저는 이렇게 말한다. "공급업체를 선정하는 기준은 품질이 첫 번째이고 서비스가 두 번째입니다. 가격은 세 번째예요. 우리는 가격이 저렴하다는 이유로 품질이나 서비스 수준이 떨어지는 것을 보고만 있지 않습니다." 스타벅스는 공급업체를 선정하는 과정에 구매부서의 책임자, 제품 개발 직원, 브랜드 관리부서 등 각 부서의 직원들을 모두 참여하게 한다. 그들은 생산능력, 포장, 운송 등 다양한 방면에 대해 공급업체를 평가하여 특정 품질 기준에 도달한 업체만을 협력업체로 인정한다. 계약을 체결한 후 스타벅스는 공급업체로부터 가격, 할인, 자원 공유 등에서 특별대우를 받게 되는데 이는 스타벅스의 엄격한 품질기준과 브랜드 이미지 덕분이다. 이와 동시에 공급업체

역시 더욱 많은 주문을 받게 되어 모두가 이득을 보게 되는 셈이다.

또한 스타벅스는 공급업체와의 업무 효율성을 높이기 위해서 적극적으로 노력한다. 그래서 매년 6개월마다 혹은 일 년에 한 차례씩 공급업체와 미팅을 통해 생산량이나 개선이 필요한 부분을 논의한다. 양측은 이를 통해 생산효율과 품질수준을 높이며, 원가를 절감하고 신제품 개발에 관한 의견을 교환한다. 이러한 커뮤니케이션을 통해서 공급업체는 스타벅스의 신념과 이상을 이해하기 시작한다. 공급업체는 단기적인 이익 때문에 스타벅스와 협력하는 것이 아니다. 오히려 엄격한 품질을 요구하는 스타벅스 덕분에 자체적으로 성장할 수 있기 때문이다. 스타벅스가 발전하면 공급업체도 그만큼 수주를 확대하고 이름을 알릴 수 있게 된다. 따라서 스타벅스는 협력업체와 함께 모두 원-원Win-win할 수 있는 방법을 모색한다. 즉, 협력업체에 제공하는 재화예를 들면 운송 및 창고서비스 등에 대해서는 이윤을 생각하지 않고 관리비용만 청구하는 식이다.

반스앤노블Barnes&Noble*은 스타벅스와 협력하여 가장 성공한 회사 가운데 하나이다. 이 업체의 목표는 자사의 서점을 사람들 생활의 중심에 놓겠다는 것이다. 커피는 책과 천생연분이다. 서점에도 쉴만한 커피숍이 필요하다. 1993년 반스앤노블은 스타벅스와 협력을 시작했다. 스타벅스가 반스앤노블 고객에게 쉴 장소를 제공해 주자 반스앤노블의 책 판매량이 늘어났다. 또한 책 판매가 늘자 스타벅스의

---

* 미국의 초대형 서점 체인 업체. 북아메리카에서 가장 큰 서점 체인 업체로 1873년 찰스 M.반스(Charles M. Barnes)가 일리노이주(州) 휘턴에서 소규모 서적회사로 설립함.

매출액도 증가했다. 이러한 양사의 협력은 양측 모두 성공하는 결과를 가져왔다. 스타벅스는 식품회사와 소비재 회사와도 전략적 제휴관계를 맺었다. 크래프트 Kraft나 펩시 Pepsi, 드레이어 Dreyer 등의 업체와 협력해서 스타벅스 브랜드를 소매 유통업에도 확대했다. 그리고 그들의 판매루트를 충분히 이용해서 물류비용을 공동으로 부담하고 원가를 절감한다.

그러나 이러한 고속성장은 스타벅스에게 수많은 도전 과제들을 남겼다. 이를테면, '스타벅스 경험을 개선할 것인가?', '고객과 직원 간의 관계를 원활하고 더욱 친밀하게 하는 방법은 무엇인가?', '어떻게 하면 이들 공급업체를 잘 관리할 것인가?'를 들 수 있다. 이에 대해서 슐츠는 이렇게 말한다. "지점 수가 늘어나면서 스타벅스는 이제 곳곳에 없는 곳이 없을 만큼 친근한 점포가 되었습니다. 만약 우리가 협력업체들과 '신뢰' 관계를 유지할 수만 있다면 우리 회사는 2만 5천 명의 직원을 거느리는 회사에서, 5만 명을 거느리는 회사로까지 성장할 수도 있습니다. 이런 목표에 대해서 저는 조금도 의심하지 않습니다. 중요한 것은 우리가 고속 성장하는 과정에서 기업의 가치관과 원칙을 어떻게 지켜나가느냐 하는 것이죠."

빠르게 확산되는
스타벅스 문화

Chapter 10

스타벅스는 독자적인 마케팅 전략으로 끊임없이 시장을 개척했다. 그래서 1990년대 초반에 이르러 매출액이 3년마다 두 배로 성장하는 빠른 발전 속도를 보였다. 스타벅스는 이미 37개 국가에서 1만 1천 개의 지점을 개설했으며 매일 다섯 개의 신규 매장을 오픈하고 있다. 회사의 창업자인 슐츠도 이런 사실에 놀라워한다. "솔직히 말해 이러한 성장속도는 저 자신도 믿기 어려울 정도입니다." 이러한 사실을 증명이라도 하듯이, 미국의 큰 거리와 골목 곳곳에서는 스타벅스 간판을 어렵지 않게 찾을 수 있다. 스타벅스가 이렇게 매장 수를 확대한 이유는 고객들의 줄 서는 불편함을 덜어 주기 위해서다. 통계에 따르면 스타벅스는 매일 2,270만 갤런의 커피를 준비해야 고객의 수요를 충족시킬 수 있다고 한다. 또한 매주 스타벅스의 매장을 찾는 고객 수는 4천만 명 이상이며, 시애틀 외곽의 스타벅스 로스팅 공장에서는 전 세계로 납품하기 위해 매일 평균 2백만 파운드의 원두를 로스팅한다고 한다.

이렇듯 스타벅스의 문화는 미국인의 일상에서 깊게 뿌리내렸다. 미국 전역에서 인기몰이를 하고 있는 〈오프라 윈프리 쇼Oprah Winfrey Show〉에서, 그리고 미국 최고의 시청률을 기록한 〈심슨가족The Simpsons〉 등의 TV 프로그램에서도 스타벅스의 영향력은 실감할 수 있다. 2004년 이래 스타벅스의 연간 매출 성장률은 20% 선을 지속해 왔다. 2004년에는 스타벅스의 주가가 2003년에 비해 56% 상승했다. 1992년 스타벅스가 처음 증시 상장했을 당시에 비하면 주가는 30.28% 상승한 것이다. 2003년 스타벅스는 시애틀 베스트 커피Seattle' Best Coffee를 인수한 후, 이를 연 수입 10억 달러가 넘는 회사로 성장시켰다. 2004년 1월부터 스타벅스는 프랑스에 지점을 속속 오픈하고 미국에는 드라이브 인Drive-in* 매장을 개점했다. 통계에 따르면 스타벅스는 2004년 한 해에만 전 세계적으로 1천3백 개의 지점을 세웠으며 그 후에도 계속 확장되고 있다고 한다.

세계화라는 전략 앞에서 슐츠는 줄곧 스타벅스라는 커피 왕국의 건설 방법을 고민해 왔다. 여기에는 새로운 관리시스템과 경영진을 세우는 것, 대형 커피 로스팅 공장을 건설하는 일, 커피 농장이 원두 품종을 개선하도록 돕는 일 등이 포함된다. 스타벅스는 이런 활동을 통해 수준 높은 제품과 서비스를 고객에게 제공할 수 있다.

---

* 차를 운전하면서 노상에서 커피를 구입할 수 있도록 한 매장

4달러짜리 커피 한잔을 사기 위해 매일 수백만 명의 미국인이 줄을 선다는 사실이 믿기는가? 수많은 미국인이 캐러멜 마키야또 Caramel Macchiato 한 잔을 사기 위해서라면 먼 곳까지 가는 것도 마다하지 않는다는 게 믿기는가? 그러나 슐츠는 이러한 모든 일을 가능하게 했다. 스타벅스의 회장으로서 그의 머릿속은 온통 대담하고 번뜩이는 사업구상으로 가득 차 있다. 뉴욕 브루클린 Brooklyn에서 혈액을 팔아야 학비를 낼 수 있을 정도로 가난했던 소년 슐츠는 어릴 적부터 상상력이 풍부했다. 원래 미국에서는 커피가 몇십 센트만 내면 살 수 있는 값싼 음료였지만, 슐츠에 의해 커피에 대한 인식이 바뀌게 되었다. 스타벅스는 도시 남녀가 저마다 하나씩 커다란 커피 잔을 들고 다니는 신 풍경을 만들어 냈다. 2006년 스타벅스가 제작에 참여한 영화 〈아키라앤더비 Akeelah And The Bee〉가 미국 전역에서 상영되었다. 이렇게 해서 북미 지역의 소비자들은 커피 이외에 상품을 하나 더 추가한 스타벅스를 만나볼 수 있다. 이는 혁신적인 방법을 좋아하는 스타벅스의 평범하지 않은 도전이다.

2009년, 스타벅스 커피 제국은 시가총액이 290억 달러에 달했다. 그때 슐츠는 57세의 나이에도 불구하고 훌륭한 사업가였을 뿐만 아니라 표현력이 뛰어난 종합 예술가이기도 하다. 그는 스타벅스라는 무대에서 한 시대를 풍미한 독특한 커피 문화를 창조해 냈을 뿐만 아니라 고객과 희로애락을 나눌 무대를 가꾸고 표현했기 때문이다. 사람들은 미국에서 가장 평범하고도 값싼 커피를 일종의 문화 현상으로 바꾸어 놓은 슐츠의 '마술'을 칭찬한다. 그리고 스타벅스의 본사가 있는 시애틀의 사람들은 커피를 단순한 갈증 해소 음료로 여기지 않는다. 이곳 사람들의 화제는 종종 '어떻게 하면 커피에서 낭만과 열정을 느낄 수 있을까?'이다. 슐츠는 이렇게 말한다. "아주 오래전에 스타벅스의 직원들이 이런 말을 했어요. '우리의 사업은 배를 불리기 위한 것이 아니고 영혼을 풍요롭게 하기 위한 것이다.'라고 말이죠. 맞습니다. 스타벅스의 영업수단은 바로 '독특함'과 '다름'이에요. '더 나음'이 아니라 '다름'인 것이죠."

슐츠는 새로운 커피 문화를 만들기 위해서 힘쓰는 한편 새로운 맛의 비법을 발견하고자 부단히 노력한다. 거의 모든 종류의 커피를 직접 맛보면서 슐츠는 이렇게 말한다. "이 안에서 자연의 냄새가 느껴집니까? 보르도 포도주처럼 정말 미묘한 맛이 나는군요!" 스타벅스는 겉으로 보기에는 단순한 커피회사에 불과하지만, 그 안을 자세히 들여다보면 맛을 창조하기 위한 거대한 실험실을 갖추고 있다. 이 실험실에서는 늘 음료 제조법이 새로 연구되고 있으며 이들은 다양한 신제품으로 출시된다. 알려진 바에 따르면 스타벅스 실험실에서는 지금까지 약 5만 가지의 혼합형 커피음료가 개발되었다고 한다. 슐츠는 "음료는 얼마든지 새롭고 다양하게 창조될 수 있습니다. 음료의 맛도 중요하지만, 겉모습이나 색깔도 중요해요. 스타벅스는 녹색의 잠재력을 높게 평가하기 때문에 '녹차 카푸치노 아이스커피'를 새롭게 출시하기도 했습니다. 시대의 흐름을 따라잡도록 신경을 써야죠. 관심을 끄는 물건이 시선을 한 번이라도 더 받는 법이에요."라고 하면서 고객의 취향에 맞추려고 애쓴다.

제11장

존 챔버스,
고객에게 포커스를 맞춰라!

John Chambers

시스코^{Cisco Systems}*를 이해하려면 먼저 존 챔버스^{John Chambers}를 알아야 한다. 이 사람이 바로 지금의 시스코를 있게 한 성공의 주역이기 때문이다. 챔버스는 1991년 시스코에 영입된 후 1995년 시스코의 CEO가 되었다. 부임 후 몇 년도 채 안 되어 그는 실리콘 밸리의 한 평범한 회사를 전 세계 최고의 네트워킹 회사로 바꾸어 놓았다.

미국 실리콘밸리의 잡지 〈업사이드^{Upside}〉는 챔버스를 '디지털 세계의 아버지'라고 칭했다. 미국 〈비즈니스 위크〉지는 세 차례나 그를 '전 세계 CEO 25명' 중 한 명으로 꼽았다. 또한 챔버스는 일렉트릭 커머스^{Electronic Commerce}〉지가 전 세계 경영인들을 상대로 실시한

---

* Cisco Systems. 1984년 스탠포드 대학의 연구원 레오날드 보사크와 샌디 러너가 대학 내 모든 컴퓨터를 네트워크로 연결하는 라우터를 개발, 사업화하여 설립함. 시스코가 하는 일은 ① 기업 내 정보망(네트워크)을 구축하거나, ② 타 네트워크와의 연결에 사용되는 엔드-투-엔드(End-to-End) 네트워킹 솔루션을 제공하며, ③ 전자제품들 간의 네트워킹과 관련하여 토털 네트워크 솔루션을 공급하는 것임.

설문조사에서 '1997년 최고의 CEO'로 선정되는 영광을 안았다. 챔버스가 이토록 탁월한 경영인으로 인정받는 것은 그의 지휘 아래서 시스코가 전무후무한 실적을 거두고 있기 때문이다. 1991년 1월, 챔버스가 처음 시스코에 발을 들여놓았을 때만 하더라도 회사의 연간 매출은 7천만 달러에 불과했고, 직원 수는 고작 3백 명뿐이었다. 하지만 1995년 1월, 그가 CEO가 된 후 시스코의 인터넷 사업은 업계가 주목할 만한 수준으로 올라갔고 곧이어 전 세계 시장까지 장악했다.

고객의 목소리에
귀를 기울여라

Chapter 11

존 챔버스의 첫 직장은 IBM의 마케팅 부서였다. 그러나 IBM은 고객 서비스를 소홀히 하고 개인용 컴퓨터 시장을 과소평가하면서 위기를 겪었다. 옆에서 IBM의 위기를 봐 왔던 챔버스는 비즈니스에서 무엇보다도 고객과의 관계가 중요하다는 사실을 뼈저리게 느꼈다. 그 후 1983년, 챔버스는 왕 컴퓨터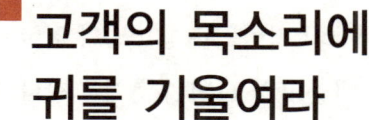로 직장을 옮긴 후 아시아 지역 세일즈를 담당하게 되었다. 하지만 고객과의 관계를 대수롭지 않게 여기는 것은 왕 컴퓨터도 마찬가지였다. 결국 왕 컴퓨터는 고객으로부터 신뢰를 잃고 여러 가지 다른 문제까지 겹쳐 곤경에 처하게 되었다. 그런 상황에서 왕 컴퓨터는 챔버스를 미국 사업부 사장으로 임명한 후 4천여 명의 직원을 해고하라고 지시했다. 결국 챔버스는 직원들의 책망과 원망 속에서 왕 컴퓨터를 떠났다. 그가 집에서 재충전의 시간을 갖고 있을 때, 설립된 지 얼마 안 된 신생회사 시스코에서 스카우트 제의가 왔다. 그는 선뜻 그 제안을 수락했다. 그리고 챔버스는 IBM과 왕 컴퓨터에서 얻은 교훈을 바탕으로, 시스코에서 고객과의 관계를 중시했다. 시스코의 직원들은 챔버스의 얼굴을 거의 볼 수가 없다. 왜냐하면 그는 매일 평균 12명의 고객을 만나느라 근무시간의 40% 이상을 보내기 때문이다.

1991년 1월, 존 챔버스는 정식으로 시스코의 부사장이 되었다. 그때 당시 시스코는 라우터Router* 시장에 강점을 가지고 있었다. 그래서 시장 점유율이 85.5%에 달했으며 매출액도 연간 7천만 달러에 달했다. 설립된 지 7년밖에 되지 않은 신생회사로서는 꽤 괜찮은 실적이다. 하지만 라우터라는 아이템 하나만으로 유지되는 사업구조는 리스크 방비에 취약하다. 그리고 무엇보다도 회사가 지속적으로 성장할 수 있을지가 미지수였다. 이런 상황에서 시스코로서는 제품라인을 다각화하는 것이 급선무였다. 바로 그때 시스코가 주목했던 것이 인터넷 산업이다.

시스코의 성공은 인터넷 진화와 떼려야 뗄 수 없는 관계다. 인터넷 산업은 인류 역사에 두 번째 산업혁명을 일으켰다. 첫 번째 산업혁명은 100년이라는 세월이 걸렸지만, 인터넷으로 초래된 이 두 번째 산업혁명은 불과 10년의 세월밖에 소요되지 않았다. 따라서 수많은 비즈니스는 인터넷 덕분에 30~50%라는 경이로운 속도로 급성장했다. 이런 상황에서 인터넷이나 인트라넷 등이 보급되면서 이들을

---

* 컴퓨터를 네트워크로 연결하거나 네트워크 간의 데이터 전송을 돕는 인터넷 접속 장비

하나로 통합하는 네트워킹 서비스가 절실했다. 이는 절호의 사업기회였고 시스코는 이 찬스를 절대 놓치지 않았다. 먼저, 기존에 라우터에만 의존했던 사업구조에서 탈피해서 제품라인을 광범위하게 갖춘 뒤에 네트워크 원스톱 쇼핑서비스를 제공했다. 이 전략은 주효했으며 마침내 고객의 수요를 충족시켰다.

그러자 챔버스는 이러한 성공의 공을 고객에게 돌렸다. 고객의 의견이 사업 성패에 얼마나 큰 영향을 미치는지 알기 때문이었다. 이는 IBM과 왕 컴퓨터에 근무하면서 얻게 된 큰 교훈이었다. IBM은 미니컴퓨터에 대한 고객의 수요를 무시했고 이와 반대로 왕 컴퓨터는 지나치게 집착했다. 그래서 IBM은 한때 실패의 고배를 마셨고 왕 컴퓨터는 파산에 이르고 말았다. 이런 과정을 봐 왔던 그는 항상 이 점을 강조한다. "여러분이 고객의 의견을 경청한다면 고객은 여러분께 시장이 어떻게 변할지 반드시 귀띔해 줄 겁니다. 고객을 가까이하면 마켓의 리더가 될 수 있습니다." 챔버스는 어쩌면 수많은 IT회사 중 고객을 가장 우선시하는 CEO일지도 모른다. 그는 시스코의 CEO로 임명된 후 처음 개최되는 이사회 미팅에 지각을 하고 말았다. 갑자기 고객에게서 걸려온 전화를 응대하느라 그렇게 된 것이다. 그것도 모자라 챔버스는 하루의 일과를 고객 피드백을 검토하는 것으로 마무리한다.

1993년 시스코가 랜 스위칭 LAN Switching* 전문업체인 크리센도 Crescendo를 인수한 것도, 최대 고객인 보잉 Boeing** 사의 요구 때문이었다. 챔버스가 보잉을 방문했을 때 회사의 네트워크 책임자가 이렇게 말했다. "이번 1천만 달러짜리 발주 건은 랜 스위칭 기술을 적용하고 싶군요. 그런데 시스코에는 라우터만 있고 스위치 기술이 없으니 어렵겠군요." 이 사건 때문에 시스코의 운명은 완전히 뒤집혔다. 보잉사에서 돌아온 후 챔버스는 '고객이 스위치를 원한다면 우리도 그 사업에 뛰어든다. 우리한테 스위치가 없다면 다른 곳에서 사면된다.'라고 마음을 굳혔다. 그러고 나서 그는 랜 스위치 장비 업체인 크리센도Crescendo를 비롯해서 랜 칼파나LAN Kalpana, 그랜드 정션Grand Junction 등 일련의 업체를 내리 인수했다. 그 결과 시스코는 창업 초기, 사업의 기반이 되었던 라우터에서 스위치 영역으로 사업을 다각화하는 데 성공했다. 만약 그때 시스코가 기존의 라우터 기술만을 고집했다면 보잉사와 1천만 달러짜리 납품 계약을 체결할 수 없었을 뿐만 아니라 지금의 명성도 얻기 어려웠을 것이다.

이후 시스코는 1996년에 이르러 보다 적극적인 인수전에 뛰어들었다. 당시 IT 업계의 대세였던 이른바 '원스톱 솔루션End-to-End Solution'을 가능하게 할 IT 인프라를 갖추기 위해서였다. 챔버스의 지휘 아래 시스코는 '토털 네트워크 솔루션 업체'로 변모하고 있었다. 그때부터 챔버스는 인터넷 전도사가 되어서 세계 곳곳에서 인터넷 기능을 선전하고 다녔다. 이와 함께 나스닥Nasdaq에 상장되어 있던 시스코 주

---

* 데이터 링크 세그먼트 사이에서 패킷을 전송하는 고속 스위치 시스템. 기존의 컴퓨터는 랜선 하나에 여러 개의 컴퓨터가 연결되었기 때문에 컴퓨터 수가 늘어날수록 속도가 느려졌지만, 랜 스위칭은 몇 대가 연결되든 일정한 속도를 유지해 주는 시스템임.
** The Boeing Company, 미국의 항공기 제작회사로 군수용, 우주용, 민간용 항공기를 다룸. 일리노이주 시카고에 본사가 있음.

식은 2000년 그 총액이 5천550억 달러를 기록하면서 시가총액 1위에 올라섰다. 마이크로소프트를 제치고 세상에서 주주 가치가 가장 높은 기업이 된 것이다.

많은 회사가 고객의 소리에 귀 기울이는 일을 소홀히 한다. 특히 IT 업계에서는 고객의 수요가 매우 빠르게 변하기 때문에 그 일이 더욱 어렵다. 따라서 IT업체가 고객 수요를 충족시키려면 사업을 다각화할 수밖에 없다. 시스코는 라우터 위주의 단순한 제품군을 25개 영역으로 확대했다. 하지만 다각화 과정에서는 자칫 회사의 역량을 분산시켜 오합지졸이 되지 않도록 주의해야 한다. 그래서 챔버스는 GE의 잭 웰치 회장에게 사업 다각화의 효과를 최대로 끌어올리는 비결을 배웠다. 그것은 바로 시장에서 1, 2위가 되지 못하면 사업을 포기한다는 '1, 2위 전략'이다. 그 후 10년간 시스코는 줄곧 경영전략을 수정하면서 고객의 수요를 바싹 쫓아갔다. 고객이 어떤 기술과 제품을 요구하든지 시스코는 그것들을 모두 수용했다. 이는 시스코가 지난 10년간 무려 일곱 차례나 경영전략을 조정했다는 점에서 증명된다. 시스코는 단순한 라우터 생산 업체에서 25개에 달하는 네트워크 통신설비 생산하는 업체로 변모하는 과정에서 매출규모도 커져 7천만 달러였던 것이 170억 달러로 급성장하게 되었다.

10년 전만 하더라도 시스코는 단순한 네트워크 장비 업체였다. 하지만 지금의 시스코는 네트워킹 하드웨어, 소프트웨어 전반을 아우르는 인프라 업체가 되었다. 공사를 한다고 치면 건물에서 에너지 흐름을 원활하게 하는 배관 업체가 된 셈이다. 챔버스는 이렇게 변화 속도가 빠른 업계에서 5년 후의 일을 예측하는 것은 불가능한 일이라고 생각한다. 하지만 그는 네트워킹과 관련된 일이라면 누구든 시스코를 찾을 수 있도록 사업을 다각화할 것이라고 말한다. 그리고 3년 내에는 이 목표를 달성할 계획이다. 그는 이렇게 말한다. "이것이 인터넷의 흐름이에요. IT산업은 평균 1년 6개월마다 업계의 풍향이 바뀝니다. 우리는 반드시 고객이 가는 길을 뒤쫓으며 사업 방향을 정할 것입니다."

M&A를 통한 사업 다각화

Chapter 11

기업이 아무리 연구개발에 힘을 쏟는다 해도 시장의 변화 속도를 따라잡는 것은 힘든 일이다. 따라서 시스코는 최대한 빠른 시일 내에 신규시장을 선점하기 위한 전략으로 M&A를 택했다. M&A는 잠재력 있는 회사를 인수해서 제품과 인재를 확보한 후 신속하게 신제품을 출시하는 식이다. 이것은 시스코 성장전략의 핵심이다. 시장에서는 시스코에 대해서 '고속 성장', '고주가 행진', '지칠 줄 모르는 M&A 행보'라고 표현하면서 그 성장세를 부러워했다. 네트워크 설비의 신제품 개발 주기는 통상 18개월에서 24개월 사이이다. 하지만 M&A를 거치면 이 기간이 6개월에서 1년으로 단축되면서 매출액, 시장 점유율, 이익 회수 시기가 앞당겨진다.

　시스코는 피인수회사의 기술력 있는 제품을 시스코 계열로 끌어들인 후 시스코 브랜드와 판매네트워크를 활용해서 빠르게 시장을 장악했다. 이 전략은 매우 효과적이었다. 어느새 시스코는 업계에 회오리바람을 일으키며 15개 시장의 판도를 바꾸어 놓았다. 시스코는 1993년 이래 총 4백억 달러를 들여 60여 개 기업을 M&A했는데 2000년 한 해에만 그 수가 22곳에 달했다. IP전화* 사업을 위해서 시스코는 소프트웨어 업체와 모뎀** 생산업체를 인수하기 시작했는데 인수 대금을 회사의 주식으로 지급하기도 했다. 시스코에게 M&A는 고객이 필요로 하는 것을 빨리 확보하기 위한 최선의 수단이다.

우여곡절 끝에 시스코는 세렌트Cerent를 인수했다. 원래 세렌트는 창업한 지 불과 2년 만에 1천만 달러의 매출을 거두었던 전도유망한 광섬유 네트워크 장비업체이다. 1999년 챔버스는 세렌트의 CEO 칼 루소Carl Russo를 만나 단도직입적으로 물었다. "얼마를 드리면 회사를 파시겠습니까?" 루소 역시 만만치 않았다. "얼마면 이 일에서 손을 떼시겠습니까?" 그러나 챔버스의 끈질긴 설득 끝에 작은 거인 세렌트는 69억 달러가치의 시스코 주식과 맞바꿔진다. 이런 극적인 M&A를 지켜보던 사람들은 챔버스를 빗대어 '실리콘밸리의 인수 대상을 찾기 위해 밤낮으로 헤매는 이리'라고 표현하기도 했다. 그러자 챔버스는 이에 대해 이렇게 말한다.

"처음 시스코의 발전전략으로 M&A를 결정했을 때부터 회사는

---

* 전화의 통신경로를 인터넷에 사용되는 IP 프로토콜 베이스로 구축한 전화 네트워크. 1개의 회선을 다수의 통화로 병용 가능해서 기존 전화보다 회선의 사용효율이 좋고 저렴함.

** Modulator-demodulator : 데이터통신 시 컴퓨터나 단말 등의 데이터 통신용 기기를 통신회선과 접속하기 위해서 사용하는 장치로, 변조기(modulator)와 복조기(demodulator)를 결합한 변복조 장치.

줄곧 한 가지 일을 우려해 왔습니다. 그것은 많은 IT기업이 M&A를 회사의 성장전략으로 택하고 있지만, M&A의 목적을 달성하지 못한 채 실패하고 만다는 점입니다. 노던 텔레콤Northern Telecom이 베이 네트웍스Bay Networks를 인수한 것이나, 루센트Lucent가 아센드Ascend를 인수한 사례가 그것이죠. 피인수 기업의 경영진과 핵심기술자 모두 회사를 떠나고 만 거예요. 시스코도 그러지 말라는 법은 없습니다. 뭔가 다른 방법을 취하지 않는다면 말이죠."

사실 시스코가 M&A를 성공으로 이끄는 비결은 너무나 간단했다. 회사를 인수하기 전에 철저하게 타당성을 검토하고, 인수 후에는 어떠한 대가를 치르더라도 피인수 업체의 인재와 기술이 유출되지 않도록 지켜내는 것이다. 시스코는 인수 대금과 인수 후 안정화를 위한 자금으로 거액을 투자해야 했다. 만약 그 비용을 피인수 회사 직원의 수로 나눈다면 일인당 족히 50만~2천만 달러는 될 것이다.

시스코는 라우터 업체는 인수하지 않았다. 자체적으로도 성능 좋은 라우터를 제작할 수 있기 때문이다. 하지만 랜 스위치 시장에 진입해야 할 필요성을 느낀 시스코는 곧장 크레센도를 인수했고 광섬유 네트워크 장비 사업을 구축하기 위해서는 세렌트를 인수했다. 챔버스는 IT업계에서 '인수 대상을 찾아 헤매는 이리'로 비유되기도 하지만 그 성과에 대해서는 칭찬이 자자하다. 실리콘밸리의 동종업자들은 저마다 챔버스의 능력에 대해 내심 탄복한다. HP의 CEO인 류 플랫Lew Platt은 "존은 충분히 존경받을 만한 사람이에요. 작은 신생 회사 시스코를 이렇게 훌륭한 대기업으로 키워 냈으니 말이죠. 정말 대단합니다. 셀 수 없이 많은 회사를 인수하고도 시스코 지붕 아래서 성공적으로 운영하는 것을 보면요."라며 챔버스를 칭찬한다.

Chapter 11

앞을 내다보는
전략적 안목

시스코는 중소기업과 소비재시장의 잠재력을 감지했고 그에 알맞은 판매 네트워크를 구축하기 시작한다. 그래서 2007년 4월 6일, 시스코는 전 세계 파트너^{대리상}를 대상으로 미국 라스베이거스^{Las Vegas}의 베네시안^{Venetian} 호텔에서 대대적인 행사를 개최했다. 행사명은 '시스코 파트너 서밋 2007'*. 에어버스 A300** 조차도 수용할 수 있을 것 같은 거대한 룸에는 3천 개에 달하는 파트너 업체가 모여들었다. 그 외에 수백 개의 언론매체를 비롯해서 알카텔-루슨트^{Alcatel Lucent}, 쓰리콤^{3Com} 등과 같은 세계적인 통신회사들도 있었다. 10년 전 시스코의 매출액은 보잘 것 없는 수준이었다. 업계 내 12개 경쟁사 매출

---

* CISCO Parter Summit 2007
** 1972년 에어버스사가 개발한 중거리 여객운송용 항공기

제11장 존 챔버스, 고객에게 포커스를 맞춰라!

총액의 7분의 1도 안 되었으니 말이다. 그러나 지금은 상위 15개 회사의 매출액을 다 합해 봐야 시스코 매출액의 절반에도 미치지 못한다. 챔버스는 연단 아래를 향해 자랑스럽게 말했다. "시스코가 성공할 수 있었던 것은 시장의 변화에 촉각을 곤두세웠기 때문입니다. 그러나 여러분 경쟁사들을 가리킴은 시장의 변화를 무시했어요. 지금이라도 스스로 바뀌지 않는다면 변화하도록 강요받게 될 것입니다."

그러나 챔버스가 항상 이렇게 득의양양했던 것은 아니다. 거액을 투자해 진출했던 광섬유 네트워크 사업에서 적자를 보았기 때문이다. 챔버스는 언론매체와 애널리스트로부터 비판을 받았다. 엎친 데 덮친 격으로 주가도 곤두박질쳤다. 2000년 5월, 79달러에 달했던 시스코의 주가는 IT주의 거품이 가라앉으면서 끝을 모르고 하락하다가 2002년 10월, 결국 9달러까지 떨어졌다. 그러나 이런 절박한 상황에서도 챔버스는 근심하지 않았다. 그는 곧 인터넷 동영상 서비스 시장에 뛰어들었고 사업을 키우기 위해 6년간 전심전력한다. 유투브 You tube의 선전으로 인터넷 동영상 시장의 가능성과 전망이 밝아졌다. 그 참에 경쟁사인 에릭슨 Ericsson도 관련기업을 M&A해서 시스코를 바싹 추격해 왔지만 이미 특허 경쟁에서 고지를 선점한 시스코의 장벽을 넘지 못했다. 시스코는 최고 화질의 인터넷 동영상 상품인 텔레프레센스 Telepresence를 출시하면서 신규 기술 산업의 주도권을 쥐었다. 2006년 6월 말, 챔버스는 인터넷 시장에 대한 새로운 각오를 다짐하며 새로운 M&A 소식을 전했다. 이번에는 인터넷을 통해 TV 프로그램을 전달하는 시스템 관련 회사인 아킴보 Akimbo가 인수 대상이었다. 그러나 월스트리트의 투자자들은 그의 결정을 불신했고 시스코의 주가는 1개월 만에 10% 폭으로 하락했다. 그러나 5개월 후 챔버스는 그의 건재함을 다시 한 번 세상에 알렸다. 유투브가 인터넷 동영상 시장을 활성화시키면서 시스코의 매출도 덩달아 뛰어오른 것. 주가도 2005년의 17.2달러에서 28.9달러 선으로 껑충 뛰어올랐다. 월스트리트의 예측은 보기 좋게 빗나갔다.

2007년 초, 챔버스는 물 밀 듯이 다가오는 인터넷의 조류를 맞이했다. 그는 '웹web 2.0'*이 10년 만에 한 번 찾아온다는 혁신적 변화라고 믿었다. 웹 2.0은 정보가 한 방향으로 일방적으로 흐르는 것이 아니라 인터넷을 통해 양방향으로 공유하게 되는 새로운 패러다임이다. 그래서 여기서는 사용자의 적극적인 참여도가 중요한 변수이다. 유투브와 같은 무료 동영상 사이트가 전 세계적으로 인기를 끈 것도 웹 2.0이라는 시대의 조류를 탔기 때문이다. 웹 2.0은 기업의 운영시스템을 크게 바꾸어 놓았다. 웹 1.0 시대에서는 하나의 핵심조직을 통해 업무가 전달되어야만 직원들이 행동했다. 하지만 웹 2.0 시대에서는 개개인이 네트워크를 통해 동료와 직접 교류하면서 업무를 수행한다. 이렇게 사람 사이의 업무 협력이 네트워크화되면서 회사의 업무방식 또한 바뀌었다. 자연히 기업의 내부 조직도 변화해야 할 필요성을 느꼈다. 이제는 소비자들도 '어떤 기술로 인터넷을

---

* 데이터의 소유자나 독점자 없이 누구나 손쉽게 데이터를 생산하고 인터넷에서 공유할 수 있도록 한 사용자 참여 중심의 웹(Web as Platform) 환경

하는지'가 중요한 것이 아니라 '다른 사람들과 밀접하게 업무협조를 하기 위해서 가장 효율적인 서비스가 무엇인가?'가 관건이 되었다. 미국 근로자들의 30%가 인터넷 시대에 접어들었다. 그들은 웹 2.0 모델을 통해 업무를 하며 이것은 마치 주변의 흔한 공기처럼 자연스러운 일상이 되었다. 또한 시스코에게 웹 2.0은 인터넷 산업의 새로운 사업 기회를 제공해 준다.

챔버스는 "시스코는 이제 네트워크 장비 업체에서 벗어나, 고객 서비스를 중심으로 하는 회사로 변모하는 중입니다."라고 외친다. 그는 미래의 네트워크가 '쿼드 플레이Quad-play'라고 불리는 방향으로 발전할 것이라고 한다. 쿼드 플레이는 고정 네트워크, 전화, 무선 인터넷, 비디오 등이 하나로 통합되는 개념이다. "인터넷 통신이 하나로 통합되는 시대가 이미 다가왔습니다."라고 챔버스는 자신감 있게 말한다. 이제 '시스코의 네트워크 통합 서비스가 실력을 발휘할 때가 되었다.'는 말이다. 또한 고객에게 어필할 탁월한 '기술 서비스'를 갖추었다는 자신감의 표현이기도 하다.

권한 이양, 스톡옵션, 인간미

Chapter 11

존 챔버스는 자신이 성장과정에서 얻은 가치관을 매우 자랑스러워한다. 챔버스는 어렸을 때부터 아버지와의 관계가 좋았다. 아버지는 자식에 대한 사랑이 각별했던 분으로 챔버스는 그에게 정신적으로 큰 영향을 받았다. 그래서 챔버스는 아버지가 중시했던 화합과 조화, 평등의 개념을 시스코의 기업문화로 키워갔다. 그가 직원들로부터 존경과 사랑을 한몸에 받았던 것도 다 이런 이유에서다. 하워드 차니 Howard Charney는 과거 한 회사의 창업주였지만 회사가 시스코에 인수되면서 시스코의 부사장직을 맡게 된 사람이다. 그는 챔버스에 대해서 이렇게 말한다.

"제가 다른 회사에서 CEO 제안을 받더라도 챔버스를 봐서 여기 시스코에 머물겠습니다. 이곳의 많은 직원은 자신의 힘으로 창업할 수 있는 능력을 가지고 있어요. 이미 한 차례 자신의 회사를 차렸던 사람들도 있고요. 그렇기 때문에 언제든지 맘만 먹으면 회사를 떠날 수 있는 셈이죠. 하지만 챔버스는 우리의 말을 경청하고 정책 결정 권한도 이양해 주었습니다. 그러고 나서 그는 우리에게 엄청나게 높은 매출 목표를 제시합니다. 직원들이 끊임없이 도전하게 하는 거죠. 챔버스는 평범한 머리로는 이해할 수 없는 특별한 사람이에요. 우리를 하나로 단결하게 만드는 힘이 있죠."

챔버스의 인간미는 경영 전반에 영향을 미쳤다. 친밀하고 화목한 가정에서 자랐던 그는 인생의 굴곡을 이겨 내는 과정에서 남을 배려하는 섬세함까지 얻었다. 직원들은 챔버스의 진심을 느끼고는 그를 더욱 신뢰하게 되었다. 챔버스가 경영을 통해 몸소 알게 된 것은 '급여를 충분히 지급하고 직원들이 즐겁게 일할 수 있는 업무환경을 만들어야 한다.'는 점이다. 그리고 현실에서는 업무 목표를 최대한 높게 설정해야 한다. 왜냐하면 이렇게 해야 사람들이 자신감을 얻게 되고 도전 정신과 열정을 회복할 수 있기 때문이다. 챔버스는 종종 신선한 과일을 나누어 주면서 각 부서의 직원들과 친밀하게 지내기 위해 애썼다. "이건 직원을 격려하는 데 정말 효과적인 방법이에요. 승진이나 급여 인상 따위도 효과적인 방법입니다. 하지만 이런 수단들은 직원들에게 단순히 피고용인이라는 인식만 심어줄 뿐, 경영 참여자로서의 의미를 부여하지는 않죠. 과일을 나눠 주고 친하게 지내면서 회사에는 격이 없어졌어요. 누구나 저를 '존'이라고 부르죠."

시스코는 천문학적인 가치의 고정자산을 보유하고 있다. 하지만 이것보다 더 중요한 자산은 바로 '사람'이다. 시스코의 주식은 증시에 공개된 후 1천 배나 상승했고 스톡옵션 열풍도 생겼다. 시스코의 급여는 업계 수준에 비해서 그다지 높지 않다. 챔버스를 비롯한 기타 고위층 간부들의 연봉도 30만 달러 수준이다. 하지만 스톡옵션을 고려한다면 챔버스의 연간 수입은 1억 달러를 넘어선다. 그래서 그는 1999년 '미국 CEO 연봉 순위'에서 5위를 차지했다. 시스코의 고위 간부 5백여 명의 일인당 연간 수입은 1~4천만 달러에 달한다. 시스코의 스톡옵션 제도는 전 직원을 대상으로 하는데 이는 다른 회사에서는 거의 전례를 찾아볼 수 없는 경우다. 챔버스는 이러한 방식을 통해 회사의 목표가 직원의 목표와 하나 되게 한다. 회사가 성과를 올리면 직원들은 그 이익을 공유한다. 이와 동시에 직원들은 경영목표 달성에 대한 부담도 갖는다. 그래서 이런 방식은 효과가 매우 크다. 하지만 대다수의 회사는 고위층 일부 간부에게만 스톡옵션을 줄 뿐 전 직원에게 배부하지는 않는다. 챔버스는 여기에 대해서 "지금이라도 제가 원한다면 저는 훨씬 더 많은 스톡옵션을 보유할 수 있고 직원들과도 공유하지 않을 수 있습니다. 하지만 그건 시스코의 방침이 아니에요."라고 말한다. 시스코 스톡옵션의 행사기간은 보통 4~5년이다. 하지만 이는 1~2년 후 이직하는 직원들 때문일 뿐, 스톡옵션이 총 주식에서 차지하는 비율은 5%로 여전히 높은 수준이다.

　인터넷은 시스코의 모든 것을 바꾸어 놓았다. 시스코는 고객 주문의 82%, 고객지원 서비스의 85%를 인터넷으로 처리한다. 그리고 매월 인터넷을 통해 접수되는 이력서가 2만 건에 달하며, 재무 결산 보고서도 인터넷으로 처리하면 24시간 이내에 작성할 수 있다. 시스코는 인터넷을 활용해서 매년 6억 달러의 비용을 절감한다. 이는 경쟁사의 R&D* 예산보다도 높은 수준이다. 더욱 중요한 것은 시스코가 인터넷을 이용해서 거의 모든 영역의 원가, 이익 등 데이터 정보를 투명하게 관리한다는 사실이다. 시스코는 충분한 권한 이양을 통해 업무 효율을 극대화했다. 이러한 정책 결정은 예전에는 CEO나 CFO만이 내릴 수 있었던 것들이다. 하지만 시스코에서는 과장급 정도면 경영목표와 달성률, 각종 핵심 이슈에 대한 분석 정보를 언제든지 얻을 수 있다. 이는 업무 효율을 극대화시킨다. 시스코 직원이 창출하는 일인당 매출은 70만 달러에 달한다. 이는 다른 기업이 평균 22만 달러인 것에 비하면 세 배가 넘는 높은 수치이다. 인터넷의 비밀은 권한 이양에 있다. 시스코의 성공 비결도 권한 이양에 있다. 챔버스의 말대로 '인터넷은 시스코의 모든 영역을 바꾸어 놓았다'.

---

* Research and Development

제12장

앤드류 그로브,
위기를 극복하는 리더의 기질

the GREAT

Andrew Grove

'성격'은 지도자가 역량을 발휘하는 데 결정적인 영향을 미친다. 중국 위魏나라의 사마의司馬懿는 지략과 재능이 뛰어난 사람이었지만, 제갈량諸葛亮이 꾸민 공성계空城計*에 속아 넘어갔다. 그것은 전적으로 의심 많은 그의 성격 때문이다. 인텔Intel의 전 CEO, 앤드류 그로브Andrew Grove는 타고난 강인함과 냉철한 이성을 기반으로 파워풀한 리더십을 보여 준다. 그는 일찍이 이렇게 말했다. "저에게는 IT업계를 대하는 원칙이 하나 있어요. '앞으로 10년 안에 일어날 일을 예측하는 것은 과거 10년을 되돌아보는 작업이나 마찬가지다.'

---

* 《삼국연의(三國演義)》에서 제갈량이 위(魏)나라를 치기 위해 군사를 모두 내보낸 사이, 위(魏)나라 도독 사마의(司馬懿)가 대군을 이끌고 서성(西城)으로 쳐들어온다는 보고가 있자, 제갈량이 군사들에게 성문을 활짝 열고 성문 입구와 길을 청소시켜 사마의를 영접하는 것처럼 꾸미고 나서, 자신은 누대(樓臺)에 올라가 조용히 앉아 거문고를 타고 있었음. 사마의가 군사를 이끌고 성 앞에 당도하여 이를 보고, 성 안에 복병을 두고 자신을 유인하려는 속임수라고 여겨 곧 군사를 후퇴시켰다는 고사에서 유래함.

라는 것이죠." 과거 10년간 인텔은 IT 업계의 수많은 난관을 이겨 내며 자력갱생해 왔다. 그로브의 강력한 리더십은 인텔이 역경의 10년을 이겨 내고 부활하게 했다.

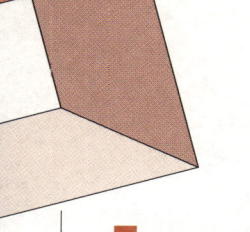

강인한 의지의 소유자

Chapter 12

앤드류 그로브는 매우 독특한 사람이다. 잘생긴 편도 아니었고 귀에는 늘 보청기를 꽂고 다닌다. 그로브가 구사하는 영어는 악센트가 강해서 사람들이 잘 알아듣지 못하는데 이는 그가 헝가리 출신이기 때문이다. 하지만 업무를 대하는 그의 열정을 보면 헝가리보다는 오히려 러시아 광부의 강인함이 느껴진다. 인텔은 1968년 로버트 노이스Robert Noyce와 고든 무어Gordon Moore가 설립한 회사로 그로브는 그들이 고용한 첫 번째 직원이었다. 하지만 그로브는 그만의 강력한 관리능력, 실행력으로 인텔을 성공으로 이끌어, 오히려 창업주보다도 더 큰 역할을 감당했다.

그로브는 자기가 원하는 목표가 있다면 어떤 반대에 부딪혀도 이뤄내고야 마는 의지의 사나이였다. 인텔의 직원들은 이런 그에게 "설사 그의 어머니가 앞을 막아선다 해도 목표를 위해서라면 어머니까지 해고했을 것입니다."라고 말한다. 또 어떤 이는 "노이스는 사교성이 좋아서 직원들과도 친하게 잘 지냈죠. 그런데 회사에는 노이스와 같은 사람 외에도 누군가가 회초리를 들고 직원들을 강하게 잡아끌 사람도 필요해요. 그로브는 바로 이런 점에서 노이스를 보완해 줄 만 한 사람이죠."라고 말한다.

그로브는 매우 다혈질이다. 그래서 한 번은 어떤 여직원에게 너무 화가 나서 "당신이 남자였으면 진작 다리를 분질러 버렸어!" 하고 소리치기도 했다. 또 1974년에는 설계팀의 책임자 페데리코 패긴Federico Faggin이 사직서를 제출했다. 만류해도 소용이 없자 화가 난 그로브는 험한 말을 쏟아붓고 말았다. "인텔을 떠나면 당신이 뭐나 제대로 할 수 있을 것 같은가? 자식들한테 유산도 못 남기고 세상에는 당신 이름도 잊혀지겠지. 아무 일도 이루지 못할 거라고!" 그러나 패긴은 그로브의 말에 좌절하기는커녕 오히려 오기가 생겼다. 그래서 인텔을 떠나 질로그Zilog라는 회사를 창업하여 인텔의 경쟁사로 그로브를 긴장시킨다.

1979년, 그로브는 사장으로 승진했다. 그 무렵 IBM이 자사의 컴퓨터에 인텔의 8088 마이크로프로세서를 탑재하기로 발표하면서 인텔은 성장가도를 달리게 된다. 그로브는 마이크로프로세서 사업부를 맡아 전두 지휘했다. 그의 불도저 같은 리더십은 마이크로프로세서 사업 전반에 걸쳐 발휘되었고 경쟁사들조차 그의 능력을 인정하지 않을 수 없었다. 인텔은 마켓의 리더가 되었고 그로브는 수많은 경영인의 롤 모델이 되었다.

그로브는 회사 곳곳을 소리 없이 거닐며 업무 현장을 돌아보는 것을 즐겼다. 직원들이 한참 업무에 관한 미팅을 하다 보면 어디선가 키 작고 추레한 모습의 그로브를 볼 수 있었다. 헝가리 억양이 섞인 영어이긴 해도 그가 한 번 "인텔은 미국에서 일본 전자업계의 협공에 대항할 수 있는 최후의 보루입니다."라고 외치기만 하면 직원들 마음속에는 피 끓는 사명감이 솟구치곤 했다. 이처럼 그의 말에는 직원들의 자발과 열정을 끌어내는 힘이 있다. 직원들은 '마이크로프로세서 업체' 인텔의 신성한 사명을 완수하기 위해 어떤 희생이라도 감수한다.

물밀듯 밀려오는 일본 업체의 추격으로 1984년 인텔의 메모리 반도체 사업은 급속도로 쇠락했다. 재고가 산더미처럼 쌓여 갔고 자금회전이 어려워 인텔은 심각한 경영위기에 봉착했다. 그로브는 CEO 고든 무어와 함께 이 난국을 어떻게 이겨낼지에 대해 논의했다. 그로브가 무어에게 물었다. "만약 우리가 경영 일선에서 물러나 신임 CEO를 임명한다고 치면 그 사람은 맨 처음 어떤 조치부터 취할 것 같으세요?" 그러자 무어는 잠시 생각하더니 "메모리 사업을 포기하겠지."라고 대답했다. 그로브는 "그런데 왜 우리는 포기하지 못하는 거죠?"라고 되물었다. 그로부터 얼마 후 그로브는 '인텔, 마이크로프로세서 회사'라는 새로운 슬로건을 만들었다. 메모리 반도체 사업을 접고 기술 장벽과 경쟁강도가 낮은 마이크로프로세서 사업에 집중하기로 한 것이다.

그로브는 회사의 생사가 걸린 전략적 전환점을 통과하기 위해 강력한 리더십을 발휘했다. 그래서 회사의 경영진, 중간간부, 일반 직원들과 만나서 마이크로프로세서 업체로 변모한 인텔의 새로운 전략과 의도를 설명했다. 그리고 매일 2시간씩 시간을 내어 직원들에게 메일을 보내 자신의 생각을 공유했다. 이렇게 해서 인텔은 전략적 과도기를 무난히 통과했다.

1987년, 앤드류 그로브는 인텔의 신임 CEO가 되었다. 인텔이라는 거대한 선박의 키를 잡은 정식 선장이 된 것이다. 인텔은 마이크로프로세서를 앞세워 승승장구했고 1992년에는 업계 최고의 자리에 섰다. 인텔은 이제 단순한 마이크로프로세서 생산 업체에서 진화하여 컴퓨터 산업 전체를 이끄는 선봉이 되었다. 그로브의 성공 신화도 사람들의 입에 오르내리기 시작했다.

그러나 1994년, 인텔의 펜티엄 프로세서에서 작은 결함이 발견되면서 회사는 절체절명의 고비를 맞았다. 그로브는 당시 상황을 이렇게 회상한다. "1994년 11월 22일, 마침 저는 사무실에 전화를 걸려던 참이었어요. 그때 전화벨이 울리더군요. 회사의 보도 담당자가 급하게 저를 찾는 거였어요. CNN 기자가 펜티엄 프로세서의 결함 문제[*]를 취재하러 왔다는 겁니다. 눈 깜짝할 사이에 사건은 커졌죠. 설상가상으로 12월 12일, IBM은 인텔의 펜티엄 프로세서를 장착했던 컴퓨터 생산을 중단하겠다고 발표했습니다. 그간의 성공이 모두 물거

---

[*] 펜티엄 프로세서 장착 컴퓨터에서 부동소수점(수를 표시하는 방식) 연산결과에 오류가 발생한 사건. 1994년, 미국 린치버그(Lynchburg)대학의 수학과 토마스 나이스리(Thomas Nicely)교수가 발견.

품으로 변하는 순간이었어요. 되돌릴 수 없었죠. 사건이 어찌나 심각했는지 직원들은 모두 불안하고 두려워했어요." 모두 놀라고 당황한 가운데서도 그로브는 침착하게 대처했다. 그리고 12월 19일, 그로브는 시중에 나가 있는 모든 프로세서를 리콜해서 재설계하기로 결정했다. 이를 위해 총 4억 7천5백만 달러가 투입되었다. 이는 인텔의 6개월간 R&D 비용, 5년 치 광고 예산과 맞먹는 비용이었다. 인텔은 이를 통해 뼈저린 교훈을 얻었고 다행히 그로브를 통해 다시금 소생할 기회를 얻었다. 인텔은 그 후 더욱 생기 있는 기업으로 변모했다. 그로브의 성격과 기질, 용기와 열정이 강력한 리더십으로 발휘되어 인텔을 위기에서 구해낸 것이다.

그로브는 57세가 되면 퇴직을 하겠다고 말하곤 했다. 하지만 그는 57세가 되어도 여전히 건재했고 인텔도 여전히 그를 필요로 했다. 그로브는 다소 건강상의 문제가 있기는 했지만 인텔을 떠나지 않았다. 1996년, 그로브는 《편집광만이 살아남는다 Only the Paranoid Survive》라는 저서를 통해 평생을 걸쳐 터득한 경영이념을 모아놓았다. 그 핵심은 바로 '전략적 변곡점 Strategic Inflection Point'*. 그는 전략적 변곡점에 대해서 이렇게 말한다. "전략적 변곡점은 어쩌면 회사를 최대 위기로 몰아넣을 수 있습니다. 하지만 여기를 잘만 통과하면 회사가 새롭게 성장할 수 있는 계기가 됩니다. 이것은 기업을 운영하

---

* 기존의 질서가 무너지고 새로운 비즈니스 패러다임이 등장하면서 사업에 근본적인 변화가 오는 시점. 변곡점에서 제대로 대처하면 사업이 새롭게 성장하는 계기가 되나, 방임하면 곧장 쇠락하게 됨.

다 보면 반드시 한 번 이상 거쳐야 하는 고비예요. 저는 늘 '편집광만이 살아남는다.'라는 말을 믿어 왔어요. 편집광이라고 불려도 좋습니다. 온종일 고민해도 경영은 언제나 어려운 일이기 때문입니다."

잘 될수록
위기의식을 가져라

1997년 5월 21일, 앤드류 그로브는 고든 무어를 대신해서 인텔의 회장이 되었다. 이는 그로브와 인텔 모두에게 의미 있는 날이었다. 그로브가 인텔에서 독자적인 개혁을 본격적으로 추진하게 된 시점이기 때문이다. 그로브는 사업이 급성장하는 가운데서도 끊임없이 개혁과 변화를 요구했다. 회사가 번영을 누린다고 해서 안주하다가는 생각지도 못한 위기를 맞을 수 있기 때문이다.

고든 무어는 이미 1975년에 '앞으로 컴퓨터 마이크로 칩의 성능이 18개월마다 두 배씩 향상될 것이다.'라고 예측했다. 그로브는 과거 10년간 인텔이 지나왔던 발자취를 돌아보고 나서, 무어가 말한 18개월 법칙이 정확하게 맞아떨어지는 것을 알게 되었다. 인텔은 늘 선두에 있었지만 거기에 안주하지 않고 당대 최고 성능의 마이크로프로세서를 만들어내기 위해 부단히 연구했다. 그래서 컴퓨터 업체들은 인텔의 최신 마이크로프로세서를 이용해서 더욱 새롭고 강력해진 PC와 소프트웨어를 만들 수 있었다. 경쟁에서 운 좋게 살아남은 사이릭스Cyrix와 같은 경쟁사조차도 인텔의 뼈를 깎는 노력 앞에서는 꼬리를 내리고 말았다. 그 결과 지금은 전 세계 PC의 80% 이상이 인텔의 마이크로프로세서를 탑재하게 되었다.

무어가 제기한 18개월 법칙은 지금까지도 컴퓨터 업계의 안정적인 수급상황을 검증하는 데 사용된다. PC업체나 소프트웨어 회사가 아무리 신제품을 개발하고 싶어도 인텔의 업그레이드 된 마이크로프로세서 없이는 불가능하다. 그래서 인텔은 항상 더 나은 마이크로프로세서를 개발하여 컴퓨터업체의 수요를 충족시키고자 한다. 이를 위해서 인텔은 신규 투자를 멈추지 않는다. 그래서 마이크로프로세서로 벌어들인 수익을 생산 공장 신증설 공장마다 대략 20억 달러의 자금이 소요됨에 투자해서 나중을 대비한다.

그로브는 항상 위기의식을 버리지 말라고 강조하면서 이렇게 말한다. "고객이 인텔의 마이크로프로세서를 사기 위해 저절로 찾아오기를 바라는 것은 자살행위나 다름없습니다. 인텔은 그들에게 의존하는 행태를 버리고 이제는 자력갱생의 길을 모색해야 합니다. 만약 마이크로소프트가 더 이상 신형 소프트웨어를 개발하지 않는다면 최신형 마이크로프로세서는 쓰레기 신세가 되겠죠. 인텔은 순식간에 시장을 잃는 겁니다." 이런 이유로 위기의식을 버릴 수 없었던 그로브는 경영전략을 수차례 수정한다. 그는 인텔이 단순히 마이크로프로세서 공급업체에만 머물러서는 안 된다고 생각했다. 생존을 위해서는 전체 컴퓨터 업계의 선봉이 되는 것이 시급했다. 이를 위해서 그로브는 "인텔은 스스로 수요를 창출할 겁니다."라고 과감하게 선언한다.

그로브는 1968년 인텔을 창업한 사람들의 대열에 서기는 했지만, 자신을 창업자라고 여기지 않는다. 오히려 그는 창업자의 영광이 무어와 노이스에게 돌려져야 한다고 생각한다. 한편 무어와 노이스의 입장에서는 그로브를 영입하면서 인텔 성장을 위한 최고의 조력자를 얻은 셈이다.

전략적 변곡점에는
강력한 리더십이 필요하다

"전략적 변곡점에 선 느낌은 서부 영화의 한 장면을 떠오르게 해요. 말을 탄 사나이들이 황량한 불모지에서 터벅터벅 걸어가는 뒷모습 말입니다. 앞으로 어떤 길이 펼쳐질지는 아무도 몰라요. 단지 왔던 길을 되돌릴 수는 없고, 앞으로 갈 길이 지금보다 더 나을 것이라는 믿음밖에 없죠." 이 말은 그로브가 인텔을 이끌고 전략적 변곡점을 지나는 시점에서 한 말이다.

1986년, 그로브는 '인텔, 마이크로프로세서 회사'라는 슬로건을 선포했다. 이것은 정확하게 인텔이 달성하고자 하는 목표다. 또한 인텔이 전략적 변곡점을 빠져나온 후에 회사의 정신적 이미지를 재정비하고자 기획한 슬로건이다. 1985~1986년 인텔은 메모리 시장에서 필사적으로 경쟁했지만 상황이 호전되지 않았고 1986년에 전략적 변곡점을 맞았다. 인텔은 그때 사업의 본질과 핵심을 파악하기 위해 노력했고, 결국 경쟁력 낮은 메모리 사업을 포기했다. 이는 결과적으로 인텔에게 유익한 결정이었다.

하지만 전략적 변곡점에는 우리가 알 수 없는 위기가 도사리고 있다. 핵심 사업에 집중하기 위해 회사의 정체성과 전략을 지나치게 단순화하는 것이 그 예다. 이는 자칫하다가는 회사의 성장을 가로막는 요인이 될 수 있다. 인텔도 사업의 핵심에만 집중한 나머지 마이크로프로세서 이외의 사업에 진출하는 것을 주저하게 되었다. 전략적 변곡점에서 기업의 지도자들이 할 일이 있다. 그것은 바로 어디로 가야할지 방향이 명확하지 않을 때 회사에 진로를 제시하는 일이다. 그러려면 수년 후에라도 그것이 옳은 결정이라고 여겨질 만큼 확실한 신념을 지녀야 한다.

전략적 변곡점을 통과하는 것은 과거에서 미래까지, 회사에 관한 모든 것을 뿌리째 바꾸는 일이다. 그러나 회사에 속한 모든 것은 과거의 행위로 인해 누적된 결과이다. 그래서 이 모든 것을 통째로 바꾼다는 것은 여간 어려운 일이 아니다. 따라서 전략적 변곡점을 통과할 때는 경영진이 일부 교체되기도 한다. '마이크로프로세서 회사'로 변모한 인텔의 새로운 전략적 노선을 논의하는 자리였다. 고든 무어는 이렇게 선포했다. "인텔이 마이크로프로세서에 올인하게 된 이상, 5년 안에 경영진의 절반은 소프트웨어형 리더로 변해야 합니다."라고 선포했다. 이것은 마이크로프로세서에 관한 전문성과 사업적 마인드를 갖추지 않은 경영진을 향해서 한 말이다. 그들은 스스로 변화하든지 아니면 회사를 떠나든지 해야 했다. 결국 경영진의 절반은 스스로 변화했고 나머지 절반은 회사를 떠났다.

그로브는 경영진에게 이렇게 말했다. "지금 우리가 필사적으로 정복하려고 하는 이 황폐한 불모지는 인텔에게 마지막 보루입니다. 여기에는 성공만 있을 뿐 실패는 없다고 생각해야 해요. 그렇지 않으면 이 죽음의 계곡에서 절대 빠져나갈 수 없을 겁니다." 그로브가 말한 '죽음의 계곡'은 전략적 변곡점을 통과하기 위해 반드시 거쳐야 하는 땅이다. 도망갈 수도 없는 곳이며 그렇다고 절망적인 상황을 일시에 바꿀 도리도 없다. 그곳을 통과하는 유일한 방법은 자신의 목표를 분명히 인식하고 효과적인 방법으로 극복해 나가는 것뿐이다. 그렇게 되면 기업에는 또 다른 성장의 길이 열리게 된다.

역동적인 커뮤니케이션과 직원 배치

Chapter 12

역동적이고 자유로운 커뮤니케이션은 늘 혁신을 가능하게 만든다. 그로브는 사내에 차별 없고 자유로운 커뮤니케이션 분위기를 만들었다. 그 가운데 회사 발전을 위한 혁신적인 아이디어를 얻어 내기 위해서다. 인텔의 소프트웨어 사업부 부사장이자 중국 제품개발 사업부 사장인 왕원한王文漢은 그가 인텔에 처음 입사해서 부서회의에 참석했을 때의 일을 잊지 못한다. 당시 왕원한은 처음으로 직원들 앞에 서는 자리여서 그런지 긴장을 했다. 결국 연단에 서서 프레젠테이션을 준비할 때 허둥대는 모습을 보이고 말았다. 그러자 연단 아래에 있던 직원들이 직설적으로 그를 비판하기 시작했다. "슬라이드 내용이 왜 이래요? 수준이 별로군요." 체면이 구겨질 대로 구겨진 왕원한은 어쩔 줄 몰랐다. 인텔에 입사한 지 얼마 되지 않아 아직 적응도 못 한 그에게 대략 난감한 사건이었다. 그때 그는 인텔 직원들이 거칠다고만 생각했으나 서서히 인텔의 커뮤니케이션 분위기를 이해할 수 있었다. 그래서 지금은 자기 자신이 누구보다 직설적인 사람이 되었다. 그는 스스로도 "저도 지금은 연단 아래의 사람들처럼 거침없이 연단 위의 사람을 평가합니다."라고 말할 정도이다.

이는 인텔의 '역동적인 커뮤니케이션' 정책을 대변하는 일화다. 세계적인 IT 기업, 인텔은 회사 안에서 직원들이 거짓된 모습을 버리고 정확하게 커뮤니케이션을 하기 원한다. 서로의 의사가 정확하게 전달되어야 하기 때문이다. 그리고 인텔은 직원들이 서로에게 냉정하게 비판하고 질책할 것을 요구한다. 이렇게 해야만 직원들은 자기 자신을 끊임없이 개선하고 업무 효율도 높일 수 있다. 그로브는 직원의 업무 효율은 그 사람의 혁신적인 마인드와 정비례한다고 생각했다. 그래서 그는 "누구든지 상사가 지시하는 일은 할 수 있습니다. 하지만 그것보다 더 중요한 것은 지시가 없어도 자발적으로 일하는 태도죠. 적극적으로 혁신적인 제안을 하는 것도 중요합니다. 그래야 인텔은 성장할 수 있습니다."라고 직원들에게 말한다. 이런 분위기에서 인텔의 직원들은 모두 적극적이고 역동적으로 회사의 경영에 참여하고 있다.

현재 인텔의 중국지역 제품 총 책임자로 있는 홍리洪力가 아시아 태평양 지역 담당인 천준성陳俊聖 사장에게 기술 지원을 할 때의 일이다. 한 번은 아시아 태평양 지역의 또 다른 사장이 홍리의 업무에 대해 부정적인 평가를 내렸다. 그런데 그 이유가 의외였다. 홍리가 업무를 하면서 아무런 실수도 저지르지 않고 무슨 일이든 곧잘 완벽하게 처리했기 때문이라는 것이다. 이 사실에 홍리는 놀라지 않을 수 없었다. 실수를 하지 않은 것은 업무능력이 높다는 뜻인데 오히려 이것을 지적받았으니 말이다. 그러나 나중에 알고 보니 인텔은 직원들에게 항상 새로운 분야에 대해 도전하도록 권한다는 사실을 알게 되었다. 홍리는 자신이 가장 익숙한 환경에 안주하면서 수동적으로 업무를 했기 때문에 실수를 하지 않았던 것이다. 그날 이후 홍리는 다시 한 번 자신의 업무를 검토하고 이 일을 계기로 새로운 일에 도전하는 습관을 기를 수 있었다.

인텔은 직원들이 새로운 상황에 도전하도록 하기 위해 수시로 하는 업무를 로테이션Rotation한다. 인텔만큼 로테이션을 자주 하는 기업도 많지 않을 것이다. 홍리는 인텔에서 근무하는 14년 동안 총 아홉 번이나 직무를 바꿨다. 아시아 태평양 시장 투자부 리미미李咪咪 과장은 세 차례나 부서를 옮겨야 했다. 하지만 그녀는 오히려 "직무를 자주 바꾸면서 업무에 대한 열정이 오래 유지되고 일에 대한 동기도 부여받았어요. 한 곳에서 오래 근무하면 지겨움을 느끼게 되거든요. 결국 저 스스로가 늘 발전할 수 있는 계기가 되었죠."라고 말한다.

인텔은 또한 회사 내부의 인재를 교육하고 육성하는 데 힘쓴다. 홍리는 시장전략에서 한 차례 실패를 경험한 적이 있다. 당시 그것 때문에 매우 부끄럽고 괴로워서 사직서를 제출했다. 그러나 상사는 사직서를 수리하지 않고 이렇게 말했다. "인텔은 실수를 허락하는 곳이네. 아무도 당신에게 이 책임을 묻지 않아. 지금 할 일은 이번

일을 교훈 삼아서 다음에 더 잘하도록 하는 것뿐이야." 중국 시장 총 책임자였던 장원이張文翊도 비슷한 경험이 있다. 대학을 갓 졸업하고 유타Utah주 인텔 소프트웨어 엔지니어로 근무했던 그녀는 개인적인 사정 때문에 홍콩으로 이사할 일이 생겼다. 그래서 그녀는 사직서를 제출할 수밖에 없었다. 그러나 상사는 그녀에게 홍콩지사 영업부에 근무할 수 있도록 조치해 주었다. 장원이는 그것으로 매우 감격해서 영업에 대한 경험도 없고 광둥廣東 말도 몰랐지만 오로지 열정 하나로 일에 매진했다. 마침내 당시 최대 고객 세 명을 확보했다. 이는 그녀 자신도 믿을 수 없는 놀라운 일이었다.

현재 인텔 중국지역 대부분의 고위층 관리자는 인텔에서 10년 이상 근무한 직원들이다. 중국지역 연구센터의 두장링杜江凌 사장은 1994년에 인텔에 합류한 후 줄곧 지금까지 일해 오고 있다. 그는 이렇게 말한다. "저는 인텔에서 일하는 동안 모든 일이 뜻대로 잘 되고 일에 대한 성취감도 느끼고 있습니다. 이러한 것들은 모두 돈으로 살 수 있는 것이 아니죠."

인텔은 역동적인 커뮤니케이션 문화를 통해 충성 되고 진취적인 직원들을 양성한다. 이들은 인텔의 미래이자 차세대 인텔을 이끌어 갈 주인공이다. 또한 그로브가 회사를 떠난 후에도 이들은 여전히 인텔에 남아 제2의 그로브가 되기를 꿈꾼다.

People Who Challenges in Dream

作者 : 叶光森 刘红强
copyright ⓒ 2009 by 华夏出版社
All rights reserved.
KoreanTranslationCopyright ⓒ 2011 by SEORAE PUBLISHING CO.
Korean edition is published by arrangement with 华夏出版社
through EntersKorea Co., Ltd. Seoul.

이 책의 한국어판 저작권은 (주)엔터스코리아를 통한 중국의 华夏出版社와의 계약으로
도서출판 서래가 소유합니다.
신 저작권법에 의하여 한국 내에서 보호를 받는 저작물이므로 무단전재와 무단복제를 금합니다.

100%의 꿈에 도전한 1%의 사람들

1판 1쇄 발행 2012년 2월 15일
1판 6쇄 발행 2013년 1월 3일

지은이	예광선 · 류홍창
옮긴이	오수현
발행인	김주복
편집	편집부
디자인	디자인밥

발행처	서래
출판등록	2011.8.12. 제 35-2011-000038호
주소	일산시 서구 대화동 1997 성저마을 902동 401호
대표전화	070-4086-4283, 010-8603-4283
팩스	02-989-3897
이메일	2010sr@naver.com

값 12,000원
ISBN 978-89-965343-4-1   13320

· 잘못된 책은 바꾸어 드립니다.
· 저자와의 협의에 의해 인지를 붙이지 않습니다.